另眼看世界·当代国际热点解读

大求索：拿什么替代你，信贷危机？

[爱尔兰] 克兰·艾伦　著

苗菊　孟云　汤莉　邓良艳　译

南开大学出版社

天　津

图书在版编目(CIP)数据

大求索:拿什么替代你,信贷危机?/(爱尔兰)艾伦
(Allen, K.)著;苗菊等译. 一天津:南开大学出版社,
2013.9

(另眼看世界·当代国际热点解读)

ISBN 978-7-310-04251-7

Ⅰ.①大… Ⅱ.①艾…②苗… Ⅲ.①信贷一金融危机
一研究一世界 Ⅳ.①F831.59

中国版本图书馆 CIP 数据核字(2013)第 164782 号

南开大学出版社出版发行
出版人:孙克强
地址:天津市南开区卫津路 94 号 邮政编码:300071
营销部电话:(022)23508339 23500755
营销部传真:(022)23508542 邮购部电话:(022)23502200

*

天津市蓟县宏图印务有限公司印刷
全国各地新华书店经销

*

2013 年 9 月第 1 版 2013 年 9 月第 1 次印刷
230×170 毫米 16 开本 15 印张 230 千字
定价:29.00 元

如遇图书印装质量问题,请与本社营销部联系调换,电话:(022)23507125

《大求索》

引进版前言：世界的样子（代序）

人类历史一路走来，无论经历了多少种社会阶段的演化，也不管生产力有了多么惊人的提升，世界似乎从没有脱离开国与国之间资源上的争夺、政治军事上的分分合合，以及民族或族群之间关于信仰的冲突；全球的财富流向了哪里？以信贷为特色的经济走到了什么样的十字路口？哪些人正在遭受压榨？哪些人在量子化的社会里找到了崛起的力量？

世界的样子——过去它是窗口外陌生的的风景，而今它已变成了我们经常接触和探索的拓展地，未来它将更加紧密地与我们联系在一起，相依相存、成为我们生活的一部分。

我们引进并翻译的这套"另眼看世界·当代国际时事热点"系列丛书，意在给读者展现当今世界发展的焦点问题，让读者了解全球化进程中的各种裂变，同时也与读者一起回顾曾经的一代导师对解放人类的有益探索，以及他所留下的思想遗产如何历久弥新，并将继续帮助人类探寻未来社会可能的走向。

本套丛书的作者或为知名学者，或为资深记者，他们在各自研究、关注的领域内都做出了引人瞩目的成果；作者的学术观点有的也许与我们相似，有的也许与我们迥异，但他们对于人类生活其上的这个星球抱有共同的信念，那就是相信人类一定会找到进步的、光明的出路。他们对于世界以及人类命运的关心、对于社会力量演变的细微观察、对于大国博弈中地区政治格局的透彻分析，均能使我们开拓视野，获得思想启迪，加深对世界的认识，思考作为世界的一分子、地球村的公民，我们可以为改善自己和全人类的境况做些什么。

书中所言，仅为作者个人心得，并不代表编译者和出版者的观点，我们所做的在于为跨文化交流搭建平台，相信读者也会在阅读作品时，对书中表达的理念做出自己恰当的评判。

希望这套丛书以当代国际社会的热点问题为出发点，能够引领读者从多个角度去认识世界，在迷雾般的发现之旅中，为读者点亮智慧的灯塔。

《另眼看世界》系列丛书编译组
2013 年元月

目　录

致 谢

本书得以出版,受益于大家给予的评论、探讨和批评。

首先感谢玛尼·赫伯罗,约翰·莫里诺,玛格丽特·奥瑞根,詹姆斯·奥图利,瑟瑞萨·吾拜兹克,嘎布瑞拉·韦伯若娃,路斯·维拉兹。

感谢库瓦特·格尔,感谢她的支持鼓励和质疑。

谨此本书献给我的母亲,莫若·艾伦,她使我学会探讨政治。也许她对本书的大部分内容持不同意见,但是多年以前她的聪慧思想使我敏于思考。

内容介绍

引　言

　　本书开篇引言就以迪拜这个酋长国为例，将迪拜的豪华、奢侈与世界上一些最贫穷的村庄作了对比。迪拜是富人们的娱乐天堂，那里每天都要消耗 1.45 亿加仑的水；而在那些贫穷的地方，每天会有 26 000 名儿童因喝不上饮用水而患上痢疾致死。这一对比生动说明了阶级分化和社会不公平的社会现象。

　　在 150 年前，马克思就写道："劳动确实给富人们生产出了美好的事物，但给工人们生产了贫困。它为富人们建造了宫殿，却为工人建造了地狱。劳动为富人们制造了美丽，却为工人们制造了丑陋。劳动使机器代替劳动，使一部分工人的劳动机械化，却将另一部分工人驱赶到更残酷的劳动中。它为富人创造了智慧，却为工人创造了愚昧。"

　　像迪拜那样的娱乐场所之所以能够存在，是因为世界上 2% 的人掌控了 50% 的人类财富。如比尔·盖茨、华伦·巴菲特。人们不禁要问：一个人何以拥有 400 亿欧元的世界财富，而与此同时世界上 25% 的人却无电可用。过去人们认为这是上帝意旨的结果，是上帝让那些人成为他的庶民。但 17、18 世纪欧洲启蒙运动的作家们打碎了那些寓言，他们认为社会不公平是人类所为，而非上帝的意旨。因此，不公平的社会面貌在一个更开化的时代是可以改变的。

　　马克思描述了这个表面看起来很自由的社会，其剥削和掠夺较之前任何社会形态都更为残酷。

第一章　反抗的原因

　　作者简要介绍了马克思的出生、家庭及其成长环境。在他的早年，马克思就极力反对这个压制人的社会。在他的关于两位希腊古典哲学家的博士论文中，他开篇写道："只要还有一滴血在自己那颗要征服世界的、绝对自由的心脏里跳动，哲学就将永远用伊壁鸠鲁的话向它的反对者宣称：'渎神的并不是那抛弃众人所崇拜的众神的人，而是把众人的意见强加于众神的人。'哲学并不隐瞒这点。普罗米修斯的自白——'总而言之，我痛恨所有的神'——也是哲学的自白。哲学反对不承认人的自我意识具有最高神性的一切天上和地上的神。它认为不应该有任何神同人的自我意识相并列。"

　　马克思不仅反对神，还反对那些压制群众来造就伟大自我的人。在他的一生中，这种反抗的情绪从未消除。

在这个压制人的社会，哲学是少有的不受管制的领域之一，而格奥尔格·威廉·弗里德里希·黑格尔便是哲学领域的顶级人物，他认为自由并不是指人们反对社会而得来的自由，而是在一个社会中人们都是自由的和不可分离的。黑格尔的哲学世界观中比较激进的一面就是关于人类经历的核心是变化、发展的过程。他认为世界上的任何事物都不是独立存在的，它们都与其他事物有着联系。然而，改变只有在矛盾和分化中才能产生。黑格尔曾经写道："整个世界的历史，就是一部自由意识进程的历史。"

黑格尔认为改革后的普鲁士的状态即精神与这个世界最终调和的结果，也是人类历史的终结。马克思反对黑格尔的这一观点。在共同经历了英国宪章运动、西里西亚的织工起义和巴黎工人俱乐部运动后，马克思和恩格斯得出了一个激进的新结论。以前他们认为哲学可以把握和激发工人阶级，现在他们开始认为工人已成为解放自己的原动力。他们不再简单认为工人是资本主义的受害者，而是有能力成为资本主义的掘墓人；他们认为真正的社会变革来源于工人阶级运动的政治发展。在《神圣家族》和《德意志意识形态》这两本书中，马克思和恩格斯阐述了他们观点的转变，这也标志着他们与黑格尔主义的彻底决裂。

此章介绍了马克思通过分析资本主义社会提出了反抗资本主义社会的原因，此外详细阐述了马克思思想的形成过程。

第二章　利润社会

此章围绕着利润从何而来，讲述了资本主义是人类历史中一个相对近的社会发展形态，它需要工人和雇主形成一种关系。这种社会形态相对于以往有不同之处。资本主义社会下的工人必须有两个层面上的自由，首先，工人与资本家没有任何人身依附关系；其次，工人没有任何生产资料，他们自由得一无所有。

资本主义的一个必要条件就是商品生产，商品是用于交换的产品。商品生产始于一个部落群体在满足了自己的需要之外还有剩余。在商品生产过程中，发生了一系列变化。

第一，劳动本身成为了商品；

第二，商品生产改变了劳动分工方式；

第三，金钱的本质发生了很大变化；

第四，商品化像病毒一样在社会中蔓延开来。

商品之所以能进行交换，是因为它们有一个共同的属性：人类劳动。作者由此引出了劳动价值理论。亚当·斯密和大卫·李嘉图在《劳动价值论》中说道："世界上的一切财富最初都不是用金银购买的，而是用劳动。"

马克思将劳动分为具体劳动和抽象劳动。抽象劳动反映出的事实就是在资本主义社会中劳动可以进行买卖。不同的商品能够进行交换，故都含有一定量的抽象劳动。

而金钱之所以能够充当普遍等价物，是因为它是人类集体劳动的价值表现形式。

在解释了商品是如何进行交换的之后，马克思又提出利润从何而来这一问题。回答此问题之前，他列举并否定了当时人们的几个荒诞观点：一种认为利润是通过冒险得来的，冒险家赌尽其所有来生产一种商品或提供一种服务，然后社会以利润的形式给予其回报。这种观点在2008年的金融危机之后基本破灭了。还有一种观点认为利润是资本投资的回报或者是企业主自己劳动的所得报酬；但这又无法解释资本家如何能大量积聚起财富和资本。然后马克思提出了剩余价值，通过剩余价值可以解释很多问题。

剩余价值的本质在于资本家购买的不是工人的劳动，而是劳动力。因为劳动力可以创造出高于资本家所支付的工人劳动的价值。劳动又分为有偿劳动和无偿劳动，资本家无偿占有工人创造出来的一部分劳动，而剥削就是这样产生的，这就是利润的真正来源，也解释了雇主与工人之间的利益冲突。

而后马克思又解释了剩余价值是如何在整个社会中发挥作用，在市场机制下，资金会自动地从利润率低的部门流向利润率高的部门，由此会达到一个平衡点，随之整个社会行业就会建立起平均利润率。而整个社会又受激烈的竞争所驱使，又导致了资本的扩大和积累。

在《资本论》中，马克思讲到资本家们总是为了生产而生产，为了资本的积累而积累。他们最大程度地将剩余价值或剩余产品转化为资本。与先前的社会形态不同，现代社会的资本家总是被一种压力驱赶着，迫使他们不停地积累资本。

第三章　异　化

作者从人们的精神状态层面来引入异化这一概念。首先介绍了美国现在的一个社会现象，即越来越多的人遭受心理疾病，而这个现象产生的根源是资本主义，资本主义使人非人性化。

从费尔巴哈到人类本性，马克思对"异化"的定义源自费尔巴哈的唯物主义，即"我们自己的创造物成了一种压制我们的力量"。他认为人类劳动对人类生存至关重要，就是因为劳动我们成了一种独特的物种。（1）改变自然这一行动促使人们聚集起来、相互支持，因此我们成为高级的社会性动物；（2）人类劳动极大地改变了自然界，人类由此赋予了自然历史；（3）通过改变我们周围的世界，我们也改变了自己，从而发展成为历史进程中的不同人物。

马克思将人类劳动置于他对"异化理论"的分析的中心，总结出四个层面的差异：

一、在劳动过程中的异化

在马克思看来，人类劳动应该是一种解放创造力和肯定人生意义的活动，但在资本主义社会这行不通，因为工作是不受工人控制的。工人一旦进入工厂大门或车间，其劳动就不再是自愿的，而是强制强迫的。当工作再次被细分为更小部分时，或劳动再次经历精分细化时，就再次加强了劳动过程中的异化。

二、劳动者与劳动产品的异化

马克思争论道，工人生产的产品不仅独立于工人而成了他们的异己客体，而且也成为了驾驭工人之上的力量。在资本主义社会下，不再是工人使用生产资料，而是生产资料使用工人。

马克思说："劳动带来资本的积累，随着社会的繁荣昌盛，劳动使得工人更加离不开资本家了。"

三、与他人的异化

然而，与他人的异化不仅是简单的阶级对立，因为人的社会本性是与生产活动相关联的。

资本主义下的异化，导致了一种伪人性。

四、与人的类本质的异化

马克思说到在资本主义社会下，我们也与我们的"物种性"产生差异。意思是那些能把我们与其他生物区分开来的潜力，成了我们的异己客体。

对于社会的人来说，所谓的整个世界历史，仅仅是通过人类劳动创造出来的人。

本章的末尾作者引用了一句话："工人的解放才意味着全人类的解放。"

第四章 社会阶级

历史上对社会阶级有三种看法：

（1）将社会阶级看成社会阶梯上的蹬脚木；

（2）以一种关系的视角看待阶级，认为阶级之间有对立的利益冲突；

（3）马克思认为阶级之间的关系是基于剥削产生出来的。

马克思认为阶级的来源是剩余劳动。

他认为现代社会存在两个主要的阶级：工人和资本家。对资本家的定义是拥有和控制社会剩余的人；资本家有四种权力：（1）控制投资流动和生产；（2）控制产品和服务及如何生产；（3）对工人有纪律管制；（4）控制经济资源，使其对政治决策有很大影响。而工人就是被迫出卖劳动力的人。工人和资本家是两个重要的阶级，但并非现代社会仅有的两个阶级，他们只是形成了社会的两个方向。

接着，马克思又深入解释了现代资本主义社会为什么存在阶级斗争，概括有两个原因：

（1）工人与资本家之间有利益冲突；

（2）为了抵制竞争，资本家加重了对工人的剥削，从而激化了工人与资本家之间的矛盾。

但是为什么起来斗争、推翻资本主义政权的不是占人口大多数的农民而是工人呢？马克思就此给出资本主义下工人阶级生活的四个特点：

（1）工人的生活条件使他们易于集中组织起来；

（2）工人的现状暗含了他们要挑战资本主义，因为他们想要生活有所保障；

（3）工人是唯一可以带来变革的阶级，因为他们的社会状况将他们置于经济的中心，利润正是从中而来；

（4）其他阶级也会参与斗争，但是他们社会地位的本性，就意味着他们作为一个阶级不能提供一种组织经济的替代模式。

第五章　性别与种族

阶级斗争是推动阶级社会发展的直接动力，然而改变世界面貌的斗争并不仅限于此。二战后美国黑人反对种族隔离与歧视，争取民主权利的群众运动和争取男女平等的妇女解放运动都从不同程度上促进了社会的文明化进程。这些斗争发生在反资本主义的国际大环境中。但是在美国，由于这些斗争与工人斗争联系并不是很紧密，学术界认为马克思理论过于简化，不能解释没有阶级基础的性别歧视与种族主义问题。与此相反，作者认为马克思理论为深刻、有力地分析性别歧视与种族主义问题奠定了雄厚的基础。

本章第一部分讨论了性别歧视问题。对于此，女权主义者将其归结为男权制在社会中的统治地位。有关这种权力的获得，学者们从心理和生理上进行了分析。如西蒙娜·德·波伏瓦认为在人类潜意识中有一种控制他者的心理需要，并把它当作女性受男性压迫的根源；苏珊·布朗米勒则将男权归结于男人的强奸能力，认为男性凭借于此将女性控制在恐怖中。马克思和恩格斯给出了不同的更合理的解释，并将焦点放在阶级社会的产生和逐渐与部落脱离联系的专偶制家庭模式形成的关系上。而且现代马克思主义者认为性别歧视在当今社会更具隐蔽性，在现代家庭模式中男人就是资本家，妇女则是其压迫对象。

本章第二部分讨论了种族主义问题。尽管奥巴马被选为经济最发达的资本主义国家——美国的总统，种族主义依然存在，并且根深蒂固。有关种族主义的问题，受欧洲环境限制马克思谈到的并不多，但是在那个时代他是积极支持美国废奴运动，强烈反对英格兰人歧视爱尔兰移民的。现代马克思主义者继承并发展了马克思的理论，认为种族主义源于西方资本主义的发展史，是伴随奴隶制与帝国主义的兴起而加剧的。此外，他们还将种族问题置于资本主义的现实环境中，认为资本主义民族国家所扮演的角色和市场机制是构成种族主义观念的结构因素。最后指出反对种族主义符合工人阶级的利益，工人组织只有同种族主义思想斗争才能继续存在。

第六章　我们如何受控

在资本主义社会，占少数人的资产阶级统治着占多数人的工人阶级，如果工人阶级团结起来进行反抗，那么资本主义制度一定能被推翻。然而事实并非如此。究其原因，马克思从两个方面进行了回答，本章对此进行了详细的分析。

一方面，资产阶级通过意识形态对工人阶级进行控制。意识来源于物质，它是物质世界发展到一定阶段的产物。在阶级社会，上层阶级的意识形态对整个社会意识形态的形成具有决定作用。因此，在资本主义社会，资产阶级意识形态处于统治地位。资产阶级凭借有利的经济地位将符合其利益的意志上升为国家意志，并通过大众媒体等各种渠道对被统治阶级施加影响，为其阶级利益和巩固资本主义社会制度服务。作者在文中总结了五种资本主义意识形态传播模型：即资本主义意识形态将现代社会安排视为自然秩序的一部分；意识形态涉及的是表象，是事物的外在表现形式，而不是事物的本质；资本主义意识形态认为人们应该自觉地同他们的民族和政府相一致；意识形态似乎植根于语言之中；资本主义意识形态提倡消极自由和选择。对这些模式的接受问题，作者通过马克思的物化观和卢卡奇的商品拜物教理论进行了解释。

另一方面，资本主义国家机器是资产阶级维护其统治的工具。国家是阶级社会发展到一定阶段、阶级矛盾不可调和的产物。因此，资本主义国家的阶级本质是调节资产阶级内部矛盾，管理其内部事务；保证资本主义经济扩大再生产的顺利进行；镇压被统治阶级的反抗；为被统治阶级灌输资产阶级意识形态。

总之，资产阶级通过意识形态和国家机器对工人阶级进行控制，工人阶级不仅在思想上，同时在行动上受到资产阶级的压迫。尽管现代资本主义社会在政治上实行议会民主制，这种民主只是资产阶级内部的民主，不论哪个政党执政，都是为资产阶级利益服务的。

第七章　历史唯物主义

历史唯物主义是马克思重要理论之一，旨在说明人类社会历史发展进程，揭示资本主义社会必然灭亡，必将被社会主义社会所代替的社会发展规律。

本章第一部分介绍了社会中存在三种错误的历史观：偶然性历史观、英雄史观和循环论史观。这些观点要么认为世界是在偶然性中展开其意义的，忽略了一件事情的诱发原因和真正原因之间的差别；要么把个别杰出人物夸大为主宰历史的决定性因素，忽略了那些名不见经传的无名小卒的历史作用；要么认为人类社会的变化是简单的重复循环的过程，忽略了人类行为的多样性。马克思尝试从深层结构上去理解历史，他强调用辩证的方法看问题，通过联系的观点、发展的观点、矛盾的观点、量变质变的观点以及否定之否定的观点看待社会历史发展进程。他的历史观是审视人类如何在更广泛的社会矛盾的基础上进行斗争。

第二部分和第三部分中，作者简要介绍了马克思的唯物主义史观，反驳了唯心主义说法，并分析了为什么组织生产的方式是组织社会的基础。他提出了经济基础和上层建筑模型，认为生产力决定生产关系，生产关系反作用于生产力，有什么样的生产力就要求有什么样的生产关系与之相配合。在此基础上，马克思区分了四种主要的生产模式，即亚洲模式、古老的生产模式、封建模式和资本主义模式。当资本主义生产力发展到一定程度，生产关系不再适应生产力的发展，需要变革时，阶级矛盾激化，革命发生，而斗争结果如何则取决于新的社会阶级即工人阶级是否具备精力、政治远见和斗争精神，是否能够将自己在政治上组织起来。

第八章 危机，资本主义体制的瓦解

本章通过资本循环和利润问题主要讲述资本主义将如何灭亡。

一些经济学家认为，资本主义体制在供求关系的作用下是能够进行自我调节的，资本主义经济危机是供求关系不平衡引起的。马克思则认为资本主义生产的目的并不是消费，而是最大限度的追求剩余价值。也可以说，推动资本主义发展的重要动力是资本的自我扩张。在资本循环的过程中，受各种因素的影响，供求关系是难以达到平衡的。当资本主义商品生产与劳动人民的实际购买能力发生矛盾时，经济危机就会发生，从而导致各种社会危机。因此，资本主义经济危机的实质是生产相对过剩，根本原因是资本主义生产资料私有制与社会化大生产之间的矛盾。

对于利润问题，马克思从剩余价值的角度进行了分析，指出资本家为了获得更多的利润，不断增强劳动强度，加长相对剩余劳动时间，削减工人工资和发展对外贸易。同时伴随资本主义的扩张，资本积聚和资本集中加剧，出现"大鱼吃小鱼"现象，金融业也迅速兴起。但在这些现象背后是各种矛盾的相互交错，一旦这些矛盾不能调和，整个资本主义体系就会分崩离析。

第九章 空想还是革命

这一章分为两部分：第一部分主要讲述马克思主义和空想主义。作者以2008年的金融危机为例，剖析了现代资本主义社会存在的弊端，进而阐发社会主义、空想主义的概念。介绍了马克思主义与乌托邦的渊源，同时讲述了早期乌托邦改革家们为反抗资本主义所进行的一系列改革；然而均以失败告终。最后，作者还指出国家资本主义形式存在的一些缺点。

第二部分，重点论述了革命的思想。作者指出要想改变现实社会的弊端和不公平，必须进行革命。在现有的制度之内寻找改革的方案是行不通的，作者

指出资本主义的另一种选择，即必须进行革命，打碎旧的国家机器，建立新的国家机器。作者还指出，要想革命获得成功，工人的参与必不可少。因此，必须依靠工人的力量，领导工人革命取得胜利。但是革命并不是一蹴而就的，它需要一定的社会条件和阶级条件。最后作者表明，资本主义的另一种选择即社会主义。

第十章　革命之后

这一章讲述了革命之后如何使新社会发展下去，主要分为四个部分。第一部分论述了革命之后，如何控制选举代表及规定平均工资。以巴黎公社为例，列举了巴黎公社在革命胜利以后采取的一系列措施，指出要想实现民主，必须坚持两个原则，即收回权力和规定平均工资。

第二部分讲述了选举国家官员、去除官僚化的问题；法官的义务职责和行政管理的民主化。作者指出，要想真正实现去除官僚化这一目的，必须对行政官僚机构进行改革，要解放行政人员的创造力。

第三部分介绍了革命之后，要废除镇压人民的特别武装力量，创建民主的、集体的武装机构。以马克思的理论为支持，即革命之后的社会不会立刻进入到自由王国，军队仍然会继续在社会中发挥作用。因此，作者论述了现代社会警察的特征，一针见血地指出警察尽管表面上是为公众服务的，但是其本质还是为资本主义制度服务的。作者提出革命之后的社会应该更多地利用当地的志愿者部队，选用平民参与地方自治。

第四部分介绍了马克思提出的廉价政府以及提倡给予媒体真正的自由。首先作者介绍了马克思的廉价政府理论，马克思认为："政府廉洁只是资产阶级的一个口号，但是在共产主义社会，将会成为现实。"另外一个口号"新闻自由"，在社会主义社会也可以成为现实。作者认为革命之后的社会应该剥夺富豪掌握媒体的权力，并且不允许任何人凭借财富影响社会。

最后作者讲述了议会制度之外——生活中的民主，指出了资本主义社会中民主的弊端：首先，资本主义议会制民主是在经济和政治决策分离的基础上形成的；第二，资本主义议会制民主建立在小部分的活跃决策者和大部分的消极被动群众之间；第三，资本主义议会民主制的全体选民是通过不同地区、没有实际社会关联的选民组织起来的；第四，议会无法顺应不断变化的社会情绪和各界意见。作者指出：工人要掌握社会，需要自下而上的机构，以此来反映发生在现实中的意见。因此提出了革命之后的社会，可以实行工人委员会的方式来实现民主。重点论述了工人委员会的优势：工人委员会在与资本主义进行白热化的斗争中正式形成，他们为如何建立新社会提供了模型；工人委员会是为了顺应斗争的需要自发产生的，并不是由政党或一群知识分子所建立的。

第十一章　社会主义经济学

本章主要分为三部分。第一部分讲述了社会主义公有制。作者提出：在社会主义社会，所有的大公司必须由国家控制，并且以集体的方式经营。以2010年英国石油公司为例，分析了资本主义经济制度的弊端，提出了社会主义经济制度的形式，以公有制经济为主体，多种所有制经济并存。作者反驳了认为公有制企业效率低下的论断，指出公有制在很多方面都会提高效率：例如，消除广告和产品复制；产生更高质量的产品和服务；消除外部经济的问题。并指出虽然公有制有其特殊的优势，但是公有制并不是必须对每一个经济领域都进行控制。

第二部分介绍了工人的自我管理模式。作者指出在斗争中，工人要获得自由必须克服两大障碍：由资本家任命的管理团队和市场力的作用；指出工人的自我管理可以有效地解决这两个问题。工人的自我管理在很多方面都会提高生产力，它消除了管理层的大量浪费现象，释放了工人长期以来被约束的创造力，极大地提高了工人的积极性。

第三部分针对市场力的问题，重点讲述了计划。提出除非我们能够摆脱市场力，否则即使实行工人的自我管理和公有制，自上而下控制的旧模式仍会死灰复燃。计划在很多方面比市场力更有优势：首先，计划是对投资进行较为民主的控制，同时，它允许人们集体协作，制定出反映人类价值观的经济目标，特别是它允许人们处理日益增长的环境威胁。其次，计划可以减少经济决策过程中的不确定因素。我们应该区分两种不同的不确定性：一是不可预测事件的不确定性，例如火山爆发或其他一切未知的事情，这是主要的不确定性；二是市场的不确定性，因为决策者并不知道中间供应商、竞争对手以及消费者的具体情况。计划无法消除第一种不确定性，却可以大大减少第二种不确定性。再者，计划可以减少浪费，这种浪费通常是由于一些大公司采取防御措施以抵抗市场的不确定性而造成的。最后作者指出革命之后的社会通过民主的方式，阶段性地对一些关键问题作出决策，为经济发展提供一个框架。主要问题包括：如何决定哪些项目是可以取消的，哪些项目是可以免费获得的？如何做到投资资金与消费资金的平衡？如何规定工作时间？等等。

第十二章　超　越

本章开始就提出问题：既然马克思主义的理论可以作为资本主义的另一种选择，为什么人民不采取这种形式呢？作者提出了"经济人"的概念，指出资本主义的残暴性在于人民群众的劳动产品由资本家进行分配并且要按照资本主义的法律运行。因此，是资本主义而不是马克思，创造了"经济人"。作者引用马克思的理论，指出社会主义社会有两大令人鼓舞的目标：结束对"个体劳动分工的奴役"、消除体力劳动和脑力劳动的分工。要真正提高生产力的发展水平，首先要修复我们对地球所造成的巨大破坏，其次要减少工作时间，提高工作质量。作者最后指出社会主义革命并不是一帆风顺的，资本主义制度还有顽强的生命力，要想取代资本主义制度，还需要长期的努力。论述了实现社会主义制度是有可能的，并且还能够超越社会主义，最后实现共产主义。实现从必然王国向自由王国的飞跃。

引 言

只要有阶级分化和社会不公平的存在，卡尔·马克思就是分析这种现象的最伟大的社会思想家。以阿拉伯联合酋长国第二大酋长国迪拜的富裕奢华为例，原来它只是一个渔民采珠的小港口，现在却成了富人们梦幻般的娱乐场所。[1] 迪拜棕榈岛的工程设计包括 2 000 套别墅、40 家豪华酒店和购物中心，要让月球都看到它的奢华。因此沿海地带的水被抽汲以造人工岛，并按照棕榈树错综复杂的形状来建造岛屿。迪拜是给超级富豪们建造的私人小湾，这恰巧也解决了"海滩不足"的问题。[2] "世界岛"是另一个建设项目，由 300 多个小岛按照世界地图的形状建成，房地产商财团可以在那里占有某个"国家"。在这沙漠的中央，竟设有一个室内滑雪场，滑雪场里用的都是真正的雪；还开设了一家泰格·伍兹高尔夫球场，每天都要消耗 400 万加仑以上的水。这些工程的用水都是脱盐工厂燃烧煤气脱盐后的水。水的需求量如此之大，以至于同样依靠燃烧煤气的电网开始衰竭，于是迪拜向其美国同盟者求助建立一个核电厂。每天要消耗 1.45 亿加仑的水，迪拜的富人们如此奢侈，以至于还要建一个核电厂来满足他们的需要。

迪拜是这个不公平和阶级分化世界中的一个极端象征。根据联合国儿童基金会统计，在地球上最贫穷的一些村庄里，每天都有大约 26 000 个儿童死亡。[3] 一个重要的死因就是痢疾，因为有 11 亿的人，或者说世界上 6 个人中就有 1 人没有足够的饮用水。[4] 每天，数百万的妇女们要累断了腰，艰辛地去搜集水或寻找做饭的办法。[5] 世界上大约有 25 亿的人用柴火、木炭或是用手把动物粪团成球来生火做饭。尽管 21 世纪技术能力已很先进，但还是有 1/4 的人用不到电，[6] 80%的人每周生活费不到 70 欧元。[7]

马克思不是第一个描写阶级冲突的人，但他是唯一揭示了阶级冲突是社会变革的驱动力的人。他一直引导我们将注意力聚焦在社会阶级上，这在看似和平的年代更为重要。那些和平的假象招来逃避主义者们的幻想。很多星期日报的专栏都有对迪拜的哈利法塔的特写，哈利法塔是世界上最高的塔形建筑物；读者应邀去参观哈利法塔里一家由乔治·阿玛尼装饰的室内设计的酒店，或是去位于 122 层的"气氛"餐厅，然后想象自己以贵宾身份住在某间套房里。相反，印度农妇们用手采集牛粪的场景却不作任何报道。那些被痢疾夺去了生命的儿童的名字、痛苦的模样和短暂的人生都被挥之而去，而现在的文化所描绘的全是那些名流贵人。

马克思曾在 150 多年前写道：

劳动确实给富人们生产出了美好的事物,但给工人们生产了贫困。它为富人们建造了宫殿,却为工人建造了地狱。劳动为富人们制造了美丽,却为工人们制造了丑陋。劳动使机器代替劳动,使一部分工人的劳动机械化,却将另一部分工人驱赶到更残酷的劳动中。它为富人创造了智慧,却为工人创造了愚昧。[8]

马克思的话使人无法逃避现实而产生疑问:谁是迪拜那样的娱乐场所的建造者?他们是在什么样的条件下工作的?花费在这些梦幻般的建筑上的财富又是如何而来?回答这些问题就意味着发现迪拜这样的奢华是从巴基斯坦、印度、斯里兰卡和孟加拉共和国招聘来的60万工人的劳动创造出来的。他们通常是7个人挤一间房,就睡在那些外露的污水管旁的建筑设施里,他们实际住的是富人们绝对看不到的劳动集中营。尽管有人宣称全球化带来了新的自由,但是这些工人们的护照却被扣押,以迫使他们在超过华氏100度的高温下工作。[9]然而正如马克思所预言的,这些工人不仅仅是受害者,也是反抗者和斗争者。虽然他们面临着被驱逐出境的威胁,但他们还是以游行、暴乱和罢工来抗议他们在迪拜受到的非人待遇。马克思支持和颂扬工人的反抗,这种反抗也是马克思远见卓识的一部分。

像迪拜那样的娱乐场所之所以能够存在,是因为世界上2%的上层人物掌控了50%的人类财富。[10]这些人中有财产400亿欧元的微软老总比尔·盖茨和拥有370亿欧元的投资大亨华伦·巴菲特。[11]人们不禁要问:一个人何以拥有400亿欧元的世界资源,而与此同时25%的人却无电可用?在过去的几个世纪里,人们相信财富的巨大差距是上帝意旨的结果,上帝从众人中选出一个家族在地球上代表他,他们中的一人有幸成为国王或女王。在国王或女王的周围形成贵族圈、朝臣圈、男爵圈、骑士圈和处在黑暗的外围的农民圈。然而17世纪和18世纪欧洲启蒙运动的作家们打破了这些寓言神话,他们认为,社会的起因是一个人们一致赞同的"社会契约"。在很久以前,人们聚集在一起,同意放弃一些个人自由来建立一个以君主为首领的国家。换言之,不公平是源于人类行为而并非上帝旨意,因此在一个更文明的时代,人们可以再次去改变这种不公平现象。一些更激进的人物如卢梭在他的文章《论人类不平等的起源》中更加深刻地指出:"很明显,不公平违反了自然规律,然而我们也能给不公平下定义……因为少数一些人可以狼吞虎咽、过分奢侈富足,而绝大多数群众却在挨饿,连生活的基本保障都没有。"[12]

这些对不公平的抨击都是针对现代之前的社会及其对血统和家族的特殊强调。但是财富从"市场"的自然运作中而来的现代社会又如何解释呢?在这个人们可以"自由选择"是出卖自己的劳动或是"冒险"做生意的社会中,这些极大的不公平又是怎么样发生的?这个世界没有强迫人们留守耕种,他们可以买卖商品,通常认为财富来源于创造、革新或者就是人付出极大的精力所得。

马克思是一位重要的思想家，为了解释阶级关系是如何产生的，他揭穿了关于市场"选择"的虚假言辞。他声称在表面自由的背后，进行着一个较之前任何社会形态下都更大的掠夺。像比尔·盖茨这样的人物可能将自己视为一位慈善家，可是他成为慈善家的能力却是靠掠夺和剥削而来。他称自己没有采取任何武力，也无任何特权，这是事实，但这与马克思的解释无关。马克思的目标是要揭示资本主义掠夺是如何在自由市场的运转下自动发生的。

马克思的著作中充满了对资本主义制度的愤慨和声讨。对于丝绸生产商雇佣童工每天工作 10 个小时，马克思尖锐地指出："这等于屠杀儿童只为得到他们娇弱的手指，如同俄罗斯南部屠宰有角牛，只为获取它们的皮和油脂。"[13] 他斥责资本"就像吸血鬼，靠吸食活劳动而存活，它活得越久，吸食的劳动就越多"。[14] 但在这义愤填膺的同时，蕴发了一种更强烈惊人的力量，即马克思意在提出变革的策略。

揭示不公平是有价值的事，但令人奇怪的是，这也会使道德评论家变得消极甚至言不由衷。如果有人认为令人震惊的不义行为正在发生，但大多数人都能默默接受，那他就等于无视他的男女同胞们。或许有人认为"经过洗脑后的大众"没有看到或不想看到他们周围的不公正现象，所以他们就成了致使这些不公正现象出现的同谋。这种道德主义使人们产生了愤世嫉俗的消极情绪，甚至是对现有秩序的默许接受，因为人们认为只有小的改革才有可能发生。就此，马克思通过指出变革是如何成为可能的提供了一个重要的起点，以摆脱这种消极负面的思维方式。

马克思的著作前后通篇都贯穿着他的一个远见卓识，即资本主义自身暗藏着使它走向灭亡的种子。资本主义包含一个自我毁灭的按键，需要我们去按，所以它的终结是真实可能的。如果他的断言是对的，那么资本主义的批评家不仅要积极从事道德谴责，还要通过实际行动来为改变这个世界做出贡献。当然这种批评是具有革命性的，而这就是在大学里教马克思主义所面临困难的原因。

在现代大学里，学生经常被当作可以阅读各种不同的"理论"的消费者。就如同超市给人们购买洗衣粉提供不同牌子以从中选择一样，大学也展示了自己的知识商品。有对理论观点做出的标准总结，以供学生们写文章，而且鼓励那些"更聪明"的学生发现问题进行阐发评价。具备了这些知识商品，学生们可以选择研读马克思的社会阶级理论或韦伯的社会分层理论。他们可以"比较和对比"迪尔凯姆的社会反常理论和马克思的异化理论。但是学校明显不鼓励学生们真的去实践某一个理论。然而，马克思的整个远见归结起来就是他的那句格言："哲学家们只是用不同的方式解释世界，而问题在于要改变世界。"[15]

这本书与其他的很多社会学的书籍有所不同，其他的书当讲到马克思的革命主张和替代资本主义的观点时，就避而不谈了。暗含的意思是学生们在阅读马克思的文章时应该思考世界而不是陷于争论如何改变世界。不幸的是，这却束缚了读者的思想解放，使他们没有意识到"与资本主义不同的另一个世界是可能的"的观点。希望本书写作的语言对深受 21 世纪资本主义的失败所影响的新一代人来说还容易理解。为此目的，本书回避了很多学术界马克思主义者们所进行的晦涩难懂的争论。虽然有些争论确实能帮助我们了解马克思，但是很多读起来就像是在读中世纪经院哲学对《圣经》所作的不同解读的作品。《大求索：拿什么替代你，信贷危机？》这本书对马克思的观点作了初步的总结介绍，并且将马克思的思想与当代资本主义现实世界联系起来。这就意味着本书在阐述了马克思的思想观点的同时，又列举了当今时代的一些例子和冲突。也许本书不能满足只想用马克思的原话的人，但是它对那些熟悉 iPod 音乐播放器和计算机的人而言更有帮助，而不是对那些知道棉花和尼龙是如何生产的人。

2009 年 11 月 25 日，当穆斯林的开斋节与美国传统的感恩节正好赶在同一天时，出现了一个令人震惊的宣告：迪拜世界，这一梦幻娱乐场所建造工程背后的公司，将至少 6 个月不给国际债券持有者支付利息。这一晴天霹雳通过联合所有在玛门圣坛朝拜的人，帮助在本应发生"碰撞的文明"间传递了信息。从纽约到利雅得，那些焦虑的新闻节目主持人都报道了富时指数和日经指数的急剧下降。

或许，这是一个预兆，象征着骄横的财富开始分崩离析。

第一章　反抗的原因

1818 年，卡尔·马克思出生在莫泽尔河畔上的一个古老的城市——特里尔。他的父亲是一名律师，为了避免受到反犹太教法律禁止犹太人从事公共事业的影响，1824 年，他的父亲从犹太教转信新教。起初，马克思热爱的是诗歌而并非政治。然而，当他成为了一位文学批评家后发现他的创造达不到自己的标准。[1] 所以在青年时，他转到柏林大学去学习哲学，他以一篇关于德谟克利特和伊壁鸠鲁这两位古希腊哲学家的博士论文获得了博士学位。

马克思从早年就开始反对这个深深压制人的社会。他在附近的一个小镇上给公共集会做了一场自由演讲后，警察便搜查了他的学校，取消了学校里煽动性的文学课程。两年后，数学老师和希伯来语老师被捕并以"无神论"和"唯物主义"的罪名受指控。[2] 这种压制使得马克思心中产生了一股反抗和揭穿当

大求索：拿什么替代你，信贷危机？

局的强烈欲望。他的那篇关于两位古希腊哲学家的博士论文的主题似乎有点枯燥，但马克思在开篇就表露了一种不寻常的激情：

> 只要还有一滴血在自己那颗要征服世界的、绝对自由的心脏里跳动，哲学就将永远用伊壁鸠鲁的话向它的反对者宣称："渎神的并不是那抛弃众人所崇拜的众神的人，而是把众人的意见强加于众神的人。"哲学并不隐瞒这点。普罗米修斯的自白——"总而言之，我痛恨所有的神"——也是哲学的自白，哲学反对不承认人的自我意识具有最高神性的一切天上和地上的神。它认为不应该有任何神同人的自我意识相并列。[3]

马克思不仅反对神，还反对所有压制群众来造就伟大自我的人。在他的一生中，这种反抗的情怀从未消沉过。

马克思在德意志邦联长大，德意志邦联是一个以普鲁士和奥地利为领导的 39 个邦联国家组成的松散的联盟。其城镇很小，四周都是墙和门，晚上大门一直关着。就在马克思出生 8 年前，农奴制——无偿向贵族提供劳动的义务——正式被废除，但是，作为妥协，贵族们可以把更多的公有土地占为己有。[4] 这

种旧的帝王贵族具有特权，有时他们的不动产土地面积会多到覆盖全国。普鲁士没有宪法，国王愿意怎么管理国家就怎么管理。而在整个德国，地方议会是给社会的广大代表的唯一承认，然而即便在地方议会，也还保留有教堂和贵族的席位。财产的多少对能否参选的影响非常大，以至于在拿骚的公爵领地只有70%的人有选举资格。[5]审查制度、禁止议政和信奉官方宗教基督教成为当时遵循的社会秩序。[6]

在这个人们饱受压制的社会，哲学是不受管制的少有领域之一，而格奥尔格·威廉·弗里德里希·黑格尔便是哲学领域的泰斗，他于1831年去世。在年轻时，黑格尔支持法国革命，并且暗中欢迎拿破仑入侵德国，希望能给德国带来更大的自由。[7]他的自由不是指人们反对社会而得来的自由，而是"社会秩序的恢复，即在一个社会里人们都是自由的和不可分离的……在这个社会，公共生活不再是不可挑战的当局权威强加给臣民们的，而是市民们的一种共同表达"。[8]其他启蒙作家们将社会看作是由独立和分裂的个体组成的集合体，比起他们，黑格尔的观点更激进。而法国革命的失败和德国君主专制的复辟成为黑

另眼看世界·当代国际热点解读

格尔哲学观的背景。

尽管黑格尔的哲学思想非常复杂，但是为了了解马克思的思想发展，有必要对其做一个简要的总结。黑格尔哲学思想中比较激进的一面就是关于人类经历的核心是变化、发展的过程。这些都不是随意发生的，历史不是一部讲述不同的战争、背叛和个人弱点的故事。黑格尔主张不能孤立地看待事物，而必须在与其他事物的联系中看待它们。任何存在物都是产生出来的，而不是凭空而来的。国家、文化实践和政治观点都是从某处产生，都要经历诞生和最终灭亡这一过程。然而，变革只能在分化和矛盾中产生。首先是一个整体，然后出现分离，最终在一个更高的统一体上达到协调一致。从这种运作中可得出一个历史的模式——历史是朝着自由向前发展的。黑格尔曾经写道："整个世界的历史，就是一部自由意识进程的历史。"[9]

尽管这一观点包含有一个革命性的核心，但是德国进步力量的弱点就在于黑格尔将历史看成是一个神秘的过程。传统的哲学就"世界的本原"这个问题分成了两派。唯物主义者认为是物质存在，人的一切意识都必须以大脑所经历的生动的过程或以我们获得语言和文化的更宽广的社会团体作为基础。[10]而唯

心主义者则认为精神（或上帝或思想）是真正的存在物，人类社会只不过是精神的表达。最激进的唯心主义思想是柏拉图的哲学观，他认为人住在山洞里，观看外面更高的精神透过裂缝照在墙上的影子的模糊踪迹。

从唯心主义的观点看，黑格尔与柏拉图之间的思想差异并不是很大，因为黑格尔认为精神是一切存在物的起源。这个精神与它创造的世界分离开来，所以它必须"绕一圈、或经历一件戏剧性事件、一次分离才能够回到统一"。[11] 这听起来就像是在复述上帝和世界分离的基督故事，但是却有很重要的不同点。传统宗教里上帝是以完美的形象独自站在天堂上，但黑格尔竟然说"没有世界，上帝就不存在了"。[12] 精神必须在经历一次旅程后才回到世界中，所以人便成了"绝对精神完成其精神旅程的工具"。[13] 或者臭名昭著地说，历史就是上帝的自传。[14]

在展示人类历史中显示了精神走向世界的过程，或者用黑格尔的话来说，自我意识的过程。黑格尔聪明博学，他引用了宗教、艺术、法律和政治上的例子来说明任何社会的文化中都有一个特定的统一体。这个统一体就是对某一阶

3

大求索：拿什么替代你，信贷危机？

段的精神旅程的表达。然而，"历史的车轮"只有在穿过大矛盾和大碰撞之后才能前进到一个新的阶段。它的终点是要到达一个超越文明社会中一切分化和为一切公民提供自由的普遍状态。黑格尔认为这种状态就是理性的象征，它授予人们所有的一切价值。而文明社会就是一个"人群的社会"，[15] 在那里每个人都把别人当作达到自己目的的手段。

1806 年，普鲁士被拿破仑击败后，普鲁士的君主弗雷德里克·威廉三世被迫开始进入改革时期，他任命了自由党的人当部长，如巴龙·冯·施泰因和巴龙·艾尔坦斯坦等。省际间开始收取经济税，给予犹太人一些民主权利，中产阶级的政治利益也得到了捍卫。[16] 作为改良的一项实施，黑格尔被授予新建的柏林大学的教授职称，他在柏林大学领先改革行政部门。他又进一步提出改革后的普鲁士的状态是精神与世界最终调和的结果，是人类历史的终结。不足为奇，他也因此成为德国的官方哲学家了。

很明显这是个保守且荒诞的结论。即使在 1831 年黑格尔去世之前，弗雷德里克·威廉三世周围的反动派系就削弱了改革势力而复辟了君主专制。而后出现了一场年轻左派的黑格尔运动，以一种激进的哲学观抨击这个国家。他们重

点采用黑格尔的方法，而不是他的广泛的哲学体系，这样他们就能把文化的不同方面联系起来当作一个整体。所以宗教、哲学和艺术都有某种统一体来表达一个特定的社会。但是每个整体都是由相对立的统一体组成，它们都要在大的碰撞摩擦中历经改变。没有哪个社会可以无限持续下去，随着历史朝着自由的方向继续前进，社会终将被超越。

　　黑格尔的一个典型主张就是认为理念和社会实践都没有错，而对思想和实践的需要被忽略了。1835 年，大卫·斯特劳斯出版的《耶稣传》，就是一个很好的例子。这本书把福音当作另一篇文本，同时通过其前后不一致性，又把福音看作是早期基督社区的集体意识的表达。这本书却无视有关福音是否属实的争论，它的破坏性甚至更大，因为它仅仅将福音视为被忽略了的一种文化表达。

　　这种方法的激进含意非常危险。如果历史是一场走向理性和自由的旅程，人们就会批评现在的社会没有达到理性和自由，所有的社会机构都以"理性的就是真的，真的就是理性的"这样一个社会的可能性来衡量。[17] 从这种立场看，为了加速历史的进程，就应该废除君主和贵族特权，让它们马上成为遗迹。即

另眼看世界·当代国际热点解读

使黑格尔老先生畏避这些结论，而他的那些黑格尔学派年轻的追随者们却决心要坚持到底。

　　1836 年，马克思开始在柏林大学学习哲学，那时候他拒绝接受黑格尔哲学的严格、怪异的旋律，[18] 但是之后他加入了由一群黑格尔派青年成员组成的博士俱乐部，他们认真地对待黑格尔教条中激进的内容。他们虽然接受黑格尔认为历史是朝着一个理想王国向前发展的观点，但认为普鲁士政府还没有到达那种理想状态。尤其他们认为是政府与教堂的联系阻碍了普鲁士的发展。他们相信哲学的任务是要把政府从宗教中解放出来，同时还要发扬"批判性的批评"。[19] 即他们认为在一个自由的社会里思想也是自由的。

　　起初，那些黑格尔派青年成员对 1840 年新登基的国王弗里德里希·威廉四世寄予了很大的希望，但后来证实这位新国王也和老国王一样反对变革。他查封了黑格尔青年派的日报《德国年鉴》，而且任命他们的死敌弗里德里希·谢林为柏林大学的哲学教授，并指示他去铲除"黑格尔学派的恶种"。[20] 1842 年，黑格尔青年学派的领导人布鲁诺·鲍威尔因为倡导无神论被解雇，从此马克思便彻底放弃了当大学讲师的梦想。

那些被赶出大学讲坛的哲学家们之后转去报社当编辑。一批在科隆不信服普鲁士政权的自由商人成立了《莱茵报》报社，很幸运，这家报纸雇佣了一些黑格尔派青年。1842年10月，他们中的卡尔·马克思成了《莱茵报》的编辑。他发表的第一篇文章就猛烈抨击了报刊的审查制度，未等社会做出回应，他又抨击那些不热心的自由主义者们斗争不够强烈。马克思主张："报刊没有自由，那别的一切自由都是幻想。一种形式的自由支配另一种形式的自由，就如身体的一个肢体支配另一个肢体。"[21] 他反对报刊审查制度，而且对普鲁士政权的官僚们不屑一顾，因此他成了一位极端的民主主义者，蔑视认为群众应由他们的上级引导的一切说法。虽然有人认为人民掌握政权可能会带来各种各样的错误，但马克思对主张专制限制自由做出了回应：

> 对专制主义的提倡者而言，真正的教育就是要让人一生都包裹在摇篮中，因为只要他一学会走路他必定会摔跤，只有摔跤了他才学得会走路。但如果我们都将小孩包裹在褟褓之中，那谁来包裹我们？如果我们都睡在摇篮里，那谁来摇我们？如果我们都在监狱里，那谁来

大求索：拿什么替代你，信贷危机？

> 当监狱的看守员呢？[22]

马克思在反对政府官僚时同样表露了一份激情。他反对黑格尔赞扬普鲁士王国，同时斥责所有的官僚都假装代表全社会的共同利益：

> 官僚机构是任何人都无法逃出的魔法圈。它的等级就是知识的等级……它腐化成了消极服从，崇拜当局，一种固定、正式的行为和死板僵化的原则、思想和传统的运行机制。对于官僚个人来说，为追求功利，国家的目的就成了他个人的目的，并一味追求晋升和野心。[23]

有些人主张有了更好的领导，官僚作风问题就能解决，而马克思写道"分等级的官僚机构本身就是最大的滥用职权，比起他们的那些等级罪恶来说，官员个人的一些罪根本算不了什么"。[24]

这使马克思比那些经典自由作家更具有进步性，他们提倡更多的自由，但是又对"暴民"表示怀疑，怕他们会干涉到财产权。西方自由民主传统的创始人一般都是通过上议院或更多掌权人物组成的第二议院或最高法院来限制公民的选举权，这样就能驳回公民意愿。然而，马克思提倡没有审查制度或官僚政权的不受限制的民主，这种真正自然的民主嘲弄了那些将斯大林专制归咎于马

克思思想的观点。思想家不能对支持他的观点的人负责任，尤其是在他们死后，所以主张耶稣·基督要为西班牙宗教法庭负责和称马克思要为俄国共产主义承担责任一样没有意义。

具讽刺意味的是，马克思担任了《莱茵报》的编辑后便和他之前一起探讨哲学的朋友们决裂了。他后来解释道，主要原因是他"第一次经历了必须参加关于所谓的物质利益的讨论而带来的尴尬"。[25] 其中有一次是在莱茵省议会上进行的关于盗木法的辩论。几个世纪以来，农民都享有一项收集森林中的木材当作燃料的惯例权，但是随着保护私有财产的立法的扩大，那项权利如今却被当作是盗窃，还要受严厉的惩罚。马克思出于本能地同情这些农民，他们的斗争引导马克思去探索关于私有财产的法律背后的经济问题。相反，其他那些自称为自由者的黑格尔青年学派分子们转向用更加极端的言辞攻击宗教，他们开始训斥"群众"是思想的真正敌人。

1843 年 4 月 1 日，马克思的报纸《德国年鉴》遭查封，于是他决定和黑格尔青年学派的一个叫阿尔诺德·卢格的人一起离开德国去巴黎，他们在那创办

另眼看世界·当代国际热点解读

了新一期刊物《德法年鉴》。然而，因为马克思越来越关心底层人民的斗争，而且支持 1844 年西里西亚的织工起义，造成了他们思想上的分歧，所以《德法年鉴》只发行了一期就停刊了。在 1844 年的织工起义中，那些手摇纺织机的工人们高唱着"终有一天，那些富人们的钱财会像在太阳下的黄油那般地消失"[26] 开展了斗争，他们坚持勇敢作战直至最后被武装军队镇压。卢格贬低那些工人的起义，他呼吁政党可以在政府内部进行改革。然而，马克思却歌颂了这场起义，他说"整个自由资产阶级对出版自由的如火如荼的渴望不费一兵一力就被镇压下去"，但织工们却是带着巨大的勇气参战。[27] 马克思不仅寻求在国家内部进行改革，他还主张"国家的存在与奴隶制的存在密不可分"，因为国家是依赖于"残酷无情的现代商业世界"而存在的。[28]

马克思一直呆在巴黎，直至 1845 年 2 月，遭到驱逐后他便去了布鲁塞尔。在巴黎的那段时间里，马克思从他的两次经历里获益匪浅，而那两次经历影响了他的一生。首先，他接触了一些工人团体和共产党秘密革命组织，其中包括 1 000 强正义者同盟。[29] 他被那些工匠战士们的勇气和崇高深深地打动了，所以决心加入他们的组织。可是这个同盟似乎只关注"社会问题"而忽视了争取

民主的政治斗争。马克思加入后，立即采取了相反的方针，他提倡要完全参与到为德国的议会法而战的斗争中。

其次，马克思在这期间开始了与弗里德里希·恩格斯的长久友谊，恩格斯那时已经开始研究经济问题了，而且他在撰写《英国工人阶级状况》的过程中接触到了英国的宪章运动。宪章运动是工人阶级开展的运动，工人要求获得选举权，并且要求议会每年改选一次，这样他们才能有民主。[30] 恩格斯的父亲是一位工厂主，他将儿子送去曼彻斯特学习家族企业。在那里，他认识了一位爱尔兰女工玛丽·白恩士并成为了她的伴侣，玛丽带他参观了曼彻斯特，一位尊贵的资产阶级者不可能参观的一些地方。慢慢地，恩格斯的政治观点和马克思的有些相似之处，因此，他们第一次在巴黎见面时，便确立了友谊，列宁曾经充满激情地盛赞这种友谊，他说："他们的关系超过了古人关于人类友谊的一切最动人的传说。"[31] 后来，恩格斯一直资助马克思的家庭并且以更普遍的形式推广了他们的共同思想。

马克思和恩格斯在共同经历了宪章运动、西里西亚的织工起义和巴黎德国

大求索：拿什么替代你，信贷危机？

工人俱乐部后得出了一个全新的结论。以前他们认为哲学可以控制和激发工人阶级，现在他们开始认为工人是解放自己的原动力。工人不再仅仅是资本主义的受害者，而且还有能力成为资本主义的掘墓人。他们认为真正的社会变革来源于工人阶级运动的政治发展，而不是靠小部分"教育者"提供一个关于新社会的远见。在《神圣家族》和《德意志意识形态》这两本书中，马克思和恩格斯阐述了他们观点的转变，这也标志着他们与黑格尔主义的彻底决裂。马克思这样描述了他们新的变革方法：

我们不以空论家的方式面对这个世界，而是依据一条新的原则，这条原则就是崇拜真理！我们遵循世界固有的原则，总结发展新的原则。我们不会对世界说：停止你那些愚蠢的斗争；让我们告诉你斗争的真正口号。

我们只是向世界表明了它究竟在为什么而战，即便它不想要，觉悟也是它必须要获取的。[32]

随着马克思和恩格斯更加深入地加入到正义者同盟的活动中，他们也开始与其他左派分子进行一些争论。他们反对采用秘密革命团体发起的那种阴谋政

治的方式，这是法国革命后期活跃的弗朗斯瓦·诺埃尔·巴贝夫及其和平主义阴谋采取的传统。他们的这个方法影响了很多早期工人团体的运动，工人们总是将自己看作严谨的革命集体，他们在幕后操作，等待合适的时机发出起义的信号。可这又关系到政治精英领导的程度，因为运动的发起和方向都是由秘密组织内秘密指定的。正义者同盟的领导人之一威廉·魏特林也认为如果起义成功了，随后就需要一名共产主义独裁者来指引整个社会。[33] 然而，马克思反对这种自上而下的管理方式，他更赞成公开的政治权力和工人自身参与他们的解放中。

不过那些温和主义者也反对采用密谋的方法，他们主张对统治者和被统治者进行"道德劝诫"和教育来建立一个更好的社会。他们常常呼吁正义和真理以鼓励社会精英们进行改良。这意味着贫穷和剥削来源于个人的邪恶而非体制的运作。但是马克思和恩格斯都反对这种非革命的方式，因为就像哈尔·德雷珀所说，"每个人都'相信'真理、正义和道德，前提是人们都能实现自己所指的含义"。[34] 换句话说，对道德的抽象呼吁并不能取代阶级利益。

另眼看世界·当代国际热点解读

最后，马克思也反对皮埃尔·约瑟夫·蒲鲁东提议建立互助制和"公平劳动交换"的社会，这样工人就能实现他们劳动的全部价值。尽管他被公认为是无政府主义者的奠基人之一，蒲鲁东追求的是一种小生产者独立的旧社会。他认为罢工很邪恶、女权很可恶。他反对政治，但这并没阻碍他支持国家建立信贷社会，后来法国独裁者路易斯·波拿巴就是利用了他的这个想法来镇压工人运动。马克思争论道，想通过更结合当地实际情况来达到市场公平只是个幻想。所有互助的方案最终都要服从市场法则而不是削弱它们。马克思反对这种旧的"小资产阶级"的激进主义，他主张工人必须掌握现代经济，而且要用有意识的计划经济取代市场主导。

到 1847 年，马克思和恩格斯因为他们新的革命方法受到了广泛的支持，他们受邀去为共产主义同盟，即原来的正义者同盟，起草一份宣言。在一个非常偶然的时期，他们拟写了《共产党宣言》，并且因其巧妙的修辞风格和其中大胆的宣言"人类的历史，就是一部阶级斗争史"，[35] 这本书成为了最著名的书之一。1848 年这本书出版的时候，革命席卷了法国、德国、奥地利、爱尔兰和捷克斯洛伐克。尽管在斗争的过程中，社会问题也随之出现了，但是这些革命主要是为建立民主而开展的。例如，法国工人要求建立国家工厂以缓解失业问题，在一段时间内，他们迫使共和国民主党很不情愿地给他们提供就业。

德国起义爆发时，马克思即刻回到了他的祖国并接管了《新莱茵报》的编辑职位，《新莱茵报》的副标题是"民主派机关报"，[36] 这份报纸很受欢迎，讲到很多活跃分子，他因此而成了民主运动激进派的关键人之一。他同时还起草了一张简短的扉页，勾勒了共产党联盟的政治方案，其中包括建立德国共和国、建立人民武装、终止法律费用、废除一切封建制义务、开设国家银行、开放公共交通和穷人免费交通、提供免费受教育和对工作权利的保障的需要。[37] 马克思力争通过联合工人、农民和中下层阶级推动民主运动朝着激进的方向发展。

然而，1848 年革命失败了，主要是因为自由资产阶级的领导者太怯弱犹豫，生怕底层正在蓬勃发展的激进主义会发动一场大的战争。6 月，法国工人们起来反抗他们几个月以前赢得的国家工厂又按计划关闭了。而民主运动中的共和国领导者们杀害了 1 500 名工人，并且把另外 15 000 名政治犯驱逐到阿尔及利亚。这些冲突给整个欧洲自由者们发出了一个信号：是时候停止起义了。在德

大求索：拿什么替代你，信贷危机？

9

国，新选举的法兰克福议会没有采取任何重大的措施来反对君主，只通过了一部新的宪法，直到 1849 年，法兰克福议会最终被解散。

马克思在他的《共产主义者同盟中央委员会告同盟书》中总结 1848 年民主起义的经验，他竭力主张工人组织甚至必须独立于那些听起来最为激进的中产阶级政客们。如果革命必须有一个新的尝试，那他们应该尝试着：

> 使革命持久直到所有财产或多或少的阶级都从他们的统治位置上被驱赶下来，使革命持久直到无产阶级夺取了国家政权，使革命持久直到不仅在一个国家而且在世界上所有的革命领导国家中，无产阶级组织取到了足够大的进步。[38]

很不幸，在 1850 年后，革命还远没有一个新的尝试，反动就到来了，马克思也因此成了伦敦的一位政治避难者。在接下来的 10 年里直到美国内战的爆发，马克思大部分时间都在当《纽约论坛报》在伦敦的驻外记者，他就当代的话题写了很多文章。尽管从这点上来说他是一个政治激进主义的热心倡导者，现在马克思已退隐到英国国家博物馆里学习经济学了。1851 年 4 月，他对恩格斯说，"我现在已经进行不少内容了，再有五周我就可以学完整个经济学

了"。[39] 可是他最重要的著作《资本论》直到 1867 年才出版，而且那时候这本书中还有很多部分没有写，这本书的第二、三卷是在马克思死后，由恩格斯分别在 1885 年和 1894 年出版的。

作为一个政治避难者，马克思一生都很贫穷，生活条件十分艰苦。1852 年，他的女儿弗兰契斯卡去世了，他的妻子燕妮必须从一个法国移民那里借钱买一口棺材。在同一年，马克思告诉记者他不能出门因为他已经把他的衣服和鞋子典当了。[40] 十年后，他记录着"每天我的妻子都告诉我她很想死。我真的不能再和她争吵了"。[41]《资本论》在如此艰苦的条件下写成，这种成就真的是令人惊叹。就是在撰写这三卷巨作的同时，工人运动复苏了，马克思又寻找时间重新开始了他的政治激进主义。1864 年，法国和英国工联在伦敦圣马丁聚集召开会议，与此同时还有波兰独立，国际工人协会即第一国际宣告成立。第一国际将国际工人运动中很多政治倾向不同的人都召集在一起，其中包括法国蒲鲁东的支持者、意大利激进爱国者徐塞佩·马志尼的追随者、英国工联者和许多无政府主义者。

10 另眼看世界·当代国际热点解读

马克思很快成为第一国际的重要人物之一，多次被选为其代表大会的 50 名委员之一，在那里他代表着德国，其他 5 位都是共产主义同盟的成员。在为这个组织写的开幕词中，他赞扬了国际主义并声称夺取政权成为了工人阶级的伟大使命。他起草的临时法的开场白是这样的："工人阶级的解放运动必须由工人阶级自己来完成。"[42] 正当他活跃在第一国际的同时，他写了一封信去支持亚伯拉罕·林肯反对奴隶制的斗争。他强烈支持波兰独立，尽管有些人认为他有些太过政治化。当爱尔兰古代勇士们被当作普通罪犯而不是反对帝国的政治战士时，马克思又跑去为这些勇士们辩护。他支持倡议普选制的改革联盟的成立。这动员了街道上成千上万的民众，同时也给英国统治者施加了很大压力，于是他们在 1867 年的改革法案中给予了工人阶级中的男性选举权。[43]

然而，马克思为第一国际写的最重要的文章是《法兰西内战》，以此来公开为巴黎公社辩护。法兰西内战是工人起来抗议法兰西政府将城市交给了胜利的普鲁士军队。1871 年中有两个月，工人代表着自己的利益在巴黎奔走，他们制定了直接的民主形式，这令整个欧洲的富人们恐慌。当法国的右派势力重新夺回了城市后，他们将群众带入了恐怖统治时期，他们杀害了大约 20 000 名巴黎公社的拥护者，同时将另外 7 500 人流放到像新加勒多尼亚这种地方。在罗伯斯庇尔的恐怖统治时期死了更多的人，尽管每个学童都听说了这个"恐怖"，但是很少有人告诉他们 1871 年恐怖统治施加给巴黎工人们的苦难。马克思为巴黎公社的辩护使第一国际遭到严重的冷眼和压制。他被描述成了"红色恐怖人士"，生命几次受到威胁，但是他并没有畏惧，反倒欢悦地写信给了恩格斯："我像一只陷入沼泽的青蛙被孤立了 20 年后，现在这样反而对我有好处。"[44] 可是这个名声也带来了不利，因为很多英国温和主义工联者害怕因此而受政治迫害。即便在这以前，无政府主义者挑起的分裂就已经削弱了第一国际。企图建立一个国际性的工人组织的初步尝试以失败告终。

马克思多半是在远离公众的骚动中度过了他人生的最后 10 年，但是在 1875 年，他又介入了一场关于成立德国社会民主党的辩论中，并为此撰写了《哥达纲领批判》。德国社会民主党是世界上第一个群众性的马克思主义政党，甚至在成立的早期，马克思就察觉到了政党内在政治上的软弱性，于是他呼吁采取更加激进的方针。在学习了俄语和统计学后，他又积极参与到与俄国革命者们的

广泛联系中。但是他的革命事业也就到此为止。在接下来的时间里，他退隐到了个人学习和与病魔作斗争中。1881 年 12 月 2 日，他的妻子燕妮去世；1883 年 1 月 11 日，他的长女小燕妮去世；同年 3 月 14 日，马克思坐在他的扶手椅中安详地逝世了。恩格斯在他的葬礼上发表的讲话中说道：

> 马克思首先是一位革命家。他毕生的真正使命，就是以这种或那种方式参加推翻资本主义社会的事业中……很少有人像他那样满腔热情、坚韧不拔和卓有成效地进行斗争。[45]

恩格斯预言过"他的英名和事业将永垂不朽"，这点当然被证明是对的。

第二章　利润社会

现在,让我们深入剖析 21 世纪的资本主义。凯雷集团资本达到 845 亿欧元,它在全球雇佣了 415 000 名员工。凯雷集团甚至比很多诸如克罗地亚、塞尔维亚或立陶宛这样的中等国家都更富裕。但是这家集团是干什么的?

这个问题很难回答。凯雷集团下有很多公司,例如唐恩都乐快餐公司、艾里逊变速箱和麦特达因等汽车部件制造公司。但是凯雷集团不生产任何一件产品也不提供任何一种服务,因为它是一家私人资本投资公司。这就是说它负责从其他公司募集资本然后又投资出去,以寻求最高的回报率。它以自己流通、快速和不局限于只投资机器制造业或建筑业而自豪,它搜寻各处以寻找"底线"。

威廉·康威是凯雷集团的主要持有人之一,同时也是美国亿万"富人榜"上的特写人物之一。他的董事会里有一些前政治家们,其中包括英国前首相约

翰·梅杰和美国前总统老乔治·布什。这些政治家们个个都因身在凯雷让凯雷的"智囊团"荣耀生辉而得到了巨额回报。但康威或那些前政治家都不制造或创造任何东西。凯雷至多也只是派遣 500 个"投资专业人士"去寻找商机完成获利的使命。而真正的生产活动是由各地的众多工人来完成。

那么是什么给予凯雷的那些股东们以权利来获取上百万美元的利润而变得愈加富有呢?

在先前的社会,与凯雷的所有者身份相当的人使用暴力威胁从农民中榨取财富,很显然,掠夺便是从那时开始的。一周中的一部分时间,农民就在自己的一小块土地上为自己劳作,其余时间,他们是直接为劳役制度服务,他们或者无偿地为地主劳作,或者向地主交纳一部分自己劳作收获的果实。在资本主义制度下,为自己工作和为老板工作之间并没有十分明显的界限。无需采用暴力,利润在正常、干净的方式下就能产生。可这是怎么发生的?资本主义社会是在什么时候、怎么样出现的?

资本主义是人类历史上相对相近的发展物,它需要"自由的"工人和雇主间形成一种关系。雇主们拥有工厂、办公室和工作场所的控制权,他们雇佣在双

重意义上自由的工人。首先，工人和雇主之间没有人身依附关系，双方不需要任何情感色彩或传统的债务关系达成一份合同协议。他们之间只是一种经济关系，其唯一纽带就是金钱，只要工人对雇主来说有利用价值，这种关系就能一直持续下去。其次，工人在这层意思上也必须是自由的，即他们"没有任何生产资料"。[1] 除了个人财产，他们自由得一无所有。

尽管现代有关于自由选择的华丽言辞，资本主义社会还是存在极大的不公平。资本本质上是可替换的——它可以改变形式。雇主可以关闭工厂将用于生产的钱取出存入银行或其他金融机构。生产设备可以搬迁至地球的另一边，但是工人却要受移民法的约束限制。凯雷集团代表的是这种自由的最原始形式，因为它的资本一直在变换形式。然而，工人只有在选择个体资本家时才算自由，但是他或她必须受雇于至少一个资本家。因此，工人要为一个资本家强制性地工作，而对其他资本家来说他又是真正的自由。

这种关系是如何产生的？有一种荒诞的说法认为早期的资本家生活俭朴，他们存下钱来买厂房和机器。实际上，早期的资本积累是建立在暴力和欺诈上。

13
大求索：拿什么替代你，信贷危机？

刚富起来的人霸占了修道院拥有的大片土地。马克思所称的"将非洲变为供商业性地搜寻黑人的专门领域"[2] 的奴隶制，为如利物浦和布里斯托尔这样的城市创造了早期财富。而像东印度公司这样的公司里的商人们垄断茶叶、盐和鸦片的交易，积聚起巨额财富。早期资本家们远不是一群穿着破破烂烂、具有创新和吃苦精神的人，他们只是利用国家的权力加快了封建社会向资本主义社会的过渡。

从商业资本到控制劳动的转变之间历经了一个很长的阶段。起初，商人利用时间和地域差来充当买家和卖家的中间人，以低价买入和高价卖出攫取双方的钱财。买卖的商品一般都是由受行会组织管理的工匠们制造，而行会对学徒的数量和传统的工作方式都有严格的规定。可是在某一特定时期，商人或行会里富有的工匠主打破了这些限制并控制了生产。有时，他们还要控制行会和更改规则。在其他时候，他们会搬到行会管制较少的新乡村小镇去。商人资本家不会买制成品，而是建立一套"产出"制度，为保证得到成品的回报，他们出借原材料和机器。再后来，他们将这种新的生产制度集中在车间和工厂里，而且还强加上了自己的劳动分工。只有当劳动可以在这些新的工作场所里进行购买和控制时，现代资本主义才得以形成。

那么工人——现代社会中大部分人的先驱们又是从哪里来的？

大多数的人都不喜欢在工厂工作，都喜欢空气清新、空间宽敞。他们的财产必然被剥夺了，这样才能迫使他们向资本家出卖劳动。一个错误的观点认为现代社会是建立在"私有财产"上，但是马克思指出，除非人们被剥夺了允许自己为自己工作的财产，否则现代工厂是不可能发展的。资本主义社会存在一个"从大多数人的小份财产到少数人的巨额财产"的转变。[3] 为说明这点，马克思讲了一个故事，皮尔先生在澳大利亚买了一块地并带了 3 000 个奴隶一起去那边定居。但是皮尔先生忘了这片新大洲上的土地是可以自由耕种的，所以，令皮尔先生吃惊的是，奴隶们一发现这点就立刻分散走了。结果，皮尔先生很不幸，"没有一个奴隶为他整理床铺或从河里挑水"。[4] 为了克服劳动供应问题可以采取很多办法。

最残忍的就是剥夺人们的公有土地。15 世纪和 16 世纪，英国通过圈地运动将可耕种的土地圈占变成大牧场，用来饲养羊群以生产羊毛。当代一位作家

这样描述那时的情形，"圈地运动把畜生养肥了，把穷人饿瘦了"。[5] 美国和澳大利亚地域广袤，工人们就被当作签了契约的奴隶或劳动犯送去那里，并被迫为他们的主人工作数年。在非洲，殖民统治者们引进了人头税，必须用钱缴纳，这样就能迫使工人们离开土地去赚取薪水以缴纳税款。一位州长佩里·吉鲁阿尔德爵士简明扼要地说，"我们认为税收是强迫土著们为了工作而离开自己土地的唯一可行的办法"。[6] 但是即便人们与自己最原始的生产资料相分离了，他们还是要被灌输思想以接受"职业道德"。

这是在镇压和宗教的共同作用下发生的。反对乞讨和流浪的法律就是用来强迫那些"闲懒的穷人"出卖劳动。"三振出局"的原始意义是在 1572 年伊丽莎白女王一世时出现的，那时候政府颁布了法令：第一次犯法乞丐就要在左耳上烙印，第二次犯法就要送去当奴隶，第三次犯法是要砍头的。即便在资本主义社会的今天，那些天天闲逛而不去出卖自己劳动的流浪者们都很令人厌恶。因为不接受职业道德，爱尔兰旅游者、澳大利亚土著、美国土著印第安人和英国新时代旅行者都成了诽谤的对象。例如，2005 年，美国有 24 359 人因触犯反流浪法而被定罪。[7]

在采取公然压制的同时，新统治者们又利用了宗教教义来斥责闲散行为，从而使人们接受工业资本主义的纪律。为资本主义服务的工作管理体制取代了人与季节规律的协调关系，一条途径就是安息日战胜了前现代基督社会的古圣日。[8] 星期天取代了很多当地或地方的圣日；比现在更长的狂欢节庆祝节假日消失了，传统的"神圣的星期一"，即人们从周末的欢饮中恢复过来，也被废除了。人们常用宗教，尤其是英国的卫理公会来指责懒散是恶魔。例如，约翰·卫斯理在给《早起的责任与益处》写的小册子中警示道："在温暖的被窝里呆了很长时间，身上的肉变得过热而松软无力了。同时，神经组织也很松懈了。"[9] 工人们一去工作就被"告知"他们所生产的东西不再属于他们，而是雇佣他们的资本家的。18世纪，在伦敦实施了一次绞刑和流放的司法突击，以告知农村来的人不能拿主人的东西。[10]

经过这一整个漫长而又复杂的历史过程，两个阶级开始主导现代资本主义社会：小部分人是拥有和控制生产资料的资本家，而大部分人是被迫出卖劳动的工人。凯雷集团的所有者现在可以任命经理对工人发号施令，但是他们下命

大求索：拿什么替代你，信贷危机？

令的权力与他们的个人品质毫无关系——他们既不是更好的人也不是更有才智。他们的命令权仅仅来源于他们对资本的掌控。

商品生产

现代资本主义社会的另一个必要条件——商品生产必须成为资本主义下一切活动的准则。商品是用于交换的，而不是供工人或雇主使用。商品具有双层意思。作为使用价值，它们必须是可以满足人类需要的某种特定的物品或服务，这种需要"是来自生理的还是来自精神的没有影响"。[11] 同时它们还必须有一个共同的价值——交换价值——这样它们之间才得以交换。当一个部落在满足了自己的需要以外还有剩余并拿剩余与别的部落进行交换时，商品生产就自然而然产生了。商品最初是作为偶然的或剩余的成分而生产的，可后来商品却成了生产的主要目的，其间历经了很长的一段时间。如果技术和组织允许，生产规模还可以扩大，所以批量生产也旨在进行交换。当批量生产大规模地进行时，会发生一系列的相关变化。

第一，劳动本身成为了商品。因为生产不局限于某一特定的社会群体需要的特定使用价值，所以持续扩张的生产便成为了可能。在一段时期内可能有如恩格斯所说的简单商品生产，在那里个体的、自雇的生产者从事商品交换。[12] 但是随着扩大生产的可能性加大——并不是因为有些人破产了——仍需要一些劳动力。从理论上来说，这种劳动奴隶制可以提供，美国的棉花种植就是一个例子。但是奴隶制不能根据市场的波动进行调整，而且奴隶们不再具有生产能力时，奴隶主还得养着他们。相比之下，工人最大的优势就在于当他不能生产出任何可用于交换的商品时，雇主就能解雇他。

第二，商品生产改变了劳动分工方式。从狩猎—采集社会到现代资本主义社会，所有的社会都还会根据不同的职业分配任务，这通常被称为劳动分工。或者，换言之，全社会的集体劳动要分派给不同的生产部门。在部落社会中，部落酋长可以决定谁做饭、谁制造金属或谁狩猎。在现代工厂里，老板决定工人的劳动分工。而在工厂外，资本主义下的社会劳动的分配机制是通过商品交换而运作。

16 另眼看世界·当代国际热点解读

古典经济学家亚当·斯密认为劳动分工对于所有社会都是必须的，但是他假定那是建立在"买卖和易货和交换"的自然倾向的基础上。因此他得出了一个结论：商品生产植根于人类本性，学习经济学只能是学习商品生产的科学。[13] 然而，马克思指出：

> 劳动分工是商品生产的必要条件，但反之不成立，即商品生产不是劳动分工的必要条件。[14]

商品生产是从一个更早的社会组织形式中演化而来，它从根本上改变了社会的本质。

一方面，我们彼此变得更加依赖。在现代西方社会，没有别人的帮助，我们中几乎没人可以得到哪怕小部分食物。餐厅里的一杯咖啡需要埃塞俄比亚的农民、纽约交易所的办公室人员、希腊船上的水手、零售员、卡车司机和服务生的集体劳动。事实上，与之前所有的人类社会相比，资本主义社会下的商品生产造成了更大的社会依赖性。但是这个社会中却没有可用的运行机制让我们管理对别人的依赖。只是通过商品交换我们才能与我们相互合作的社会劳动发生联系。这些物品或服务以及"市场"赋予它们的价值都有了它们的生命周期。

它们隐藏了我们彼此间形成的社会关系，而且为我们的生产性生活成为一种驾驭我们之上的力量而不是用于满足我们的需要创造了条件。

第三，金钱的本质发生了很大的变化。起初，货币只是作为比物物交换更加高效的交换系统而出现。马克思把简单商品的循环模式概括为 C-M-C，其中 C 代表一种特定的商品，而 M 代表货币。在这个循环中，货币只是使一件物品得以交换另一件物品的机制。但是随着商品生产的扩大，出现了一种新的循环模式：M-C-M1。这个模式中，货币的持有者从货币开始，然后通过生产商品进入一个流通循环以赚取更多的钱。在第一种循环中，流通的目的是卖出商品得到钱然后才能买入商品来消费。然而，在第二种循环中，货币增值成了商品循环的终极目标。

在这种活动中，资本家不是试图满足某种特别的需要甚至只赚取一次钱财。他们的目的只是无休止地寻找机会以获得更多利润，在这点上他们和守财奴的动机一样。对金钱这种抽象物的狂热欲望同样驱使着他们，可金钱却又与他们的生理需要无关。然而他们二者间又有一个区别：守财奴从流通中撤出钱财以

大求索：拿什么替代你，信贷危机？

囤积，可是资本家却将钱反复投入循环以获取越来越多的利润。马克思总结他们二者，"资本家和守财奴都一样对钱财有无限的贪欲，但守财奴只是一个发疯了的资本家，而资本家却是一个很有理性的守财奴"。[15]

第四，商品化像病毒一样在社会中蔓延开来。如果生产的目的不是满足某一种特别的需要而是为了资本的扩增，那什么商品能实现这个目的就无关紧要了。19 世纪早期的资本主义是从把衣服转变成商品而非在家制衣服开始的。棉纺织厂成了新时期的象征，紧接着就有了新机器生产，促进了衣服的大量销售。很快出现了很多新的竞技场，残酷的竞争不停地驱使着人们将生活的每个方面都商品化。21 世纪里，几乎找不到生活的哪个领域没被商品化。

性行为是自然的人类活动，可是为了出售幻想和欢愉，今天"色情行业"成了一个庞大的网状系统，扭曲了我们的欲望。水本来只是从河里或湖里取来的简单饮用物，但是今天美国却需要 1 700 万桶石油来生产塑料容器装瓶装水。足球原本只是一项乡村游戏，人们在一片田野里推推撞撞踢一个皮革球跑，但是今天，却把足球运动员与其相关品牌当作商品来推销。艺术曾经只是本质上与社会活动有联系，如工匠们将自己的想象力倾注在了世俗的物品如椅子上，

或为庆祝节日将创造力倾注在了特殊的装饰品上。可今天，艺术生们上课都要教企业家精神，看到杰夫·昆斯成功地以 2 360 万欧元的天价卖出了他的作品，"艺术市场"都吓得目瞪口呆了。最让人恐慌的一个趋势就是童年的商品化。今天，平均每个美国小孩每年看了 40 000 个广告，提了 3 000 次对产品或服务的要求。[16] 实际上，资本主义已经把一切都转化成商品了。

为了了解商品交换这个奇怪的运作系统，我们必须要了解它内部变化的动态性。马克思通过提出一个极其简单的问题开始了他的探究：商品是在什么样的基础上进行交换的？

劳动价值理论

一个德国摩比世界的玩具价格也会随着供求规律波动。如果在圣诞供应短缺，那么玩具的价格便会上涨，相反，如果更多的父母失业，需求量变少，那么价格就会下跌。但是这些波动总是围绕着一个特定点或特定价值起伏，我们

不会期望这个玩具的价格赶上一台笔记本电脑或一辆汽车的价格。那么，是什么建立起了这些物品之间的价值关系呢？

因为用以交换的商品如此之多，所以不可能是商品内任何固有的物理属性。如果我用一台电脑交换一个玩具屋，这两个物品在颜色、重量或形状上都没有共同点，它们唯一的共同属性就是人类劳动。如果生产一个玩具屋所需的劳动比生产一台电脑少，那么玩具屋的价值也就更低。之所以一条面包卖 1 欧元，一件衬衫卖 20 欧元，而一辆汽车卖 10 000 欧元，归根结底，是因为在现有的技术水平上，生产一辆车的劳动是生产一条面包所需劳动的 10 000 倍，而生产一件衬衫所费的劳动是生产一条面包的 20 倍。每种生产下所耗的劳动都包括小部分以机器形式表现的物化劳动，这部分劳动在生产过程的原材料中用尽，以及更大一部分工人附加在商品上的活劳动。这个初级的劳动价值理论也为古典经济学家亚当·斯密和大卫·李嘉图所接受。例如，斯密曾说过：

世界上的一切财富最初都不是用金银购买的，而是用劳动；劳动对于那些拥有劳动的人和想用劳动交换得到新的生产的人的价值，是

完全等同于劳动给予那些人购买和掌控的劳动量的价值。[17]

不过，马克思又引入了一些限定性条件，更加深入地探讨了这个问题。

首先，参与到商品交换中的劳动是抽象劳动。人类生活的永恒前提是我们必须与自然界相互作用来满足我们的日常需要，这种相互作用通常涉及转化我们从自然界中得到的物体的特殊技能。木匠的技能表现在家具上，而裁缝的技能体现在衣服上。马克思将此称为具体劳动。而抽象劳动是指用以交换的人类劳动的量的测量。它是一般人类劳动，没有任何质上的差别，它可以充当一个公分母，这样不同单位量的劳动就可以比较了。[18]抽象劳动反映在资本主义社会中的事实就是劳动可以买卖。劳动同时也是高度移动的，它一直在不同的生产部门之间进行转移。抽象劳动还可以看作是全社会劳动力的一部分，这样每件商品都能以其包含的社会劳动量来衡量。

一套衣服和一张椅子之所以能以某种比例进行交换，是因为它们都包含了一定量的抽象劳动。换句话说，不同的有技能的劳动都转化成了简单劳动的乘积。当然，没有哪个机构或个人为各种类型的劳动包含的量制图表，这种转化

大求索：拿什么替代你，信贷危机？

是通过"市场"在人们背后起作用。人们经常性谈论的"劳动成本"和一个工厂与另一个工厂相比的"单位成本"的"基准"就是市场过程的反映。

其次，参与到商品交换中的劳动必须是社会必需的。假如我是一个很没用的木匠，我要花一个好工匠 10 倍的时间做成一把椅子，那我的商品很难更有价值。如果两件商品进行等量交换，那么它们必须包含在现有社会的平均劳动技能和平均生产力下的等量的劳动。如果一个资本家在生产力很低的水平上进行生产，那么他的竞争者们就会削低他们产品的价格，这样他的产品就卖不出去。

社会必要劳动，在经济学的角度上来看，就是指我所从事的劳动对我的社会有用。在资本主义社会下，如果我是在创造利润，那我的劳动在经济上就是有用的，而其他的劳动就是个人劳动，且没有价值。尽管我花了几个小时照顾我上了年纪的父母或照看我的小孩，但是这种劳动不是为了生产用于交换的商品而从事的。在资本主义社会中，只有为生产可交换的商品而进行的劳动才能产生价值。[19]

再次，社会必要劳动时间也不是由给平均劳动技能、平均生产力等这些平均数制定精确数字的专门机构决定的。当生产开始时，工厂主或"服务提供商"

也不知道他们的产品是不是在社会必要劳动时间的基础上生产的。相反，平均生产力水平是由混乱的、无意识的市场竞争过程确立的，是在生产完成后才确立的，所以，如果作为个体的工厂主计算错了，极有可能造成浪费。马克思将这个过程称作价值规律，它是在暗中起作用，就像万有引力定律一样。没有人曾看到、触摸或感觉到引力，但是它却控制着我们的自然界如何运作。然而，又不像引力，价值规律是在某种特定的阶级社会中发展起来的，它并不存在于所有的社会形态中。资本主义社会就是靠价值规律这种机制分配劳动时间，实际上，它还表明了人类对于自己有能力有意识地计划这种劳动分配没有信心。

这一过程与我们生活中的金钱神秘化和金钱至上化有关。金钱有时表现为一种社会力，它的权力源自一种叫做金子的神秘东西。事实上，金钱只是我们交换商品的媒介。以前我们将一把椅子的价值表达成很多件衬衫的等价物，后来换成了很多个足球的等价物，再后来又成了很多只钢笔的等价物，现在，演化出了一种普遍等价物来表达它的价值。这就类似于用秤来称量。为了确定一个物体的重量，我们需要参照其他物体，最终出现了标准重量或者普遍等量物，

这样所有的重量都能以量级来表达。

然而，如果钱充当了一种"普遍等价物"，这只是因为钱是人类集体劳动的价值表达。我出售一件商品时，我正在用一件包含社会必要劳动的物品交换得来代表一部分社会劳动时间的1欧元硬币或1美元纸币。正如马克思说的，有了钱，"人就把他的社会权力和他与社会的关系装入口袋随身携带"。[20] 这也就解释了俄罗斯革命家列宁开的一个玩笑，他建议在社会主义社会中，厕所都应该用金子铺地。但是列宁并不是像一些右翼作家们说的那样，他不是在做乌托邦式的理想承诺，让俄国工人可以享受到迪拜镀金卫生间的奢华，而是试图除去金钱的神秘色彩，解释金钱不过是人类劳动的凝聚——社会主义社会没必要掩盖这个事实。

利润

但是，我们跑得太快了。在建立了一些关于商品如何交换的内在动力机制后，马克思问到利润从何而来。回答这个问题就意味着要揭穿其他的荒诞说法。

有一种说法认为利润是通过"冒险"得来。人们认为冒险家赌尽所有的钱财来寻找新的方式生产产品或提供服务，他们只有这样做，社会才会以利润的形式回报他们。可是，这并没有解释力。即使有些人冒极大风险开办了一家公司并且获得很大回报，可这无法解释他们或他们的后代又怎么能几十年如一日地获取回报。也无法解释为什么很多工人如消防员或救护车司机，他们也是冒险做有益于社会的事，但是他们却没有得到很大的回报。此外，2008年的金融危机后，那种认为资本家是冒险家的错误观点被彻底粉碎了。全球资本主义巨头，如高盛公司、通用集团、克莱斯勒公司、美国运通公司和摩根大通公司在帮助国家渡过财政难关中都能得到数十亿的回报。大资本家们远不是冒险家，他们只是靠着公司福利生存。

另一个说法认为利润就是大公司所有者资本投资甚至他们从事工作所得的回报。但是，资本在以机器或厂房的形式出现时本身不能增值，晚上工人离开工厂后，空闲的工厂也不能生产出新的价值出来。机器储存着工人过去生产的价值，当工人使用机器进行生产时，这种固定资本中就有一部分以机器损耗的

大求索:拿什么替代你,信贷危机?

形式进入生产。公司的账本上自然也记了这笔"折旧准备"，它不是算在利润里。回报理论也无法解释为什么如凯雷这样的公司或比尔·盖茨能赚如此巨额的利润。凯雷集团像一个袭击团伙，它通过卖出自己控制下的部分公司来增加它的资本，换句话说，这种增值很少。也绝不是盖茨的工作效率——或者说他最初投入到公司的资本——让他身价值400亿欧元！所以这种回报理论又带我们回到了原来的问题上：如果利润只是资本的回报，那么资本家是怎么赚到足够多的利润才得以积累资本呢？

鉴于这些说法的前后不一致，我们似乎又回到一个关于利润的更古老的理论，即有些人是低价买入高价卖出。这个理论可以解释商业资本的利润，可是却无法解释现代资本的利润，因为在今天的全球市场中，现代资本的时空差已被压缩的很小了。有人认为利润是靠扭曲"公平交换"的规则甚至公开的欺骗行为得来。然而，问题是这或许能解释一家公司如何在损害另一家公司的情况下赚取利润，但它不能解释为什么全社会的资本家们都获得了额外利润。就像是"传包裹"的游戏，它无法解释包裹在传了一圈后怎么变大了。

马克思的理论成功地解决了其中的很多问题。他的出发点是在平等交换

的产品或服务这一循环中不可能产生利润。如马克思所说，这种竞技场就是"人有天赋权利的伊甸园——自由、平等、个人财产和杰里米·边沁的专有王国"。[21] 在这个国度里，人人都自由地订立合同；他们交换同等价值的商品；他们自由支配自己的财产；就如 19 世纪杰里米·边沁所说，他们的动机都是纯粹的利己主义。为了弄懂利润到底是如何创造出来的，马克思主张你必须离开这个事事都是表面发生的喧闹世界，而进入到"隐蔽的生产厂房里，那门上还写着'非公勿入'"。[22]

工厂是现代社会重要关系形成的场地。工人来到工厂出卖他们的商品——他或她的劳动，作为回报，他们在这场看似很显然的公平交易中获得了一份薪水。这种关系完全自由合法，双方都被视为自由商品的所有者。然而，这背后隐藏了一个问题。

即使经济学理论认为劳动——薪水交易只是另外一种商品交换，但是它们之间还有一个差别：工人是人，他（或她）的劳动并不是其他可以交易的物品或服务。出卖的劳动与基本的人性分不开，即工人是在确定的时期内向资本家

出卖自己的体力和脑力。与其将劳动看作一种确定的、特别的物品，还不如将它称为劳动力。因此，交换的是不明确的东西，即工人为得到一笔确定量的钱而使用自己精力的能力。

如果你做个实验，你就能明白这是怎么起作用的。根据市场规则，你可以在和雇主签订合同前就你的薪水与他商讨。（当然，大多数人不会这么做，因为他们都极其渴望一份工作，但是理论上你可以这么做。）然而，你尝试就你的工作承诺商讨。你可以说"如果你一周才给我 400 欧元，那我就给你出 80%的力干活"。那么你未来的雇主肯定会以为你疯了。即使他们付给你的是一份固定的薪水，他们雇你也是希望你全心全意地为他卖力。换句话说，他们希望在一个特定的时间段里，能够将其财产权建立在你完全的劳动力上，因为劳动力这种最特殊的商品可以生产出超过它在"公平交换"中得来的薪水的价值。

为了明白这些为什么会发生，我们去看看工人走进工厂或办公室时发生了什么。根据市场规则，雇主已经给劳动这件商品支付了交换价值。这个交换价值，即薪水是由生产这个劳动的社会必要劳动时间决定的，就是说雇主支付的薪水工人要用来吃饭、养家、买衣服穿和接受教育，这样工人才能工作。换言

之，薪水必须覆盖一个现代工人所期望的在社会中生存的平均要求，即食物、住所和一切文化需要的花费。

然而，一旦雇主拥有了劳动这件商品，他们就享有了它的完全的使用价值，就像其他商品一样，而工人从此就在资本家的控制下工作，他们的劳动属于资本家。工资劳动系统的基础就是工人自认为不能拥有他们创造的产品或服务，因为这些都属于资本家。为了从工人那得到尽可能多的劳动，资本家会采用最现代的管理技术。他们会反复提醒工人"时间就是金钱"，因为"他们花的不是自己的时间"，所以一分钟也不能浪费。

这是因为劳动力能够生产出多于购买劳动的价格的价值。每天工作日的前几个小时里，工人就能生产出足够实现他们的工资价格的商品或服务，而剩下的时间里工人全是在无偿地为资本家工作。因此，工作日就分成了有偿劳动时间和无偿劳动时间。因为实现工人工资的价值和他们的劳动所创造的价值之间存在一个差，所以他们创造了剩余价值。

因此，在表面公正平等的交换背后存在一个不公平的交换。当某人被迫无

大求索：拿什么替代你，信贷危机？

偿让出某物时，我们可以合理地将此称为剥削。利润就是来源于对工人的剥削，这相应地解释了为什么雇主和工人们之间存在利益冲突。同时也解释了为什么工人做的每一份提高工资的努力都会遭到雇主们的反对，和为什么他们总是力争从工人那里榨取更多的额外劳动以增加他们的利润。他们知道工作日可以分为两个阶段：必要劳动时间，工人在这段时间内为了实现他们的工资而生产足够的价值；剩余劳动时间，即工人无偿为雇主创造利润的时间。如果雇主可以通过从工人那里压榨出更多的劳动后卖出商品，从而更快地实现工人的工资价值，那么工人就会创造出更多的剩余价值。

迄今为止，我们用的是一个个体公司模型和它的劳动力来说明剩余价值是如何创造出来的，但是马克思关心的是作为一个整体的社会如何运转。因此，他将剩余看成是从不同公司的集体工人那里榨取而来，然后，就形成了全社会的总体剩余价值。不同的资本家们为争夺剩余价值而彼此竞争，直到全社会形成了一个利润率的均等化。这可以通过资本从利润率低的部门转移到利润率高的部门来实现。这么一来，经历竞争后幸存下来的资本家们要承受的压力就更小了，他们也因此赢得了更大的市场份额，从而有助于提高他们的利润率。通

过不同部门间的资本的流动，又建立起了另一个平衡点，即平均利润率。

那些最初以利润的形式雇佣工人劳动的资本家占有了大部分的剩余价值。但是社会的全部剩余价值也要根据个体资本家之间的冲突重新进行分配。例如，微软公司就要收取用户使用他们的软件的授权费。这就相当于它占有了其他公司和自己的全体员工创造的部分剩余价值。同样，银行贷款也要交利息。甚至还有些资本家以加快商品周转时间为特色，同时他们若从中国进口产品还要求一份额外的剩余价值。最后，为了补偿他们更高的资本的投资，在重工业机器制造行业的资本家们就要价更高了，由此，他们要求占有更大份额的其他资本家的剩余价值。

整个系统都是靠竞争驱使。不论每个资本家在榨取他们的劳动力时是多么成功，他们总是会被他们的对手击败而破产。这也说明了资本主义经济是由多么不安、狂躁和无理性的元素组成。尽管微软公司或凯雷集团赚取了很多利润，但是他们仍然要面临对手们不停的挑战。因此，为了寻找到新的生产方式以创造更多的利润，他们必须要拿出一部分利润再投资。同时他们也要面对来自股

东们内部矛盾的压力。股东们要求得到更多分红，威胁资本家若他们每年得不到自己投资的15%或20%的回报，他们就要将股份卖给对手公司。所以，总有一种疯狂且持续强烈的力量驱赶着资本主义积累资本和实现它重要的使命——资本增值。

这些压力表明，资本主义是一个极其有动力的同时又是混乱无序的系统。在早期，它为把工人从低的生产力中解放出来创造了条件。马克思和恩格斯在《共产党宣言》中写道："资产阶级在它的不到一百年的阶级统治中所创造的生产力，比过去一切世代创造的全部生产力还要多，还要大。"[23]即便在批判资本主义体制带来贫穷和剥削的同时，他们也承认它具有进步性。但是随着这一体制的发展和成熟，资本积累的无限驱动力背后的不合理性也变本加厉了。在《资本论》中，马克思这样描述现代资本主义的主要动力：

    一心疯狂想要实现价值增值，资本家就会无情地迫使工人为了生
产而生产。积累资本，积累资本！那就是摩西和预言家们……因此要
节约，节约，把最大部分的剩余价值或剩余产品转化为资本。为了积

累而积累，为了生产而生产：这就是古典经济学家描述资产阶级在资本主义社会时期的历史使命所用的公式。[24]

这种动力机制不同于过去一切社会形态。在前现代社会中，地主的胃口有限，所以他们对农民的剥削也有限。地主只能消耗这么多、享受这么多场宴会、吃这么多头牛，除了碰到偶然的军事战争，他们不必和对手们竞争。地主虽然对农民很严厉无情，但是他们却没有受不停地积累财富的压力所驱使。然而现代社会却全然不同。比尔·盖茨可能比过去所有的贵族都富裕，但是他的"悲剧"在于他不能停下来。他不能花完他的财富，也不能停下来放松一刻，他是一个受驱赶的人，他必须强迫他的工人为了生产而生产。这样就使他成了一个理性和无理性的奇怪结合体。

为了操纵人们购买商品，资本家采用了最科学的方法来从工人那里榨取更多的剩余价值、发明新的生产技术和探究人类心理。资本主义社会中没有迷信和情感可言，文化是建立在无情和工于心计的理性上，但是在另一个层面上来说，这又是完全没有理性的。整个社会的经济与民众的需要相分离，因为资本

25

大求索：拿什么替代你，信贷危机？

主义的唯一目标就是实现资本增值。

这样的结果是一个失去了控制的社会，正如我们所看到的，这个社会必然会有越来越多的危机。

第三章　异　化

2008 年，美国有 26% 的成人遭受了精神上的疾病，其中几乎有 1/4 的人情况还很严重。在他们的一生中，有一半的人会遭遇这种痛苦。[1]

这样惊人的社会现象又该如何解释呢？人类基因组研究项目的科学家去寻找每个行为问题所对应的基因，他们认为人类必定有单独的基因与攻击、酗酒或精神沮丧的行为相对应。这种观点否定了社会问题，因为它专注于个人的基因缺陷，这种解释也与美国的那些数据不相符。根据特别的调查研究，与 20 世纪 50 年代相比，现在美国有 3－10 倍多的人遭受精神上的失落。[2] 美国人的基因组不可能变化这么快来说明这些社会现象的变化。

有人认为精神沮丧主要是由个人的心理失调造成，这样就有两个主要的解决方案。

第一是改变你的形象，让自己看上去积极乐观。现代西方文化很注重外表，他们有一条座右铭就是："我长得什么样，我将来就会成为什么人。"意思就是你的穿着、形象和肤色可以改变你的人际关系并赋予你权力。相反，如果你的工作薪水很低，或是你因为不擅长处理人际关系而遭受孤独，那只能怪你自己。你应该尽量让自己看上去更好，然后有了这种"积极的"形象你就能成功。然而，现实几乎处处与此相悖。女人们总是在不断地提升自己成为"女神"形象，而女神却与普通女人没有什么共同之处，内奥米·伍尔夫称之为美丽误区产业，它激发了女人们"讨厌自己的恶性循环"。[3] 就像投资数十亿的减肥行业，尽管多达 95% 的人在减肥后又反弹，减肥行业还是一样发展得越来越大。所以这则"改变你的形象"的信条只会让很多人更加失望。

第二个解决方案就是消费主义。拥有才是我们表达人性的方式，而不是做完整的人。我们应该让那些可以确定我们身份的产品簇拥在身边，而不是通过形成人际关系来充实我们的生活。这些产品的神奇力量，可以与我们的灵魂深处相联系。用了芳香疗法液就能驱散你早晨的郁闷情绪，同时你还可以与巴西热带雨林的雅瓦那瓦人神奇地交融。[4] 在一家自助商店度过周末，你可以在那里建一个理想家园，那将是你逃避这个残酷世界的避难所。可是大众消费却要建立在永无止境的买——满意——不满意——买的循环上。我们认为可以改变生活的那些产品很快又在我们眼中变得世俗平凡了，所以唯有再买进新的产品，才能减轻我们的不满感觉。

马克思的作品写于一个不同的年代，他没有给现代文化的不适提供现成的解决方案，但是他的异化理论却洞悉了当今人类的非人性化。

从费尔巴哈到人类本性

马克思不是第一个用"异化"这个术语的人，但是他赋予了异化激进的意思。异化最初是基督神学里的概念，用来指人遭到上帝的驱逐进入了外部的黑暗世界中。在法律上来讲，异化是指出卖财产的权利，这与封建社会的"不可分割的"关系形成了鲜明对比。黑格尔认为，为了实现自我意识的过程，绝对精神就在自然中与自己异化了。然而，马克思的异化思想来源于路德维希·费

大求索：拿什么替代你，信贷危机？

尔巴哈，费尔巴哈在跟随黑格尔学习后就与宗教断绝了联系。1830 年，费尔巴哈发表了他的第一部著作《论死与不朽》，阐述了他对上帝的信念，并且认为人的不朽是自我主义的表达。他反对这种自我主义，提倡爱的哲学思想并且为性爱的价值辩护。这些观点使他遭受到迫害，他的书被查收，同时他也被逐出大学讲坛。遭遇到来自社会的敌意，他于是隐退到了巴伐利亚，就如恩格斯说的，他"在那个小村庄里变得有乡民气了，"[5] 但却仍要遭受警方的搜查。

1841 年，费尔巴哈发表了《基督教的实质》，这本书受到了马克思的高度评价。他在书中宣称了他与伪宗教性的黑格尔哲学的决裂，他说：

> 我无条件地驳斥绝对的、非物质的、自负的推断臆想，我不同于那些瞪大眼睛来看得更清楚的哲学家；因为我的思想需要感知，尤其还需要见识；我发现我对物质的看法只能通过感知来阐释。[6]

费尔巴哈对黑格尔哲学的这个攻击反映了他坚持唯物主义，唯物主义将物质世界看成是人类意识的唯一基础。与此相一致，费尔巴哈称真正的知识来源于感知而非臆想推断，他谴责黑格尔的抽象哲学系统只是另一种宗教形式。然而，费尔巴哈的论点中最具颠覆性的是关于上帝的观点。

他声称不是上帝创造了人，而是人创造了上帝，他的这个观点否定了以往哲学的本末倒置。费尔巴哈声称"神"只是人类特点的投射，因此颠覆了上帝是否存在的争论。如果上帝很具有爱心，那只是因为人们有很强的爱的能力。如果上帝很聪明，那是因为人们自己思维很活跃。如果上帝是个创造者，那只是因为创造和改变世界是人类自己的特征。因此，人们所崇拜的上帝的品质其实都是他们自己的品质，所以宗教的基础仅仅是人们把自己的特征投射到了一个有自己生命的异己身上。

然而，创造上帝这种行为却贬低了人性，因为上帝表现的愈加美好和善良，说明人类就愈加罪恶和自私。费尔巴哈还写道，生活越空虚，那上帝的形象就越充实和具体。"现实世界的空洞和上帝的充实就是同一码事，只有穷人才会制造出富上帝。"[7]例如，为了创造出圣母玛利亚这一形象，信徒们必须否定自己的性欲：

> 僧侣们发誓对上帝忠贞，他们禁欲，但是却在天堂圣母玛利亚那里找到了女人的形象——爱的形象。他们越是把玛利亚这个理想中的

> 女人当作爱的对象，就越容易摒弃真正的女人。[8]

因此，异化就像弗兰肯斯坦的魔鬼的故事——我们的创造物反过来成为了一种压迫我们的力量。费尔巴哈总结他的解决方案如下：

> 所以，历史的必然转折点是公开承认对上帝的意识只是人们对自己的意识……人们思考、梦想、想象、感觉、相信、渴望和爱慕的都只是人类本性自身的本质，除此之外并没有什么绝对的本质。[9]

马克思借鉴了费尔巴哈的"异化"这个术语，并将它定义为我们的创造物反过来成为了压迫我们的力量。他赞同费尔巴哈的论点，但是就此又提出了一些问题。费尔巴哈没有解释为什么人们要创造神或为什么他们要隐瞒这件事，但是如果创造神并不是一件必然的或自然的行为，那人们为什么要这样做呢？他们为什么要通过赋予他们的创造物一种压迫他们自己的力量来贬低自己？费尔巴哈也认为异化可以通过做"公开的坦承"来解决。但是如果这样就行得通的话，那为什么人们还不承认呢？为什么他们依然对他们的创造物毫无察觉呢？难道这仅仅是要等一位看清真理的哲学家来唤醒他们这么简单的一回事吗？

在马克思写作短小精悍的《论费尔巴哈》中，他对费尔巴哈的观点发起了挑战，他称异化的根源不仅仅是幻想的事物。创造上帝是源于人们的真实需要，他们一定是在日常生活中经历了某些事情，以至于需要一个与自己异化的上帝。例如，基督宗教的一大形象创造就是住在天堂的神圣家族。马克思称要弄清楚为什么这一形象的权力如此之大，必须去"世俗的家庭"寻找答案。[10] 人们总是希望有一个避难所可以让他们逃避这个无情的世界，他们极度渴望神圣家族能向他们提供外界无法给予他们的安全感和成就感。所以。神圣家族只是人们愿望中理想的却又永远无法达到的家庭。概括地说，马克思认为必须去"现世的分裂和自我矛盾"中找寻宗教的根源。[11]

费尔巴哈部分地认识到了这些关联动力，但是他总是从总体上写人类，而不是将他们置于一个特定的、历史性的社会中。他揭示了宗教如何映照人类本质，从而解析了宗教的秘密，但是这种"人类本质"只是一个没有社会历史的抽象的个体。然而，个体是"社会总体关系"的一部分，这些真实而具体的社会关系对人们如何思考和行事都具有决定性的影响。[12] 费尔巴哈并没有对这些

大求索:拿什么替代你,信贷危机?

特定的关系做更深入的探寻和为"人类"做解说，所以他也退回到了他之前指控黑格尔的那种推断臆想中。他没有寻找产生异化的社会条件。而马克思没有问"人"为什么要创造上帝，他认为有必要察看特定的社会，去寻找是什么让人们产生了对上帝的需要，更加至关重要的是，为什么与此同时还发生了别的形式的异化活动。

在《1844年经济学—哲学手稿》中，马克思为自己的异化理论作了一个简要而又杰出的概括，其中的很多中心思想都会在他以后的著作中反复出现。为了理解他的论点，我们需要明白他是怎么回答这个问题：人类有什么不同？

什么是人？

在柏拉图之后，很多哲学家争论精神或灵魂，形成了什么是人的核心定义。他们认为人住在灵魂的崇高世界中，人的身体只是他广阔的精神旅程的临时背景。自然界为人类所居住则受控于人的精神意志，由此哲学家建立了二元论，把人分为肉体和灵魂，精神的和物质的。但是，马克思持与他们相对立的唯物

主义观点，他认为世界上没有"纯粹的"意识，因为意识总是与物质联系在一起的，不能独立存在。即便我们意识的内容也要通过语言的物质形式表达出来。

> 从一开始，"精神"就被诅咒是物质的"负担"，这里的物质是以空气、声音，或简言之，语言的形式表现的。语言和意识一样古远，而且语言也是为别人存在的实际意识，只因为这样，语言也真实地为我而存在。[13]

因此，要探寻人类本性，就必须去寻找个人如何与自然界建立关系。在过上精神生活之前，人们首先应设法满足自己真实的身体需要。我们要吃、住、保暖，然后才能进行哲学探讨、音乐创作和美女绘画。所以，马克思和恩格斯在《德意志意识形态》中写道：

> 德意志哲学认为人是从天堂降落到地上，相反，我们认为人是从地上上升到天堂。换言之，我们既不是因人们所说、所想和所构思的，也不是因我们被描述、构思和想象才成为了有血有肉的人。我们从真实和积极的人出发，在真实的生活经历的基础上，论证了意识形态反

> 映的发展过程和生活经历的回应。[14]

可是，这种唯物主义的观点并不意味着马克思就认为人是他们环境的消极产物，而很多启蒙运动的作家们就是这样认为的。那些启蒙作家们提出了一个机械的唯物主义观点，认为人是由气候、地理甚至他们的社会条件决定。他们主张只要条件改变，人也会自动地发生变化。然而，马克思反对这个观点，因为它忽视了人与环境形成的积极关系。旧唯物主义忽略了"感官的人类活动"，所以"人类活动积极的一面就由理想主义抽象地发展了"。[15] 虽然我们是自然界的一部分，但是我们并不是和自然界一样，也不是单纯地由它决定。我们并不是赤裸裸的类人猿，行为只能用交配和动物本能来解释，我们和自然界有着一种独特且积极主动的关系。正是这种与自然的关系才能把我们定义成人。

粗略地看看我们的身体，就知道我们生存的防御系统不太发达。我们的进化史也说明了我们的身体没有长皮毛来保暖，我们没有尖牙利爪来抵御攻击；我们反应也不敏捷；与其他动物相比，我们的听力范围又很狭窄。有这么多不利条件，我们很容易成为凶猛食肉野兽们的猎物。但幸运的是，我们其他的一些特点可以补足这些弱点。

我们在进化过程中衍生出了一个脑壳，这样我们的大脑就能随着我们身体的增长而扩增。双眼的视觉和短距离的嗅觉让我们有更准确和深入的视野。我们的祖先摒弃了行走时用肘保持平衡的习惯，而采取了更直立的姿势，这样就能把手腾出来了。拇指位置与其余手指相对且能抓东西，所以我们能练成娴熟的驾驶摩托车技术。因为我们学会了制作工具来装饰我们周围的世界，所以这双灵巧的手在人类进化过程中自由地发挥了重要的作用。我们越频繁地用手来做工具，我们就越能学会不同地使用我们的这双手。[16] 人类劳动对生存至关重要，这也使得我们在很多方面成为了一种独特的物种。

首先，改变自然这一行为促使我们聚集起来互相帮助，所以我们成了高级的社会性动物。

通过自然选择进化出了不可替代的生物器官，动物才能适应特定的环境以生存下来。例如，蛎鹬长有长而尖的喙，这样它们才能啄食沙子里的小虫子，从而适应环境而生存，但是如果这些食物源消失了，蛎鹬要么就得迁徙要么就得灭绝。只有长着不同形状的喙、捕食别的食物的鸟，才会存活下来。类似地，

31

大求索：拿什么替代你，信贷危机？

深色的蛾子比浅色的蛾子更容易在工业环境中存活下来，因为工业环境有很多煤烟尘垢，这样它们也就有了更好的保护色。

然而，因为我们能使用可替换的工具，而不仅仅是依赖于我们的身体，所以人们学会了相互合作来改变周围的环境，而不只是简单地适应环境。长期以来，人们学会了评判这些工具对实现自己目的的效率如何，而这些判断又为人类的交流创造了新的条件。正如菲舍尔所说：

> 动物间的交流很少，它们的语言是本能的，只是一个发出危险和求爱等信号的基本系统。可人类却不同，只有在工作过程中和通过工作人们彼此间才需要很多的交流，而语言也是随着工具的出现而形成的。[17]

其次，人类劳动大大地改变了自然界。今天很多经济学家如比尔·麦吉本称"原始自然"基本上都消失了，他暗含人类介入自然的行为必然是坏的。[18] 然而，一旦人们开始为了满足自己的需要而利用工具进行生产，这种对自然的改变就不可避免。当然，动物也通过建巢、织网和搭住所改变了自然界，但是它们的生产只是"单方面的"。[19] 它们只是为了自己或幼仔们的直接生理需要而

生产，所以一直坚持着它们那个物种的正常行事行为。相反，人类甚至在解决了自己的生理需要后还要进行生产，此外，他们还可以模仿其他所有物种的活动。因此，人们的欲望都能在自然界中得到满足，人类活动也就变得更加普遍了。换句话说，正是人类介入自然才赋予自然界以历史。

再次，通过改变我们周围的世界，我们也改变了自己，发展成为历史进程中的不同人物，这是其他物种都无法做到的。例如，生活中 2011 年的一头狮子和数千年前它的祖先们行事没有多大区别。然而，人类不仅从一个使用斧头的石器时代跨越到了使用电脑的无线宽带时代，而且还改变了他/她的感官本性。起初，我们只有基本的原始需要，为了满足这些需要，我们创造了一个社会劳动结构，而这个社会劳动结构反过来又产生了别的非生理的或"精神的"需要。有了食物和住所后，我们还需要不同的伙伴、智力和情感刺激、反映多变的社会道德观的性爱和新的艺术与交流的方式。甚至我们最基本的看、听、感觉、品尝和闻的感觉都随着社会的发展而变化了。耳朵学会了欣赏不同的音乐，食物也不再仅是填肚之物了，而是与文化实践联系在一起，这些文化实践可以激

起人们对特定的社区的回忆和畅想。自然界在人类历史的进程中发生了深刻的变化。

这一切说明人类本性是不固定的，因此不能解释所有社会中的社会现象。然而，持此意见者并没有以事实来说明人性的不固定性，却夸大了当今的社会现象，强调人性的历史渊源。然而，人的遗传性格或"自然习性" 决定我们不会彼此竞争。只有在特定的历史时期，我们才会竞争，因为这些实践是根源于我们与自然的关系形成的一种特殊方式。在历史的不同时期，人们形成了不同的关系，同时培养了不同的感情。尽管一直以来人都有一些根深蒂固的品质，但在某些范围内，人还是可以自由地在与自然界的相互作用中塑造和重塑自己。

这就是马克思理解人类的关键。为了成为完整意义上的人，我们必须以自由、积极的方式参与到改变世界的活动中。我们要认识处在我们创造的世界中的自己，同时还要站在与我们合作的人的视角上了解自己。

因为生产已经被资本主义下的活动扭曲了，所以"生产"这个词显得不那么重要了。有人称"生产"对人性至关重要，但是这听起来就像是在提倡劳动营，并且门上还要写着"工作给你自由"的字样。然而，当今世界的真实扭曲

使得我们理解那句话的意思就有困难了。马克思之所以将劳动置于分析异化理论的中心，只是因为他想对比真实的人类生活与强加于我们的歪曲的事实。他不想让人们更卖力地工作或花更多时间在工厂，也不想颂扬 6 小时内能搬 102 吨煤的劳模的品德。而是，正如梅萨罗斯所说，"马克思的道德理论的中心思想是：如何实现人的自由"。[20] 然而，真正的自由并不能从高谈阔论知识或精神至高无上以反对现实世界中产生。如果你的身体受到扭曲的劳动束缚，那么你就不可能达到"精神自由"。自由只能建立在肯定我们人类特有的品质的基础上。

在《资本论》中，马克思总结了劳动是如何在自然界中物化我们的观点和劳动如何将我们区别为人：

> 蜘蛛做的事就像织工的工作，蜜蜂建造的蜂房能够让很多建筑师们自惭形秽。但是最差的建筑师与最好的蜜蜂的区别就在于建筑师在用蜡建造之前就已经在头脑里将房屋建筑好了。每个劳动过程的结果都是工人们在劳动开始时就已经设想到的……[21]

因此，生产性活动，或者更精确地说，我们与自然界形成的积极关系不只

大求索：拿什么替代你，信贷危机?

是工作，事实上，它是"生活引起生活"。[22] 只有当改变自然界成为我们的工作，并且我们还能在我们创造的世界中认识自己时，人们才会达到真正的自由。[23]

在资本主义社会下，人们不可能实现真正的自由，因为我们生产的商品成了压迫我们的力量。人们在创造上帝时，费尔巴哈主张的运行机制与由此产生的一个有趣的相似点同时发挥了作用。因为信徒们认为是上帝创造了他们而不是他们创造出了上帝，所以就产生了对上帝的爱慕。同样人们对资本也是这种感觉，因为工人们相信"是资本给了他们工作"。资本的流动——市场，是以一种暴乱和不可预测的力量出现，人们必须服从这种力量。正像有些神父称他们有接近上帝的特别门路，一些经济学专家们也称他们有特殊的途径接近市场的更高权力。如马克思说：

> 就像在宗教中，人类想象和人类大脑与心灵的自发性行为都是个人独立进行的，即，作为一项异己的、神圣的或邪恶的活动发生，所以，工人的活动不是自发性的，它属于别人，这种活动是工人自己的迷失。[24]

资本主义下的异化主要体现在四个方面：

劳动过程中的异化

马克思认为人类劳动应该是能够解放我们的创造力并肯定我们人生的行为。即便今天，在一些情况下，"创造力"和"劳动"的关系还存在。例如，因为软件工程师享受解决问题这个过程，所以就算是为个人计算机上类似 UNIX 的操作系统免费编程，他们也能从中找到乐趣。在过去，工匠们制造精细家具需要劳动和艺术表达。但是很多别的形式的工作却需要干更多苦差事，很少有人会认为下水道维修或摘水果是创造力的表达形式。可是又没有必然的原因能解释为什么有些人一辈子都要干苦工而另一些人做的事却更有乐趣。所以，将不同的技能混合起来给人类的创造力表达一个总体的机会是可行的。

马克思称在资本主义社会下这点不可能发生，因为劳动是不受工人控制的。工人没有决定应该生产什么和如何生产的话语权，劳动行为不是出于工人的需要，而是与他们完全异化了。结果，劳动不能支撑工人的生活精力表达，从而

使他/她得不到充分的发展。在劳动中：

> 他否定而不是肯定自己，他不快乐，他委屈自己的身体、毁灭自己的心智，他的体力和心力都得不到自由的发展。所以，劳动对于工人来说是外在的、不属于自己的东西，而在劳动中，工人又觉得自己不受自己控制。他不劳动的时候觉得舒适自在，劳动的时候就觉得很拘束。[25]

一旦工人走进办公室或厂房，他/她的"劳动就不再是自愿的，而是强制的，是被迫的劳动"。[26] 管理人员告诉工人做什么，他们就得做什么，所以他们的工作没有任何自发创造力发挥的成分。只要一解除强制，工人就不工作了，因为工作已经变成了自我牺牲。这也就说明了为什么人们觉得周末和节假日是他们"自由的时间"，为什么工作只是他们达成目的的一个手段。在对现代社会的预言描述中，马克思称工人：

> 只有在发挥他作为动物功能——吃、喝、生殖，或至多在住、打扮等行为上，才觉得自己是自由积极的；而在发挥人的功能上，他觉

得自己只是一只动物。在动物的本性上，人还算是人，可是在人的本性上，人却成了动物。

当然，吃、喝和生殖等，这些也是真实的人类功能，但是抽象出来，将它们与其他的人类活动分离，把它们变为唯一的和终极的目标后，它们就成了动物功能。[27]

从马克思那个时代起，随着劳动的细密分工，劳动过程的异化就加强了。工人受委派做更细小的工作，他们通常不知道他们做的这些小活怎么组合起来，当然他们更没有权力决定分工后的劳动怎么拼凑。例如，电视销售中心的工人就极度无聊，因为他们一直都在电视销售部门里卖同一种产品。在客服中他们说的话几乎就像是照稿念的，所以这种工作就被异化了。[28] 劳动的精细分工是建立在构想和计划同日常操作分离的基础上。

资本主义的一个重大革新就是亨利·福特发明的流水线，用来控制工作节奏甚至是工人的每个身体运动。他不但没有承认这种工作制度剥夺了工人才智的发挥，反而认为工人天生愚笨，所以适合采用他的体制：

大求索：拿什么替代你，信贷危机？

重复劳动……对于某些人来说很可怕，对我来说就很可怕。我不能每天做同样的事情，但是对于其他人来说，或者我可以说对于绝大多数人，它并不可怕。实际上，对于有些人来说，它是绝对骇人的……但是，我很遗憾地说，一般的工人都想要一份不必自己费脑子思考的工作。[29]

美国马克思主义者哈里·布雷弗曼在他的《劳动与垄断资本》中说泰罗主义成为了现代资本主义的主导工作理念，弗雷德里克·泰勒是"科学管理"学派的创始人，他提倡利用科学建立起对劳动过程更大的管理控制。布雷弗曼总结出了如下三条原则：

第一条原则是工人聚集在一起发展劳动过程的知识；第二是这种知识的集中成为管理科学的唯一保留，相反，也有工人缺乏这种知识；第三是利用这种知识的垄断来控制劳动过程的每个步骤和劳动开展方式。[30]

在掌握了工人如何工作的知识后，管理人员就拿它与别的工作方法衡量比较并将其编成法典。他们根据工作策划方案建立了一套成文的程序步骤，对如何组织工作提供详细信息。留给工人的机会很小，而且他们做决定的空间也一直在缩减。泰勒在早期研究工作组织中也透露出了他对工人固有的歧视，认为他们愿意服从他的"时间和动作"管理方法。他写道：

把打铁当作日常工作的人首先要满足的一个条件就是他应该足够笨和迟钝，这样比起别的工作，他心里更愿意打斧头。心智敏锐和聪颖的人是完全受不了这种单一乏味的工作。[31]

随着科学管理的进一步发展，出现了日本丰田主义或精益生产，工作的管理控制达到了一个新高峰。为了加大工作强度，这种管理方法不再是以工作日或工作小时来衡量劳动，而是以秒来算。丰田制定的工作标准是每分钟工作57秒，换句话说，就是工人每分钟只有3秒休息。在工作中，工人没有享受到自然劳歇的人性待遇，大野耐一说理想的管理就是"工作能实现 100%的价值"。[32] 这只有对劳动过程采取完全的控制管理才能实现。然而，这种加强工作的模式不只局限于汽车制造业，很明显全球经济都采纳了。弗朗西斯·格林的研究显示，现代工作的一大悖论就是工作要承受"上级越来越多遭人讨厌的

管制，从而工人对他们的日常生活的影响越来越小，相应地，他们在生活中得到的成就感比起以前也更小了"。[33] 这是对马克思的预言做的一个精确总结。

劳动者同劳动产品的异化

劳动者同自己的生产性活动异化是异化理论的核心，而后劳动者也会同他们的产品或服务异化。在资本主义下，产品与他们的生产者之间的分离达到了一个新高点。

在封建社会下，人们没有发展起操控自然界的方法，所以饥荒经常发生。例如，在 1600 年到 1800 年间，法国就记录发生了 26 场大饥荒，而在弗罗伦斯，每四年一次大丰收根本满足不了人们的需要。[34] 土地管理对经济发展至关重要，人们也以与土地的关系确定身份，而且因为血统被授予一个头衔或得一处房产。然而，这种管辖形式会带来双重效果，一方面，农民被土地束缚没有自由可言，另一方面，这也意味着农民和土地是紧密联系的。奴隶制废除后，佃农有了小块的土地，他们种植农作物以维持生计，然后把他们收获的一部分粮

食交给地主，例如，在 17 世纪巴黎附近的尔普瓦地区，地主要收取农民高达50%的粮食产量，[35] 但是剩下的农民可以随自己意愿处置。而在城市里，工匠公会有权力对生产什么和如何生产进行操控限制。

　　资本主义通过切断生产者与产品间的联系改变了一切，这样劳动者就不再有权力支配或使用他们的产品。建造工人建造了房子，却被剥夺房屋所有权。泰国玩具厂的工人为全球市场生产玩具，但是他们却给不了自己的孩子玩具。不论工人的需要多么迫切，他们都无权使用他们生产出的产品。工人无权决定他们的产品作何用途，产品完全成为了他们的异己客体。

　　马克思声称产品不仅仅是独立于工人成为了他们异己的客体，而且还成为了真实的异己力量，反过来统治人。这在机器生产中最为明显，尽管机器是人们的创造物，但它却经常被用来使工人非人性化。它不但没有为工人增长技能和知识，反而消除了他们的技能。机器让工人做非技术性且自动化单一的活，这样就把工人掌握一门珍贵技能的能力减到最小。例如，大卫·罗伯在研究计算机数控机器的设计时就表明了他们怎样有意要降低对技术熟练的工会工人的

37

大求索：拿什么替代你，信贷危机？

依赖性。[36] 更概括点说，马克思认为：

　　　　生产资料立刻变成了吸收别人劳动的方式。现在不是工人使用生产资料，而是生产资料使用工人。

　　　　生产资料不但没有被工人当作是他生产性活动的原料成分而消耗掉，反而把工人当作了它们自己生命周期的必需品消耗了……

　　　　熔炉和车间到大晚上就空闲在那，没有吸收到任何活劳动，对资本家来说就是"纯粹的损失"。因此，熔炉和车间就对工人的夜班制有了合法的要求权。[37]

　　产品在另外一层更重要的意义上也成了压迫工人的力量。工人生产得越多，资本就越能将他们当作商品奴役。他们的生产力越高，资本家就能攫取越多的剩余价值以转化为资本。马克思曾说，"劳动带来资本的积累，随着社会的繁荣昌盛，劳动使得工人更加离不开资本家了"。[38] 由于工人被迫做更专门细分的工作，他们就变得更依赖于出卖自己"片面的机械的劳动"[39]：

　　　　因为机器，工人变得身心俱疲，他从人变成抽象活动，成为了机器的一部分，同时，他也更容易受到市场价格的每次波动、资本应用

和富人突发奇想的影响。[40]

简而言之，工人花越多的时间进行生产性劳动，那么他创造的物质世界就会变成一种越强大的异己力量来对抗乃至压迫他。在先前的社会中，只要你更加卖力地劳动，你就有更多的消费品，即便消费的只是更大的面包屑。而在资本主义社会，情况正好相反。你劳动的越多，生产的产品越多，那你作为一件劳动力商品就变得越廉价了。

与他人的异化

在工作场所中的异化对我们与他人的关系也有很大的影响。一个明显而直接的后果就是将社会进行阶级划分。如果劳动产品不属于工人，那它必定属于其他人。马克思曾经评论道："成为凌驾于人之上的异己的力量既不是神，也不是自然界，而只是人自己。"[41]

人与人之间的敌对关系随处可见并毒害了这个社会，所以看似中性的、技

术性的生产操纵其实与冲突有牵连。在赞美公民权利的那一套抽象的华丽言辞背后，社会已经被阶级分化了。接受教育、疾病治疗，甚至工程项目的权利都要受阶级背景的影响。例如，一项调查发现工程师经常否认他们建造的大工程里有任何公共利益。他们而是将管理各种类型的"项目利益相关者咨询"当作工作的一部分，从而控制公司的利益。[42]

然而，因为人的社会本性与生产性活动相关，所以与他人的异化不仅仅意味着阶级对立。如果在生产中人与人的关系被扭曲了，那工人就会退回到私人领地去寻找安慰。因此，社会就被看成是由彼此竞争的个人利益形成，每个人都只是把别人当作达成自己目的的手段。所以，个人主义成了现代社会的主导文化观，因为它承诺给人们在这些私人世界里的虚假自由。

"个体"这个词的原意指不可切割或分离的物体或人，而"个性"这个词只是在反对封建社会那些令人窒息的束缚关系的过程中才有了它的现代意义。[43]可是，随着资本主义的发展，"个性"慢慢演变成了个人与社会之间相互对立的思想。19世纪30年代，贵族自由者阿列克西·德·托克维尔在参观美国时就发现了这个趋势，他写道：

个人主义是为表达一个新思想新造的词。我们的父辈只懂得自我主义。自我主义是对自己热烈的和夸大的爱，这会导致个人站在自己的角度上看待其他一切事物，且喜欢自己超过一切。而个人主义则是一种平静的受他人尊重的感情，它易于将个人与同胞们孤立开来，之后个人退回到他的家庭和朋友圈里；有了这个适合他的小社会，他就很乐意把外部更大的社会留给它自己看管。[44]

德·托克维尔认为这种从社会中撤离的行为很危险，但是新自由主义者却认为它值得颂扬。作为新自由主义的创始人，弗里德里希·哈耶克认为因为社会中只存在着个人利益，所以便没有共同的社会利益可言。他的追随者玛格丽特·撒切尔曾说，"不存在社会这种东西"。她的目的是打破社会团结统一的各种形式以支持个人责任和个人主义。为了达成那个目的，她开展了一个私有化项目让国家拥有更多的持股人，但她解释道："经济学只是手段，改变人类灵魂才是目标。"[45]

马克思很赞成个人发展，同时反对令人窒息的依附关系，但是他拒绝接受

大求索：拿什么替代你，信贷危机？

个人与社会相对立的观点和自由来源于与社会关系的断绝的错误观点。他称因为我们需要别人才能成为完整意义上的人，所以"个人"是"社会的人"。[46]他还补充道，"通过与他人的关系，人与他自己的关系变得客观和现实了"。[47]在《资本论》中，他更加突出强调我们是如何通过与他人的关系才认识到我们自己：

因为人来到这个世界上时既没在手里拿面镜子，也不是以一位费希特哲学家的身份来的，对费希特哲学家而言，一句"我就是我"就足够了，人首先是从他人那里看到和认识到自己。彼得首先是通过对比自己和他的同类保罗才确立起自己作为一个人的身份。从而，对于彼得来说，有着保罗自己个性的保罗就成了他的人属类型。[48]

然而，资本主义下的异化导致了伪人性，就类似于"英国人的家就是他的城堡"的观念。人们认为私人关系可以神奇地消除在公共世界中成就感的缺失和无聊。个人不仅可以向彼此间给予爱和安慰，而且还能发掘表面下隐藏的"真实的"自我，这个自我只有在私人关系里才会健康茁壮成长。可是对取得成就的期望越大，个人关系要承受的压力也就越大。资本主义社会鼓励人们将自己视为能够自给自足的、与社会没有任何联系的独立体，他们生活中的社会只是

靠国家权力才团结在一起。但是这种个体化的存在只是想象和虚假的。以下是马克思对其诙谐的模仿：

> 在公民社会，自我的个体可能在他无感觉的想象和无生命的抽象中将自己吹捧成一个独立体，即一个与社会没有任何联系、自给自足、无欲无求、绝对完整且受祝福的人。

> 但是，他作为人的每项活动、每个特性和每个冲动都成了一种需要和必需品，而他对自我的追求就转化为他对其他事物和他以外的其他人的追寻。[49]

我们越是想象自己与别人彼此分离，我们就越容易成为市场的目标。企业就试图将多重复杂的人性缩减到一种占支配地位的感觉：拥有。它们传达出的信息都是相似的："穿李维牛仔，你将获爱人"或"用多芬香皂，你永葆青春"。洗衣粉甚至都有利于心理健康，如盛世长城的总裁凯文·罗伯茨所说："汰渍不是洗衣粉，它是一个能动者。它从洗衣房的中心又到了家庭的中心。"[50]

品牌造成的广泛的一致性令人反感，并且扼杀了私人领域内对独特性和个

性的承诺，这真是一大讽刺。每个品牌都许诺要超俗，然而它又在脱俗中最循规蹈矩。耐克向人承诺要超越运动，但是耐克跑步鞋成了每个青少年的必需品。星巴克向人们提供了一个特殊的"第三场所"，既不是工作地也不是家，但是它在全球各地都是同样的沉闷无聊的地方。资本主义试图打破社会团结一致的真正纽带，并以人为的和企业的关系来取代它们。所以对"抽象的母公司"的忠诚取代了人与人之间真实的联系。[51]

在咒骂控告企业是如何介入个人生活中时，马克思预言性地写道：

> 为了获得一份恩宠，没有哪个宦官能比资本家更卑微地奉承他的君主，或采取更可鄙的手段去刺激他那迟钝的寻欢作乐能力。

> 资本家卑躬屈膝，为他人的奢侈欲望服务，牟取两者的共同需要，他刺激他人的扭曲的欲望，待机抓住对方的弱点，从而获取暴利。

> 每件产品都是用来诱骗他人及其钱财的诱饵；每个真实和可能的需要都是误导苍蝇飞向胶锅的弱点。[52]

与人的类本质的异化

在《1844年经济学—哲学手稿》中，马克思称我们也与我们的"物种性"异化了。这里他指的是那些将我们与其他生物区分开来的潜在可能性。[53] 其中最大的潜质就是我们重塑自己和社会的能力。这种能力首先指到达自由的能力，它暗含的意思就是我们不必局限在任何社会的界限里。建立起了一个社会主义社会后，人们就可以回顾他们在推翻资本主义和开始创造新人性中取得的巨大成就。

> 对于社会主义社会下的人来说，整个世界的历史就是通过人类劳动创造人，就是自然的浮现，所以他才有了证明他自己的出生和起源的证据，而这个证据是看得见且不可驳回的。[54]

这一乐观思想拒绝接受那种强调人性本恶来限制人的潜质发展的教义。这种对人性弱点的主张成为了大多数保守哲学的基石，而这些保守哲学的观点可以追溯到埃德蒙·伯克的论断，他主张人易于受感情的影响，所以人需要指导。

大求索:拿什么替代你,信贷危机?

41

伯克称权威一直都是必要的，这样"才能阻碍人的自然习性的发展……而且他们的激情也能得到控制"。[55] 没有权威，人就会变得涣散而缺失方向，就像软木在海浪上随处漂浮。

可马克思不同意伯克认为人天生邪恶、受情感控制的观点。他认为人们远没被这种天生邪恶的思想玷污，是资本主义阻碍了他们的潜质的发展并导致了形形色色的罪恶。资本主义制度夺走了人们的创造力，从而这些创造力成为了达成目的的手段。工作不再是人类本质的表达，而仅仅是支撑个人存在的方式。而同时，恰恰是我们的创造物支配了这个社会。

马克思将这称为商品拜物教。与现代性爱上的言外之意相反，"拜物教（Fetishism）"最初来源于葡萄牙词"feiticio"，早期的商人用它描述一种拜物的宗教仪式，认为精神可以赋予物品生命。马克思用"拜物教"来描述这样一个世界，在那里"人与人之间确定的社会关系……以物物关系的怪诞形式呈现出来"。[56] 在我们看来，我们生产出的商品有了它们自己的生命，并能够制服人类以服从它们的规则。商品不但没有看真正的人是如何做决定，反而看起来像是有自己的生命并使人服从它们的需要，而这些商品的流通，可以价格波动形式表达，再则，可以投资流动的形式表现。

　　为了阐明马克思的观点，我们先来分析一下最近流行的一句话："债券持有人对希腊的国家债务都很担忧。"这句话中没有指明姓名的人被定义成债券的化身，而债券持有者为债券发出了他们的"忧虑"的心情。担忧的焦点是另外一件称为"希腊国债"的事物，但其中却抹去了银行业者向其他富人们借钱所牵涉到的所有社会关系。这句话语彻头彻尾都在陈述一个假设：没有东西可以替代这个"担忧"，债券持有者们必须发出对国债担忧的关注，因为这就是市场运作的方式。

　　商品拜物教的另一个表达就是金钱如何变为"人类的异己力量"。[57]美元和欧元从人类活动中产生，但是它们却成了一种凌驾我们之上的独立的力量，马克思将金钱称为"真正的创造力"，[58]金钱代表了人类抽象劳动的凝结。拥有金钱就可以决定什么是真实的什么是想象的，也就是行动和思考的区别，"只存在于我内心深处的想法和我之外的作为真实物品而存在的观念"的区别。[59]如果我没有钱去旅行，那我就不会有要去旅行的实际需要。如果我是富翁——网

络游戏开发者理查·加里奥，我可以去太空旅行12天，因为我可以花3千万美元将我的想法变为现实。

　　　我是坏人、不诚实、不道德、愚笨；但是金钱却受人尊重，所以有钱人也因此可敬。

　　　钱是至高无上的，所以有钱人也是。此外，钱可以免去我不诚实带来的麻烦：所以别人假定我忠诚……有了钱，难道我不能够拥有人类渴望的一切，难道我就不能拥有人类的全部能力吗？因此，难道我的钱不能将我的一切无能转化为能力吗？[60]

　　然而，因为商品确实成为了支配我们的力量，所以不能仅把这种人类权力的异化当作幻象来消除。因此，为了实现人类潜质，推翻资本主义的实践便成为了必然。马克思承认资本家们也经受了异化，但是他们只是受了一些异化理论上的影响，实际生活中并无大碍。反而他们"在这种自我疏远中觉得自在且自己还强大了"，并且将异化视为他们自己权力的反映。[61]此外，在让当今社会永存中他们还有直接的阶级利益。只有"工人的解放才意味着全人类的解放"。[62]换言之，社会主义的目标不仅仅是一个阶级推翻另一个阶级取得胜利，而且还要在一个自由的、没有异化的社会里消除阶级分化。

第四章　社会阶级

从资本主义诞生之日起，人们就作了各种尝试来否认阶级冲突这个事实。他们认为罢工和工人的反抗是由"外部煽动者"带领的乌合之众引起的。然而今天，统治阶层认为一切都过去了，信心取代了对阶级斗争的畏惧。保罗·金斯顿在他的《无阶级社会》里写道，今天"资本主义下所有的'输家'对资本主义制度的基本信条造成的政治威胁都更小了"。[1] 现在的失败者不再对社会改变抱任何希望了，似乎那些有钱人也可以高枕无忧了。

然而，这些结论好像下得过早了些，因为日益加剧的不公平为冲突提供了足够的理由。在美国，1%的上层社会家庭拥有35%的全部私人财富。[2] 伊曼纽尔·赛斯称现在的贫富差距"超过了1917年以来的任何时期，甚至超过了1928年的水平，而1928年是'动乱的'20世纪20年代股市泡沫经济的顶峰"。[3]《纽

大求索:拿什么替代你,信贷危机?

约时报》曾作了调查发现，在1970—1990年间，底层90%的人每赚1美元，上层0.01%的人就赚了162美元，而在1990—2002年这段时间里，同样少数的上层人能赚到18 000美元。[4] 现代资本主义下的财富极大积聚对社会生活产生了深远的影响。

平均说来，你越富裕，就活得越久，平均寿命的差距也越来越大。尽管各种研究细节不一，但其模式一致。在英国，男人中最低收入和最高收入人群的平均寿命相差7.3年，而女人相差7年。[5] 在美国，最上层的人群比最底层的人群平均多活4.5年，而在20世纪80年代早期，这个差距只是2.8年。[6] 社会阶级同时也与疾病和健康状况不佳有关。例如，人们通常认为压力大和心脏病是那些每天忙碌的、飞来飞去的主管人员的职业病，但是对英国政府的公务员做的一系列全面健康研究发现情况正好相反：工作地位越低，患心脏病、癌症、肠胃疾病、抑郁症和自杀的几率越高。[7]

所以即便阶级斗争的速率和节奏变了，那种认为社会阶级消失了的观点也没有多大意义。但是我们所说的社会阶级到底是指什么？很显然有三种思考社会阶级的方式。

第一种将阶级看成是社会楼梯上的蹬脚横木。这种"等级的观点"按照收入、地位或这两者的结合，将社会分为两类："上层"和"下层"。地位就意味着社会其他成员赋予自己一定量的尊重或社会敬重。这种观点否认阶级之间存在任何重大的冲突，并认为阶级对社会有"功效"，因为它们可以激励人们奋斗。[8]这种阶级观潜在于1913年开始实行的英国行政登记制度的阶级划分制，从那以后又修改了几次。

第二种对阶级的看法来自德国社会学家马克斯·韦伯的著作，他对阶级持有一种"关系上的观点"，认为阶级之间因为利益对立而存在冲突关系。个人把不同的资源，如不同形式的财产或教育资格证书带入市场后，就形成了社会阶级。这样导致了多样化的阶级，而它们占有共同的资源。因为有的阶级试图封锁机遇，不让更低的阶级爬上来，而别的阶级就试图跳过那些更高阶级设立起的障碍，所以阶级之间一直存在着冲突。在这种基于市场的竞争中，工人阶级和资本家阶级大都被分裂了。如帕金所说："因为在混乱的市场中，每个集体都在为自己而战，所以就有了一场人人敌对的霍布斯的战争。"[9]

第三种观点是马克思的观点，他在剥削的基础上界定了阶级关系。这种阶级关系不是简单的不同群体把不同的资源拿到市场上去卖，而是指一个阶级的财富和其伴随的优势——如获得的教育和文化资本是依赖于对另一个阶级的剥削而来。杰弗里·德·圣克罗伊说马克思的理论中称阶级就是"剥削这个事实的集中体现和剥削嵌入社会结构的方式"。[10]正式地讲，圣克罗伊把阶级定义为：

> 社区里的人都是以他们在社会生产的整体系统中的位置确定自己的身份，这种身份首先是根据他们与生产条件（即生产资料和生产劳动）之间的关系（主要指所持有的或掌控的程度多少的方面）和他们与别的阶级之间的关系确立下来的。

> 一个特定阶级里的个人可能或可能不能完全或部分地意识到自己的身份和作为一个阶级的共同利益，他们可能会或可能不会对其他阶级的成员有敌对情绪。[11]

圣克罗伊对阶级的定义是一个适用的新起点，因为马克思没有给过阶级一个明确的定义，而且由于其手稿的中断，他在《资本论》的第三卷的末尾处对阶级的讨论也突然中止。所以,本章将详细阐释以上给出的对社会阶级的定义。

阶级的来源

在《共产党宣言》中,马克思有一句名言:"至今一切社会的历史都是一部阶级斗争史。"[12] 恩格斯后来也说过,因为在阶级出现以前就有一段很长的"史前时代史",所以这里说的历史就是成文的"历史"。[13] 换句话说,阶级并不是从来就有的。

人类已有 100 000－150 000 年的历史了,而其中的 90% 的时段里没有社会阶级。那时候人们以狩猎为生,他们搜集食物——野生动物或鱼,水果和坚果,30 人到 40 人组成一个集体过着游牧生活。恩格斯称这些社会主要通过血统而联系在一起,即他们有着共同的祖先,所以形成了原始的共产主义形式。他说"生产本质上是集体生产",而"消费则是在或大或小的共产主义社区内进行产品的直接分配"。[14] 回顾人类学家对易洛魁印第安土著做的考察,他记录道:

那里没有士兵,没有宪兵或警官,没有贵族、国王、摄政者、长官或法官,没有监狱或控诉,一切都是自然有序地进行……没有穷人,这个集体家族知道他们对老人、病者和因战争而残疾的人有责任。所有人,包括妇女,都是自由平等的。这里不需要奴隶,而且作为一条惯例,也不需要去征服别的部落。[15]

恩格斯的描述积极乐观,但是支持他所有论点的是那些人类学家,如理查德·李,他认为"这种广泛的互惠原则传闻是每片大陆和每种环境下的狩猎者们的传统"。[16]

共享文化的主要原因是这些社会只有通过合作才能幸存下来。例如,打猎需要人们一起合作来设陷阱和杀猎物,但是由于打猎活动并不总成功,所以猎手们也需要大多是女性的采集者们的慷慨帮助。食物供应的相对不稳定性就意味着食物不是由个体家庭享用,而是整个集体共享。同时这种社会下也没有对私有财产的迷恋,因为当食物供给用完了,游牧民们就要迁徙,他们也要带上货物。再加上食物储存的设备也很少,所以财富的积累就更不可能了。个人能拥有的也只是矛、斧头或弓箭。李将其总结如下:

在国家的兴起和社会不公平牢固确立以前，人们以基于血缘关系的小社会集体形式生活了数千年，那里的经济生活的核心组织形式就包括集体的或共同的土地所有权和资源，食物分配上广泛的互惠性和相对平等的政治关系。[17]

新石器革命以后，就开始发生了变化，即从搜集食物转变为耕作农作物。随着少数一些小家庭开始在村庄里定居下来，新形式的社会关系也就形成了。然而，只有在这些从事农业的社会集体在满足了自己的即时需要外还有剩余时，阶级才得以形成。人们存活的不稳定性使得人们十分珍视革新，而技术上的一些发展加速了历史的进程。其中的一个发明就是犁，它在犁地时比手握的锄头高效多了。另一个发明就是建筑大坝或修渠道的灌溉技术的发展，这样可以把水引向不肥沃的土地。在世界上的不同地方，人们也学会了挖井、在山坡上开垦梯田或排干沼泽地。

然而，这种转变是双面性的。一方面，因为食物可以储存起来，这样生存的不确定性得以减轻，所以社会剩余的存在是有利的。食物一般储藏在神庙里，

所以这些神庙的守卫者们也不用再从事体力劳动了，他们就有机会去研究天体的运转，同时也发展了早期记录技术。另一方面，这样反过来也促进了文化的进步和省力技术的发明，但是也为社会的阶级分化打下了基础。有史以来第一次，小部分社会精英们可以不从事劳动，而靠别人的劳动生活。他们的最初目的就是通过确保储存的食物不全被消耗来协调和守卫他们更广阔的社区，但是在条件艰苦的时候，这种功能马上变成了对别人的统治。在粮食短缺的条件下，新的统治者们就必须定量供应食物或强迫挨饿的人去修建大坝或灌溉系统做体力活。社区的利益很快与新出现的上层人士的私人权力紧密联系在一起了。

统治阶级出现的第一个迹象可以追溯到埃及、伊朗和中国的公元前6000—前5000年前，部落首领受他们氏族的束缚变松了，他们可以持有私人财产并传给他们的后代。为了加强他们的统治，神父、武士精英和国王建立起一套可以给予别人身体惩罚的权力。这样，很快就进入了一段有国家和社会阶级的新历史时期。马克思和恩格斯把上层阶级的发展看成是一个辩证发展的过程。他们认为等级或阶级分化并不是自然规律的一部分，而是在一个特定的历史时期才出现的。但是他们并没有斥责这种发展，也没有因他们的平等主义把那些幸存

下来的狩猎社会传奇化。而是把新的统治阶级与广泛的社会集体的分离看作为创造更大的社会剩余的必然，因为社会剩余为社会的更大进步创造了条件。但同时，他们认识到新的上层阶级把更多的社会剩余占为己有。上层阶级的人们把他们个人利益置于社会的整体利益之上，所以，在某种程度上，他们也会阻碍社会的发展。

现代阶级社会

马克思对阶级在现代社会中发挥的作用的观点可以总结为以下五个标题：

两个主要的阶级

现代社会中的两个主要的阶级是工人和资本家。

资本家被定义为控制别人的剩余劳动和靠剥削他人劳动生活的集体。大公司的大股东、董事会和首席执行官形成了资本家集团的核心。随着资本主义制

大求索：拿什么替代你，信贷危机？

度的发展，他们周围便形成了对工人的剥削和产品与服务的销售的组织机构。作为回报，他们得到了别人的一部分剩余劳动。高级管理精英们因其较大的"认股权"和其在强化剥削中发挥的作用，也归入资本家这个阶级。同时，这些集体形成了一个企业精英团队，对现代社会有很大的操控权。他们还与控制国家政权的人有紧密联系。通常他们之间有个旋转门，即前政府官员转身就成了公司董事，即便没有发生这种情况，私人资本家和高级政府官员也会有相似的愿景和共同的政治计划。他们联合起来形成了统治阶级的核心。在这个强权的核心外围有一些小资本家，他们雇佣更少的工人，获取更少的剩余劳动，而且还可能会被大企业打垮。

对社会剩余的操纵赋予了资本家们四种直接权力。第一，他们可以控制投资流动和生产什么。他们可以决定开设或关闭工厂、扩大生产或对生产进行再配置、生产真正需要的产品和服务或无用的物品。第二，他们可以对如何生产产品和服务进行控制。他们可以决定使用多少机器设备，用什么样的机器和这种机器是会增加还是减少工人的技能。第三，他们对员工有纪律管制。他们不仅可以解雇工人或让工人停职，还可以在工厂行使独裁控制权。尽管有言论自

由和集会权，资本家还是可以取缔工厂内的工会，停止分发左派分子传单和迫害那些试图成立工会的人。第四，对经济资源的控制赋予这个阶级对社会中政治决策的制定有很大的影响力。他们可以用钱财贿赂或游说政治家，或威胁要重新配置他们的商业经营来胁迫或对政府施压以满足他们的要求。

资本家的这种控制水平对社会产生了巨大的影响，制药业就能说明这点。十家制药公司包括辉瑞制药有限公司、强生制药有限公司、英国葛兰素史克公司、赛诺菲－安万特集团、诺华公司、豪夫迈·罗氏有限公司、默克公司、阿斯特拉捷利康公司、美国雅培公司和百时美施贵宝公司，世界上所有的合法药物中有一半是它们生产的。最大的制药企业辉瑞制药有限公司占据了 1/8 的药品市场，公司的董事会有 15 人，平均年龄是 69 岁，而 12 人组成的"执行团队"管理了企业每天的经营活动，他们都是欲征服一切的美国白种男人。如果我们假设辉瑞公司有典型的等级结构，那么整个公司是由 270 人有效控制管理的。这一少数人群决定生产什么药物和如何生产和销售。

即便热带病是世界人口的主要杀手，他们还是决定不研制治愈这些疾病的

药物。1975－1997 年间上市的 1 393 种药物中，只有 16%的药是治疗热带病或肺结核的。[18] 他们也决定他们的生产系统主要旨在生产"我也一样"的药物，即在那些 20 年专利期限已满的名牌商标药物上做一些小的化学成分的改变。通过这个系统，制药企业可以防止那些更廉价的类属药物出现。他们同时还决定把很大一部分的收入花在"营销"而非研究上。2002 年，全球最强的十大公司把 31%的收益投入到了营销和管理上，相比之下对研究只投入了 13%。[19] 这些少数的企业精英们的决策几乎对整个社会没有多大利益。

而与资本家相对立的阶级是工人，随着市场的扩大，他们的数量也在增加。工人被定义为那些被迫出卖自己的劳动且其劳动受别人控制的人。工人具体是在制造业还是在服务业工作，是蓝领还是白领对于这个定义无关紧要。

工人通过与资本形成的关系发展自己。他们受雇佣去为资本服务，因此他们永远不可能在薪水、工资或工作条件方面得到永久保障。高薪建筑工人或办公人员，很明显还有一份比较稳定的养老保险，但是如果市场变动，他们不能再创造出利润的话，他们就会失去一切。相似地，工作满意度也受资本家想要控制劳动过程的欲望所限制。在某些特定时期，那些很重要的人群，如计算机

行业的软件工程师们就可以享有很大的决策自主权,而且还可能暂时获得高薪。然而,公司为了减少对这些工人的依赖性,就试图通过技术的研究发展,来削弱他们的那些技能。例如,与其要依赖软件工程师,计算机行业更愿意买现成的软件套装,只需将它们本地化了,就能适用于个别的生产系统。

哈里·布雷弗曼将这个过程称为"无产阶级化",指出以前不直接服从资本家控制的工作,现在是如何更坚定地置于资本家的操纵下。[20] 这就意味着甚至那些数量庞大的白领们也属于工人阶级的范畴。然而,在一段时间内他们可能对自己的工作有高度的自主权或控制权,但是这种自主控制权可能会随着时间的推移而削弱。过去,教师和讲师们的工作就基本不受监督,人们把他们当作可以自我管理的职业人员。但在很多国家,现在情况也发生了变化,老师也要接受不断的监控、目标和课堂表现管理。这就是为什么社会阶级是个动态的范畴而且很难根据清晰的界限进行划分的原因之一。马克思写到在他那个年代,英格兰是工业化最强的社会,但是"即使在那里,阶级分层也不是以单纯的形式表现出来的"。[21] 这是因为"甚至这里的中产阶级和中间阶层抹去了各处阶

大求索:拿什么替代你,信贷危机?

级的分界线(尽管农村的中产阶级或中间阶层比城市少得多)"。[22] 可是,这些阶层的人也无法逃脱资本积累的逻辑系统运作,所以他们中的很多人又归落到了工人阶级。

尽管工人和资本家组成了两大阶级,但是他们绝不是现代社会仅有的两个阶级。与一些谬论相反,马克思从没有主张过"两个阶级模式",况且在他的著作中也一直谈论到了别的社会阶级。他只是主张这两个主要的阶级可以形成社会的方向。

地主形成了一个独特的阶级,因为他们的收入来源是租金而不是利润或薪水。还有小资产阶级,他们依靠自己的生产资料谋生,这些生产资料有工具,或财产,如商铺。很多个体户就属于这个阶级,如酒馆老板、小店主、律师和很多不受大公司控制的其他职业者。他们靠自己家庭的劳动为生,但是如果他们成功了并且开始靠别的工人的劳动谋生,他们就逐渐归入到了小资本家了。严格说来,很多农民属于小资产阶级,因为他们依靠自己的财产劳作。但是,由于他们之间存在很复杂的区别,所以最好将他们单独视之。农民依然是世界上最大的阶级,他们要么靠自己生产粮食为生,要么就为全球经济着想,卖出

自己的农作物。

尽管马克思的著作里没谈到，但是现代马克思主义者指出还存在另外一个阶级：新中产阶级。他们从雇主那里赚取薪水，但是他们又对自己的工作有高度控制权。因此，他们结合了两个矛盾：他们既像别的工人一样出卖自己的劳动，又对自己的劳动和别人的劳动享有高度自主权，所以他们形成了不同于工人阶级的一个新阶级。

最后，马克思提到"流氓无产阶级"，但是这与现代社会不大相关了，流氓无产阶级主要是指那些被"驱逐出社会结构的人，所以在功能上，他们不属于社会的一部分"。[23] 在马克思那个时代，流氓无产阶级是指那些失去社会地位的人，贵族们经常动员他们去阻碍进步事业的发展。例如，在那不勒斯的流氓，他们靠犯罪过活，别人很容易买通他们当"反对教条或国王的暴民"。[24] 马克思所说的"流氓无产阶级"不是指那些因为经济体制波动而周期性地失业且形成了"劳动后备军"的工人。当前的"社会底层"这个词与马克思主义理论分析没有关系，但是它成了右派评论家们使用的贬义词，用来攻击那些因其所谓

的"贫困文化"和"救济依赖"的弱势群体，如单亲。[25]

"流氓无产阶级"这个词也不适用于那些离开乡村在发展中世界的大城市里未得到充分就业的大批人群。迈克·戴维斯有说服力地声称那些"非正式工人"占发展中世界的经济就业人口的40%，他们可能未充分就业，但是他们依然在为别人工作或寻找为别人工作的机会。他们签订了"非正式"的雇佣合同，给了资本家更大地剥削他们的权力；他们被迫展示了完全的"灵活性"以适应或大或小的资本家公司的节奏；因为大公司频繁地雇佣合同工人来完成某项工作而不是公司自己做，所以他们又要遭受工作和收入上的不稳定性。[26]

生产中形成的社会阶级

社会阶级是指人们在生产体系中所占的地位，而生产广义上包含制造出售的商品和提供服务两层含义。

在生产中，人们形成了关系，而一个人的社会阶级就取决于他在这些人际关系中的位置。阶级的分界线首先是通过回答这两个问题来决定的：我是买入还是出卖劳动？我的工作是由自己管理还是受他人控制？如果我的劳动是由他

人买走且受他人控制，则我属于工人阶级的范畴。如果我是靠购买他人的劳动为生，且我要操控那份劳动以赚取利润，那么我就属于资本家阶级或小资产阶级了。

这是一个基础性的定义，但是其中也有很多复杂性。马克思引用了亚当·斯密对生产性劳动和非生产性劳动的区分。在开始写劳动体系时，斯密就区分了生产性劳动是为资本积累服务的劳动，而非生产性劳动则是吸收资源的劳动。例如，为富人们提供个人服务的佣工的劳动就属于非生产性劳动。马克思对生产性劳动和非生产性劳动的区分也"不是来源于劳动的内容或结果，而是来源于它的特殊社会形式"。[27] 假如一位演员或小丑是在为资本家创造利润，那么他的劳动便是生产性的，而如果一位裁缝在资本家家里为他们缝补裤子，则他的劳动是非生产性劳动。重要的不是劳动的性质，而是它在资本积累中发挥的作用。

作家们，如尼克斯·普兰扎斯，认为这个区分就意味着只有那些从事体力劳动且其劳动不受管制监督的直接为资本家创造利润的工人才算是工人阶级，

大求索：拿什么替代你，信贷危机？

而所有的白领工作者都属于"新小资产阶级"。[28] 然而，今天的资本主义不再是建立在生产商品的独立厂房上，所以这点也没有意义了。集体劳动力生产了剩余价值，然后剩余价值通过市场机制分配给不同的资本家，这就是一个完整体系。这个体系需要接受过良好教育的、身体健康的劳动力的供给，这些劳动力的"社会必要劳动"，即21世纪平均劳动熟练程度和文化程度下提供的劳动，可以让资本不断扩增。在马克思的时代，资本主义制度不必为劳动的供给建立组织，因为只需要把农民带入工厂就行。可是，今天，政府教育下一代的工人；通过福利制度让他们对现状相对满意；通过医院和诊所确保他们依然健康，让他们放心。那些为工人阶级的"再生产"作贡献的人也帮助提高了劳动生产力，这样反过来亦增加了资本家可获得的剩余价值。商品中含有的抽象劳动不再仅仅是工人劳动的直接结果，而是通过国家管理这种再生产的方式，使之成为"社会必要"的。在增加自己的工资和最终让资本主义制度消失方面，国有企业工人和私营企业的工人有着相同的利益。因此，从那层意义上来讲，出卖自己劳动且其劳动受"国有资本家"控制的国有企业工人也属于工人阶级的一部分。

剥削的范畴是马克思对工人定义的核心。然而，大多数传统社会学受到了

韦伯关于阶级是在市场中形成的论断的影响,因此忽视了马克思对剥削的声称。甚至那些认识到阶级冲突存在的社会学家也忽略了剥削这个事实。因为他们认为在反抗剥削上没有共同利益可言,所以他们集中研究现代劳动力内部的分工。可马克思认为社会阶级是在生产中形成的,而生产中最关键的是剩余劳动的攫取和小部分上层阶级的人控制剩余劳动。

客观成员

电视节目和好莱坞电影经常把工人阶级的生活模式化。英国电视剧《无耻家庭》就把工人阶级刻画成了酗酒和猥亵性爱的形象。根据这一形象,工人住在地方政府所属房产里、说话操着口音、经常出没在酒吧和炸土豆条店里。很多白领和蓝领工人反对这种形象,他们认为自己是"中产阶级"。

然而,马克思对社会阶级的思考方式不是建立在与某一种特定的生活方式相联系的基础上。所以,有的人是工人阶级,但是他不按照上层阶级对工人阶级文化的观念化模式行事。日本一位面包师在虚拟网络的"社区"里玩吉他,

和一位追随切尔西足球俱乐部且在俱乐部成员每次踢球都喝得烂醉的人一样都是工人。一位已获学位的白领员工受雇于一家大的资本家企业,那里经常有"点人头数总人数"的惯例以决定下次将解雇谁,所以他和一位钢铁工人没什么区别,都是工人。

比起历史上任何时期,21世纪的生活方式都更加丰富多样,所以,称工人阶级有一种特定的生活方式是愚蠢的行为。总体上,比起传统的中年男子形象,现代工人阶级有更多有色人种、更多女性和更多白领。同样,认为所有的资本家都是超重的、穿着套装、抽着雪茄、说话优雅的男人也是错误的。事实上,现代社会的文化转变也显示出他们其实看起来身材很好、打扮也很时尚,人们把他们刻画成了一副更加受欢迎的形象——穿着不打领带的衬衣和牛仔裤,就像其他人一样,或者他们希望我们相信他们。

同时,马克思的分析方法也不依赖于个人对阶级立场下的定义。人们可以认为自己是工人,可事实上,他们的工作是管理对别人的剥削。而相反,码头工人或消防员称他们属于中产阶级,因为他们不再住在地方政府所属房产里,所以对个人社会地位的自我定义是错误的、不切实际的或很可能受到了别人理

解的影响。因此，马克思分析的出发点是人们做什么，而不是人们认为他们是什么。

基本的划分

阶级不是唯一的社会划分，社会还可以根据性别、种族、国别和很多别的类别来划分。

然而，在两层意思上，阶级是基本的划分。第一，根据阶级的不同，所经历的种族主义和性别主义也有所不同。所有的女性都要经受滥用的性别歧视，但是富有的女性却不必遭受工人阶级女性面临的日常性骚扰。资本主义社会认为照料小孩是"非生产性"劳动，所以对抚养学龄前的小孩不负任何社会责任。因此，照看小孩的负担就明显地落到了妇女身上，但是上层阶级的妇女可以雇佣别的女人当保姆，所以她们很容易逃脱这份负担。相似地，在美国，经历的种族主义也受阶级的影响。黑人哈佛教授亨利·路易斯·盖茨遭逮捕就是种族主义迫害的一个经典例子：错的肤色和错的地点。美国总统贝拉克·奥巴马就

大求索：拿什么替代你，信贷危机？

表达了他对种族主义的愤慨。但是当穿着帽衫的年轻黑人因在城镇里站错了边而遭到警察逮捕时，却没人注意。劳伦斯·奥蒂斯·格拉汉姆认识到了阶级分化在黑人"社区"里的重要性，他写了《我们这类人——探究美国黑人上流社会》这本书。他告诉一位采访者，他提升书中的黑人形象让他们进入到上层阶级的杰克&吉尔俱乐部的原因是"富裕的黑人们知道当他们和别的那些更少受到特别优待的黑人小孩在一起时，他们需要把那些可能自认为是外来者的小孩们召集到一起"。[29]

第二，这些分化就意味着上层阶级的黑人和妇女在维持目前的制度上能够获得利益。他们主要的利益在于保持自己享受特殊优待的地位，再则，为其他黑人或妇女加入到上层阶级创造更大的空间。可是，对特权辩护使得他们与大多数妇女或黑人之间产生了冲突。例如，华人邓文迪，新闻国际传媒帝国的执行官，在给她的华人女性员工增加产假时自己也没什么利益可言。同时，很多富太太们雇佣保姆，在给她们提高最低薪水或让她们家内的雇佣管理服从公开监督上也得不到什么利益。

在马克思年代巴黎公社期间，妇女们的阶级分化最为明显。第一批工人起

义的后果就是，上层人士普遍感到很恐慌，因为很多人认为女性斗争者把滚烫的汽油倒在了受害者们的身上。这种对女革命者的憎恨通常是右派们宣传的特点，因为她们对传统的性别角色模式发起了挑战。在公社的余波里，丽莎格蕾叙述道："每个女人都穿得破破烂烂，她或拿着个牛奶罐、一个桶、一个空瓶子，她是如何被指为是用火油纵火的女子，她的衣服怎么被撕碎，她怎么被推到最近的墙上，怎么被左轮手枪打死。"[30] 另一个历史学家称："根据报道，往往穿得最优雅的女人是反抗中最暴力的，尤其是在反对她们受到的性别歧视上。"[31]

阶级斗争

不论如何否认，阶级斗争都是我们分化的社会中的一个必然的特征。它的存在有两个原因：一是因为工人和资本家之间存在着利益冲突；二是因为资本家们为应对竞争加重了剥削。如马克思所说，阶级斗争：

> 实际上，不是取决于个体资本家的善意或恶意。自由竞争产生了资本主义生产的固有规律，而形成的外部强制法则就能够操纵主宰个

体资本家。[32]

现代社会中的阶级斗争这个事实反映在很多层面上。工会的存在就是一个表现，它的组织有赖于排除一个阶级的人们，即雇主。在左右轴线上形成的政治派别组织也是这样。即使左派社会民主党试图管理资本主义，而在执政中却总是让他们的拥护者失望，他们得到的主要的选票还是来自有阶级意识的工人，他们的资金也通常来源于工会。雇主也在他们的那个阶级上组织起来形成了雇主联盟，以协调政策来对抗工会或利用精英游说团队如欧洲企业家圆桌会议来提高他们自身的利益。

阶级斗争暗示着人们针对剥削有所反抗，但是反抗的规模和特征各不相同。在最底层面上来讲，非工会的工人可以采取旷工或不正式的制裁来反对雇主以强制实现他们的利益。工会的工人则可以采用一系列的策略，从按章怠工或怠工到系统的不合作、罢工和占领厂房。有时这些反抗可以推广到震撼整个社会的高度的政治对峙，而大多时候是长期的表面上的社会和平。第一次世界大战的堑壕战场面最能说明阶级斗争这个事实。偶尔，一方控诉另一方对对方采取防御时，就会发生很大的战役，接着就有很多人的伤亡。但是大多时候，反抗

力量开始平息下来，个人也试图避免遭杀害。然而战壕还在，战争还要继续。

为什么是工人阶级？

今天，世界上最大的且受压迫最深的阶级依然是农民。过去，毛泽东和切·格瓦拉把这个阶级作为开展革命的基础。在今天的印度，反资本主义作家阿兰达蒂·罗伊也赞扬了孟加拉西部纳萨尔派分子要求变革组织的农民运动。[33] 鉴于这段革命历史，为什么马克思要把工人当作推动社会变革的根本力量呢？

要回答这个问题，首先我们需要揭穿一些荒诞的说法。第一种说法认为纯朴的农民还没有被城市生活腐化，因此他们最具有革命性。这种意象激发了切·格瓦拉，于是他选择在玻利维亚偏远的山村地区而不是城市里好战的玻利维亚工人阶级里建立革命基础。[34] 然而除去不腐朽性这个错误的观点，农民还能为城市独裁者或右翼民粹主义政治家们提供社会基础。在马克思的时代，路易斯·波拿巴的独裁权主要来源于有小块耕地的农民们的支持。尽管他们受按

大求索：拿什么替代你，信贷危机？

揭抵押压榨是个事实，但他们将城市里的工人阶级视为他们天然的同盟军，所以他们转而支持波拿巴。马克思写道，波拿巴独裁代表的是"保守的农民，而不是有革命精神的农民；他代表的是那些希望巩固他们的社会所有物，即一小块耕地的现状条件的农民，而不代表那些要自立谋生的农民"。[35] 更一般说来，马克思认为"农民的小份财产本质上构成了无所不能的和庞大的官僚机构的基础"。[36] 小耕种者的独立性、高度狭小的见解和彼此间的孤立性最终会导致他们不关心政治的态度，所以他们形成的组织也会很涣散。此外，就业率低也反映了他们主要关注的是正式的工作。

但是情况不一定是这样，因为农民也可以形成革命运动的基础。当农民反对旧秩序的时候，马克思就会带领农民与工人结合起来组成一个联盟。他的刊物《新莱茵报》攻击了1848年温和主义自由政府没有立即废除农民身上的所有封建负担和对农民起义的背叛。可是，马克思也想到农民的生活条件使得他们更难组织和控制那些专门代表他们利益的国家运动。他们地理上的分散性和农民"社区"里错综交叉的利益冲突往往意味着国家性的组织的动力来自外界。有时候称为的农民起义其实是由别的力量领导但由农民提供基础力量。例如，

中国的毛主义（海外对毛泽东思想的一种称谓——译者注）的运动是动员农村发动起义，然后发展到城市，而这些起义的领导者却是丧失了社会地位的城市知识分子：共产党。[37] 相似地，在今天印度的"部落地区"发起的起义就是由一个极具统治权的毛主义政党领导的。

马克思强调工人阶级是变革的推动力，这是源于他对工人阶级带来变革的能力作的讲究实际的评价。这与声称工人道德上更加高尚或出众甚至说他们有时更少受反动思想的影响的说法无关。而是取决于资本主义下工人阶级生活的四个相互联系的特点。

第一，因为他们的生活条件，工人易于集中组织起来。他们聚集在大的工作场所，必须合作来生产商品或服务。他们必须一起工作，而且，作为一个阶级，他们通常集中在大城市里。如德雷珀所说，"不是比他们更高等的知识分子或外界的煽动者，而恰恰是资本家教会了工人形成组织"。[38] 即便工人不相信阶级斗争，但是为了提高他们的利益，他们还是被迫组织起来。通常，那些之前认为他们是受人尊敬的工人加入了工会采取了罢工行动。在 20 世纪初，英国

和德国有技能的工程工人认为他们是劳动贵族，异常引人注目。但是，一战中他们被半熟练的工人代替后，他们的技能就被"稀释"了，所以他们成了工人阶级中最富有战斗力的一部分。从 20 世纪 60 年代起，类似的事情也接连发生在教师、护士和办公室人员的身上，所以今天很多国家的罢工是由那些所谓的职业工薪阶层采取的活动主导。

第二，很多工人自发的见解中就包含着要挑战资本主义框架的观点，因为他们想要生活有所保障。在马克思的时代，斗争的焦点是要求 10 小时的工作日，这样就能抑制资本家对"无限延长的工作日中生产出的更多的剩余价值的欲望"。[39] 今天，大多数工人要求有某种"工业合法性"的形式以削弱资本将他们视为灵活物品的绝对权力。他们希望有处理个人案件的投诉程序和一些法律上的保护，让他们在工作中享受"公正"。同样地，在西欧的大多数民意测验中显示了人们强烈支持建立福利国家，这样工人就享有医疗保健、养老保险和受教育的权利。然而，资本主义体制损害了这些合理的要求，因为大卫·哈维称资本主义就是对"持续扩增的资本的永恒积累"的探寻。[40]

当然，工人可以在这些斗争中取得一些成就，而资本主义不仅幸存下来了，

反而在某些情况下，还繁荣昌盛了。这是因为资本的管理可以帮助阻止资本主义朝着最具毁灭性的方向发展，而且支配资本管理，如马克思说的，"和强迫英国田地用海鸟粪施肥一样有必要性"。[41] 海鸟粪是一种昂贵的肥料，可以防止土壤失去肥性，类似地，对工作日的合法限制也可以防止工人的精力耗尽。然而，对利润无休止的追逐还是毁灭了工人取得的暂时性的成功。10 年前，工业社会的大多数工人认为他们在年老时享有获得一份确定额的福利养老金的权利，可是今天他们必须冒险将他们的积蓄投资到股市中。同样地，以前大多数人认为他们在 65 岁时就能退休，但是现在工人必须工作到 67 岁。因此，在这个意义上，工人对社会责任的要求便遭到了将经济无责任感制度化的体系的反对。

第三，因为工人的社会状况将他们置于经济的中心，而利润就是从那得来，所以工人成了唯一有权利带来变革的阶级。工人集体停止工作时，他们的权利就很容易展示出来。例如，1996 年，美国俄亥俄州代顿市通用公司的 3 000 名工人反对外包举行罢工，公司每天损失了 5 千万美元。虽然有"工人阶级已经消失"的错误观点，但是每一场大罢工还是会引来当局的名副其实的攻击。当

大求索：拿什么替代你，信贷危机？

局动员媒体攻击"贪婪的工人"；调动警方去阻止好斗的纠察员进行纠察工作；而法院也准备随时引进特殊禁令。

真实的经济权力和工人的社会心理有直接的关系。阿克顿勋爵的名言警句"权力使人腐化，绝对的权力使人绝对腐化"可以用于天主教堂对教皇不犯错的争论中。[42] 然而，将它用于社会阶级的斗争，就成了真理的对立面了。远远不是权力腐化人，而是无权使人腐化，绝对的无权使人绝对腐化。工人总是被推倒在地，对反抗取得成功不抱希望了，这样更容易使得他们开始内省，以寻找替罪羊或想象中的阴谋来解释他们的困境。可是，工人在成功的反抗中行使权力的能力为更广泛的政治远见创造了可能性，使得变革可以实现。

第四，别的阶级也能参加到斗争中，但是他们社会地位的本性就意味着他们作为一个阶级不能提供一种组织经济的替代模式。例如，意大利作家纳齐奥·西洛内就声称意大利法西斯主义主要从小资产阶级那里得到支持，而那些小资们也是为可以逃脱贪婪的金融资本和"布尔什维克"工会的民族主义的虚假言辞所吸引。但是这种"第三条道路"只是一套花言巧语，因为小资产阶级的乌托邦在当今条件下是不可能实现的。而"法西斯主义，这场发源于小资产

阶级的最强的运动，结果却是公开的对高金融的专政和对作为一个阶级的小资产阶级进行前所未有的压迫"。[43] 相反，工人的胜利只能与一种新的组织经济的集中方式相关。

所有这些都表明马克思是一位对工人在工会中自我组织的热心拥护者和对政治宗派主义的强烈反对者。宗派主义者称，工人应该等待接受教育，"以更好地进入到那个他们为工人准备了如此之多的愿景的新社会中"。[44]

马克思反对这种消极主义，他认为工会可以执行一些重要的职能。它们把工人召集到一起，可以"消除他们彼此间的竞争，同时能够让他们参与到反对资本家的广泛竞争中"。[45] 不但工人之间没有相互斗争，反而工会还促成了工人们团结一致的理想。它们还教会工人组织的价值，这样面对资本保持统一组织甚至比工会可能赚取的有限利益更加重要。工会为工人提供学习战斗的学校，在那里他们学习了在与雇主斗争中战略和策略的重要性。更重要的是，工会还帮助工人参与到政治中来，因为，正如马克思预言的，当工会的斗争从当地厂房里发展到了对合法权利的需要时，就发生了一个质的变化：

各处，工人发起的单独的经济运动都慢慢发展成了一场政治运动，就是说，成为了一场阶级运动，目标是实现这个阶级在普遍形式上的利益，即在拥有一般社会强制力的形式上的利益。[46]

然而，马克思的著作是在官僚机构控制工会前所写的。这些专职官员不用再经历职场上的艰辛，他们确定自己是专业人士，所以理应得到比他们所代表的那些人更多的报酬。慢慢地，工会官僚不再进行定期选举，而是永久性地占据了职位，他们不用再受基层人士的控制。他们妥协的技能、对法律的认识和与雇主的关系变得比他们所代表的工人的战斗精神更重要了。工会官僚不惜一切来稳定和维护这一组织的强烈倾向，最终使得他们默许和支持资本主义制度本身。因此，在今天看来，马克思作的关于工会联合工人阶级并为工人阶级取得政治进步做准备的潜在性的论点，只能在长期反对这个根深蒂固的官僚机构的斗争中才能实现。[47]

马克思不提倡一种只捍卫工人利益的狭隘的、工联主义的方法。他认为工人阶级能够为社会上的一切不平表露心声，所以他们是独一无二的。一旦他们掌握了政权，他们就能作为全社会的代表挺身而出，而且还能组织一种新的经济，为人民而不是为利润服务。但是因为工人有时会接受那种帮助压迫别人的保守思想，所以这种历史角色的意识不会自动地形成。只有工人在斗争中学会了把自己当作一个有能力解放自己的阶级来重塑自己，这种意识才会出现。马克思轻蔑地驳回了那种认为革命性的变化只是一个意志力的问题的观点。他在"我们必须立即掌权，否则我们不如去睡觉"的口号下总结这种亡命之徒的政治形式。[48] 马克思反对这种观点，他认为工人需要战斗 15 年、20 年甚至 50 年才能"改变现状并有能力执政"。[49] 这是对实际和潜在的工人条件作的一个非常民主和现实的观点。

但是我们不全是中产阶级吗？

有时候，据说阶级冲突结束了，因为工业国家的大多数人是中产阶级了。这个论断的问题就在于"中产阶级"这个词太迷惑人了，它的意思已经改变了很多次。在 18 世纪末，它用来描述那些将自己区别于农民和贵族的城市居民。

大求索：拿什么替代你，信贷危机？

后来这个词的用法就类似于法语词"资产阶级"。20 世纪初，"中产阶级"用来形容那些文职人员，认为他们共有一个不同于体力劳动者的文化世界。再后来，这个词就在美国以一种高度政治化的方式用来掩盖阶级冲突这个事实。在这个用法中，工人阶级只用来形容那些很穷的人，而大约 70%-80%的美国人都被当作中产阶级了。

美国媒体的文化力量就意味着，"中产阶级"这个词现在较常用来形容那些不符合体力劳动者的文化刻板印象的任何雇员。但这又引发了另一个问题：怎么能把那些低薪的一般文职人员和那些对他们发号施令的高级经理混为一谈呢？这两个集体怎么能同时作为有共同利益的中产阶级呢？

与加尔布雷斯认为工业社会有 2/3 的人对自己满意的论点相反，[50] 很多以前是"中产阶级"的职业现在都落入了工人阶级的范畴。1 个世纪以前，文职人员有着类似于查理斯·狄更斯的小说《大卫·科波菲尔》中乌利亚·希坡的社会地位。他们绝大多数都是男性；他们在工作中与雇主们关系密切；他们人数很少（只占英国就业人数的 4%左右）；[51] 他们经常立志通过婚姻进入他们老板的家庭。1930 年，一位社会学家刘易斯·科瑞精确地描述他们是"荣幸的雇员"，他们与雇主有着亲密的、秘密的关系。他们的收入相对较高，允许他们"居住在一个相当文雅的环境里，穿上等的衣服，进入到上层社会，时不时去听听歌剧，还可以不让他们的妻子做家务"。[52] 最后那点表明很多文职雇员家里还有佣人。

1958 年，大卫·洛克伍德写的一部著名的社会学文本《职员阶层》里讲述了文职人员如何被无产阶级化。这是一本明确反对马克思主义的书，书中称"在大多数情况下，文职人员和体力劳动者完全没有同一阶级的共有状况"。[53] 洛克伍德称他们在三个方面不同：他们的地位、市场形势和工作现状。文职人员在这三个方面都更有优势，所以不能将他们视为工人阶级的一部分。然而，历史残酷的讽刺就在于，洛克伍德这本反对马克思主义的书正好为说明 20 世纪 50 年代后期那些有"特权"的白领职员是如何在 21 世纪被无产阶级化提供了合适的基准。

第一，如果地位定义成了所得的社会尊敬的量，那么也没有什么证据表明普通的白领职员的地位要高于那些技术熟练或半熟练的体力劳动者。马克思主

义者们关心的不是地位问题，但是一份文职工作能否在现代社会受到更高的尊敬也值得怀疑。此外，文职人员出生在工人阶级的家庭，且居住在很多体力劳动者居住的环境下也是很寻常的事。

第二，洛克伍德称比起体力劳动者，文职人员有更高的收入、更好的事业前景和工作保障，他将这些称为他们的"市场形势"。然而，今天，情况已经不同了。到 1971 年，在美国，全职的文职人员的平均工资要低于很多所谓的蓝领工人。[54] 由于现在的文职工作大都由女性来做，所以事业前景也主要是级别上的更换，而不是由文职工作晋升到管理层。白领和蓝领工人在工作保障上的区别也小了，因为他们都要面临越来越多的临时合同雇佣和裁员。

第三，洛克伍德称在他们的"工作现状"中，比起体力劳动者要接受的那些"苛刻、无情和纯粹工具性的命令"，白领们在工作中有更大的自主权，且与他们的经理有更亲密的个人关系。[55] 在今天又不同了。信息技术使得经理们对办公工作的设计有更大的操控权，而且他们施压于员工以达到更高的生产力。个人关系逐渐被缺乏人情味的规则和程序取代。因此，具有讽刺意味的是，洛克伍德所辩护的那个制度本身又推翻了他对马克思理论的著名的驳斥。

很多更低等的职业里也发生了相似的转变，如教师或护士，他们也要接受新的管理形式。过去，存在一种"信任文化"，认为这些群体内化了一套职业精神，社会信任他们的工作会有进展。而今天在很多情况下，"审计文化"[56] 取代了"信任文化"，打着"透明度"和"责任"的幌子，职工们被迫为他们的"成果"做定量评估。通过相互竞争的基准点和关键性能指标来执行微观管理形式，这样使得他们的工作生活受到更严格的审查。

　　所有这些都表明将中产阶级这个类别瓦解到工人阶级更为恰当。然而，正当大多数的白领们慢慢被"无产阶级化"了，一个截然不同的"新中产阶级"出现并占据了与绝大多数的白领工作者不同的位置。美国马克思主义者埃里克·奥林·赖特的书《阶级、危机和国家》引导人们关注占据"矛盾的阶级位置"的职业。[57] 后来赖特就不再研究分析了，可是亚历克斯·卡利尼科斯又继续和发展了这个论点。[58] 矛盾的阶级位置是指结合了相矛盾的成分的社会位置，因此一个人一方面可以像其他工人一样正式地出卖自己的劳动，另一方面又可以像资本家控制别人的劳动。换言之，确定阶级的两个重要的劳动尺寸——

61

大求索：拿什么替代你，信贷危机？

劳动的出卖或购买和劳动过程中的控制或服从之间可以有一个分离。

　　这种处在工人和资本家之间相矛盾的阶级位置的人的一个明显例子就是中层经理。有时候这些人因为执行了资本的主要功能，即控制工人而获得一笔薪水。他们通常是高薪，且和企业老板间有一种委派的信任关系。另外一个处在矛盾的阶级位置上的人的例子是某些国家的大学教授和讲师。别人支付这些人薪水，但是，像过去的工匠一样，他们对自己的劳动有近乎完全的控制权，甚至有时候还能控制别人的劳动。相反，在别的一些国家，讲师们已被有效地无产阶级化了。

　　因此，总的来说，有必要将中产阶级这个术语解构到其构成要素上。多数日常文职工作人员与体力劳动者的阶级状况相似。由于其他人对他们的劳动的控制更大了，以前那些较为低等的职业现在很快也在经历无产阶级化的过程。还有一些团体有高度的自主权，且常常从事控制别人的劳动的工作。只有后面这一类人才可以被准确地称为"新中产阶级"，即使他们的社会和政治轨迹互相矛盾。

　　自从马克思那个时代，全球的工人阶级的数量在急剧的扩增。1850 年，正值《共产党宣言》出版后，美国的劳动力是 800 万，而只有 370 万的人从事着务农以外的工作。到 1999 年，美国劳动力人数增长到 1.34 亿，其中就有 0.34 亿人从事制造行业的工作。[59] 即使这部分人中有大约 10%的人属于管理层，还是留下了大批的雇佣工人。在 19 世纪大部分时间里，英国女性从事的最多的职业是家政服务，而今天，多数女性都直接为企业或国家工作。马克思在写《共产党宣言》这本书时，德国的工厂工人只占经济就业人口的 2.5%，[60] 而在像日本或韩国这样的国家，几乎没有领工资的工人，然而今天，光韩国的工人就比马克思那个时代整个世界的工人还要多。因此，他对工人有能力带来变革的远见比之前任何时候都更具有现实意义了。

另眼看世界·当代国际热点解读

第五章　性别与种族

改变现代世界面貌的众多激烈斗争并不只是阶级斗争。二战后美国黑人反对种族隔离与歧视，争取民主权利的群众运动最终使贝拉克·奥巴马成为美国历史上第一任非洲裔总统。1969 年纽约警方突击搜查一间同性恋酒吧引发的石墙暴乱成为美国乃至于全球各地同性恋权利运动的开端，最终使同性婚姻成为可能。20 世纪 60 年代的妇女解放运动也给世界面貌带来了重大变化。这些斗争发生在对资本主义进行广泛挑战的国际环境中，但是在美国——尽管并不是到处都是——这些斗争与工人斗争的联系并不紧密，因此，学术界有人声称马克思主义理论过于简化，它不能解释没有建立在阶级基础上的压迫问题。

他们的中心论断是马克思对资本主义的分析不能解释性别歧视与种族歧视存在的原因。泛泛地说，对由于种族、民族、国籍和性别引起的社会分工和矛

大求索：拿什么替代你，信贷危机？

盾冲突等社会分化问题，马克思主义不能提供足够的理论空间进行解释。[1] 有人断言，马克思忽略了妇女压迫和黑人压迫问题，因为这些问题与他的阶级模式不符。尽管这些批评来自现已成为学术人士的 60 后大学生，对于当前政策的改变仍有重要的政治意义。如果资本主义与压迫没有任何联系，那么推翻资本主义的工人斗争也不会消除性别歧视和种族歧视。有人认为，未来掌握在联合起来的被压迫的或者具有反抗资本主义意识的"大多数"人的手中。[2] 也有人声称，如果各种运动能够保持它们的自主权，它们也能够操纵权力制衡机制。这不仅有助于防止苏联式专制，也有利于保证反对性别歧视、种族歧视以及其他压迫形式的斗争在后资本主义社会的继续。

本章反驳了上述学术观点，指出马克思主义理论为压迫问题进行深刻的强有力的分析奠定了雄厚的基础。马克思将压迫置于资本主义的特殊本质中进行研究，揭露了资本主义所谓人权的雄辩言辞与其实际行动的相悖性。

性别

马克思和恩格斯在他们的著作中频繁提到女性受压迫问题，他们对性别歧视的极力反对在与其同期作家作品中是比较早的。在《神圣家族》中，他们明确支持查尔斯·傅立叶的观点"妇女解放的程度是衡量全人类解放的天然尺度"。[3]恩格斯在他的著作《共产主义原理》中描述了社会主义社会如何将两性关系转变成相关人员的纯粹的私人事件而不受社会的任何干涉。社会主义社会之所以能做到这点是因为它废除了私有财产，建立了全民教育体制。这就消除了传统婚姻的两大基础，即建立在私有财产上的女人对男人的依赖和儿女对父母的依赖。[4]

这说明当代马克思主义者与女权主义者对性别歧视持有同样的憎恶态度。20世纪60年代以后女性在法律方面取得了巨大胜利，但是并没获得真正的解放。尽管家庭主妇的地位大幅度下降，但是很多社会并没有提供家庭外儿童保

育的条件。通常，孩子们到了4岁就有权去学校，但是在这之前对他们的抚养是父母，尤其是母亲的主要责任。在性的问题上，尽管现代西方社会不再期望女性在找到她们的白马王子之前表现的矜持，对于年轻的女性来说，她们不得不承受着更大的压力来塑造符合男性标准的自身形象，使她们在男性面前表现得更具魅力。总而言之，当代资本主义社会对性行为本质极具扭曲。美国有关色情资料的消费可能高于在专业足球、棒球和篮球上的总开支这一事实足以证明这一点。[5]

对于这些现象，女权主义者通过男权制进行了解释，认为男权超越了阶级成为社会至高的权力象征。但是问题是男性如何获得这些权利，女性又是如何让他们得到这些权利呢？从心理需要到生理需要，人们给与了各种各样的解释。西蒙娜·德·波伏瓦认为在人类潜意识中有一种控制他者的心理需要，这是女性受男性压迫的根源。[6]也就是说，男性通过控制女性来证明他们的生命意义。其他人，比如苏珊·布朗米勒，她将男权归结于男人的强奸能力，认为"男性通过这种大胆的潜意识过程将女性控制在恐怖中"。[7]然而，如果将男权归结于男性生理——无论是睾丸激素还是强奸能力——那么改变两性关系将没有任何

现实希望。同样，如果男权控制来源于心理，或是对存在的怀疑，抑或是生育孩子的嫉妒，那么对男性进行重新定位的文化变革实际上将持续很长时间。

马克思和恩格斯给出了不同的更合理的解释。一个重要文本就是恩格斯1884 年出版的《家庭、私有制和国家的起源》。恩格斯在书中收集采用了马克思关于人类学材料的笔记，这些笔记来源于 17 年前出版的路易丝·亨利·摩尔根的著作《古代社会》。尽管恩格斯的详细论述受到后人的质疑，但是他的基本观点仍然是对持久的男权统治的有效批判。[8]

恩格斯指出，在阶级出现之前的原始群猎社会，劳动分工并没有赋予男性统治地位，女性并不从属于男人，也不受男人控制的核心家庭的约束，而是更大世系家族的一部分。也没有个人家庭（那是滋生针对妇女的暴力行为的地方）和公共环境的明确区分。抚养孩子不仅是父母也是整个部落的责任。因此"孤儿"一词所包含的概念与当今社会不同。这种社会通常是母系氏族制，按母系计算世系血统和继承财产，男方同女方家族住在一起。但是，恩格斯没有声称这是女性控制的母权制社会，而认为在这种社会中男女更加平等。这种模糊的

65

大求索：拿什么替代你，信贷危机？

平等一直持续到农业发展的早期

恩格斯过于强调大型世系家族却忽略了小部落的灵活性。他提出的原始性杂交概念可能是错的。但是他的一般性论点是"与蒙昧社会中辛苦工作的女性相比，文明社会中的女性周围弥漫着虚伪的敬意，与真正的工作相隔离，她们的社会地位更低"。[9]原始社会女性拥有较高社会地位这一观点来自现代人类学家克利·萨克斯、克莉丝汀·盖利和欧内斯廷·弗里德尔。[10]神话中女神的存在和女性雕像的广泛应用就是女性地位较高的证明。然而，在古希腊，情况完全不同。从公元前 7 世纪开始女性被压制在家中，不能参与政治性决策。将刚出生的女婴抛弃在荒野的现象处处皆是。生活在公元前 3 世纪到公元前 2 世纪之间的希腊剧作家波西狄普斯曾经写道："一个穷人会尽力抚养一个男孩，但即便是一个富人也会丢弃自己的女儿。"[11]

恩格斯认为，对于性别歧视我们不能简单地从心理和生理角度来解释。如果女性受到压迫存在生理基础，那么在阶级产生之前这种现象就已经存在了；如果女性受到压迫产生于心理因素，那么就不得不解释心理变化的原因。因此，恩格斯将焦点放在阶级社会的产生和逐渐与部落脱离联系的专偶制家庭模式形

成的关系上。如同我们所看到的那样，当人类能够生产剩余产品，并被少数人占有时，阶级社会便产生了。伴随农业工具犁的使用，农业产品的大幅度增加，以及畜牧业的兴起，它在农业社会得到了发展。

在新石器时代早期，女性在社会生产中扮演重要角色。她们不仅要寻找可供食用的植物，种植它们的方法，还要设计专门的工具来耕地，收获、储存粮食并把它们做成食物。鉴于女性对集体经济的这种贡献，继承通常按照母系血统来计算。[12] 然而，在后来的农业社会，随着犁的使用和动物的放养，男性在社会生产中发挥的作用逐渐变大。与此同时，产品剩余大量增加，财富以拥有的牛的数量来衡量。一小部分男性对占有这种财富并传给自己的后人产生了直接的兴趣。然而，在继承按照母性血统计算的情况下，这是不可能发生的。因此，他们逐渐与旧的家族关系分离开来，在专偶制的原则下建立自己的家庭。这就使得他们能够将确立的遗产传给后代。尽管专偶制原则要求女性严格遵守，而男性的接受却带有虚伪性。恩格斯认为：

　　　母权制被推翻对于女性而言是一种历史性的失败，男性在家庭中

掌权，女性地位下降，屈为奴役；她们变成了男性欲望的奴隶和单纯用来繁衍后代的工具。[13]

所以：

　　　历史上最初的阶级对立，随着专偶制婚姻中男性与女性对立矛盾的升华而出现，最初的阶级压迫也表现为男性对女性的压迫。[14]

恩格斯的书是极具颠覆性的。它从根本上反驳了在传统家庭中男性处于统治地位是自然的这种观点，因此他并不为传统男性人类学家所接受。正如萨克斯所说，人类学奠基人，比如布罗尼斯拉夫·马林诺夫斯基和阿尔弗雷德·拉德克利夫－布朗，常常将"原始女性"描述为自然接受从属地位，以证明他们自己所抱有的强烈的歧视态度。例如，马林诺夫斯基认为女性不应该享有选举权，因为这会给男性带来"强加的平等"。[15] 通过揭示男性自然统治地位的秘密，恩格斯受到了想抹掉男女平等观念的人类学家的持久的敌视。

恩格斯开辟了一条更具批判性的审视家庭以及其在决定女性地位方面所起的作用的路。下面是他对"家庭"这一词的来源的讨论：

Familia 这个词，起初并不指当今世人所想象的那种脉脉温情和家庭矛盾的综合体；对罗马人来说，它最初甚至不指夫妻及其子女，而只指奴隶。Famulus 指一个家庭奴隶，而 familia 则指属于一个人的全体奴隶。这一词是罗马人发明的，用以表示一种新的社会机体，在这种机体中，首领以罗马的父权支配着妻子、子女和一定数量的奴隶，并且对他们握有生杀之权。[16]

恩格斯一开始便认为，从血亲制度向以私人为基础的家庭模式的转变是"历史向前迈进的一大步"，[17] 使建立在个人性爱基础上的关系成为可能，同时在这样的微观宇宙中也包含了存在于较大社会中的矛盾。家庭允诺爱与尊敬，但是它却建立在男权至高无上的基础之上："它的直接目的是在无权争辩的父权控制下繁衍后代，这样子女在适当的时候以自然继承人的身份继承父亲的遗产。"[18]

法律上专偶制的规定不可避免地引起卖淫活动的猖獗，这种性关系是虚伪的。比如说，在古希腊，贵族男性可以同三种女性发生关系——子女的母亲、作为奴隶的女孩和妓女。[19] 根据恩格斯的观点，在现代资本主义社会，既存在

67

大求索：拿什么替代你，信贷危机？

所谓"家庭幸福"的单调乏味婚姻关系，也不乏大量的通奸。[20] 家庭价值观不断地被推崇，同时使人产生性幻想和购买控制欲的色情行业也在蔓延。恩格斯认为，如果阶级社会被消除，那么向基于更加平等与自由基础上的个人性爱关系的转变这一历史性进步也会实现。无论这种关系是基于专偶制还是其他什么形式，只有生活在自由社会的新一代人来回答了。

恩格斯的书为当代马克思主义者有关女性解放的著作注入了充足的血液。这些著作将女性地位同家庭结构中的性别角色联系起来。家庭既是个人关系的居所，又是社会中的机构。这些建立在男性和女性已存观念基础上的关系也受到家庭在社会中所起的经济作用的影响。而把家庭置于阶级社会则有重要意义。

一个是，家庭是变化的机构而不能把它简单地定义为照看孩子的永久的情感需要。例如，在现代之前的家庭中，子女并不是家庭情感生活的中心，他们通常被看作是不成熟的成年人。他们没有几个玩具，7 岁开始就要做学徒。与现代社会比，他们与父母之间的情感距离更远。尽管对现代社会的理性人群而言，这确实有点震惊，婴儿常常会被父母"有力的震动"送入梦乡，吃住交给奶妈，然后在很长一段时间里都不闻不问。[21] 然而，在当今社会，为了孩子家

人常常聚在一起。家庭形式变化如此之大，再去讨论"那时的家庭"是不可能的，但是研究不同社会不同阶级不同家庭确有必要。

在资本主义兴起之前，男性作为家长安排女性和子女工作。与后来的女性形象相反，女性从事的各式各样的工作主要有酿酒、饲养牲畜、纺织等。马克思和恩格斯认为工业革命之后，这种家长制家庭在工人阶级中已经消亡，父亲、母亲和孩子都成为工厂的雇佣工人，父亲的权威被雇主的权威所代替。《共产党宣言》中写道"无产阶级中的家庭实际上已不存在"。[22] 后来，恩格斯认为：

> 既然工业的大规模生产迫使女性从家庭进入劳力市场和工厂，使她们成为家庭的供养者，在无产阶级的家庭中，除了自专偶制就开始蔓延的对女性的残忍暴力以外，男性至高无上的基础已不复存在。[23]

恩格斯认为，女性参加工作是男权降低的必要的前提条件，因为女性获得了经济上的独立。然而，上边这段话也暗示，女性得到有偿工作，取得经济独立并不是结束男权统治的充分条件，因为婚姻中曾经几个世纪的对女性的残暴依然存在。

另眼看世界·当代国际热点解读

马克思和恩格斯对有关工人阶级中的家庭已经消亡的论断并不准确。19世纪中期以来，旧式的家长制家庭已被养家糊口式家庭所代替。男性工人可以获得抚养家庭的工资，女性则从一些被定义为男性职业的工作中排挤出来。家庭的基本职能就是抚养下一代工人，这对资本家来说是没有任何成本的。女性依靠丈夫的工资收益保证子女衣食住行。当然，家庭的功能不只是简单的狭义上的经济功能。除了要料理家中的物质需要以外，母亲要负责向孩子灌输价值观，使他们能够在未来社会中担负起工人的角色。在这些基本的价值观中有顺从、对权威的尊重以及使他们满足自己命运的教养。恩格斯论辩说，在养家糊口式家庭中：

> 妻子成为主要的仆人，与社会生产中的所有活动相分离。无论是公开的还是隐藏的，现代个人家庭建立在妻子作为奴隶的基础之上，而众多这样的个人家庭又组成了社会。今天（1874年）在众多这样的家庭，至少是有产家庭中，丈夫必须挣钱来供养整个家庭，从而不需要任何特殊的法定头衔和特权使自己在家庭中享有至高无上的地位。在这样的家庭中，丈夫就是资产阶级，妻子就是无产阶级。[24]

然而，尽管男性养家糊口式家庭曾被认为是自然单位，资本主义需要变化时，家庭也会随之变化。二战后至 1971 年西方各国经济繁荣，对劳动力的需求加大，鼓励女性步入工作岗位。到 1990 年，由于在家照看孩子的时间较短，大多数女性的工作时间要比同世纪前期女性的工作时间多十年。[25] 同时，耐用消费品的增长，如洗衣机、电视、微波炉等，降低了培养下一代工人的成本。避孕药的出现使女性能够更好地控制她们的生育，从事工作。因此，几乎在所有的工业化国家，依靠男性养家糊口的家庭模式被男女双方共同供养家庭的模式所代替。马克思主义作家琳赛·杰曼和约翰娜·布伦纳从两个基本方面对此变化如何发生以适应资本主义作了分析。

首先，尽管大多数已婚女性成为工作人员，资本主义对下一代的培养仍然坚持私有。企业不想通过缴税为照顾老人和孩子提供资金。因此社会为托儿所和养老院提供的津贴补助特别少。企业无限制地追求利润，提供给女性的产假很短，时间也很不灵活，结果便形成了极端矛盾的局面。一方面，社会期望现代女性成为工作的女强人，摆脱照看孩子的责任。然而，另一方面，传统家庭

大求索：拿什么替代你，信贷危机？

仍然被认为是理想类型，女性仍然被看作是照顾家庭的主要责任人。右翼政治家常常试图通过讨论家庭价值观使她们感到内疚。有人强烈坚持，女性对抚养子女有着特殊的责任，甚至，作为父母如果不能控制子女就要负法律责任。[26]这些传统观点受到物质方面事实的支持，那就是女性挣的工资比男性要少，这就鼓励家庭尽可能确保高薪的收入。

其次，靠男性养家糊口的家庭模式的解体，产生了一种新的异化的性关系，代替了传统的性压制。例如，男子主义的危机可以从女士主义商品文化中得到缓解，与此同时，资本主义商业所塑造的性感的女性形象，仍然使男性统治得到肯定。女士杂志、脱衣舞俱乐部、流行色情影视都在讽刺面具的掩盖下到处出现，促使形成新的性别歧视，同时鼓励女性通过选择是否参与这种文化来证明她们的解放态度。事实上，晚期资本主义将性特征商品化在历史上已经到了前所未有的程度。正如杰曼所说"本该为大多数男性和女性带来快乐的人类关系却等同于一片肉或者一辆二手小汽车一样被标价出售，成为另一种商品"。[27]

因此，马克思主义者认为，的确需要找到一种资本主义的替代品，来挑战这种新的性别歧视。"伴随生产方式向公有制转变"，恩格斯认为：

单个家庭不再是社会的一个经济单位。家政服务已经转变成一种社会行业。照看和教育子女也成为一种公共事业；社会照顾所有的孩子，不论他们是婚生的还是非婚生的。这就打消了女孩的所有关于"后果"的焦虑，即各种社会道德和经济方面的因素，不再担心把自己的全部奉献给自己的所爱会产生的后果。[28]

在今天看来，这样的社会有责任通过扩大公共儿童保育体制和减少单调的家务劳动进行社会再生产。经济实惠的餐馆和24小时营业的托儿所等资源充分利用以保证工作和业余活动的进行。（24小时营业的托儿所并不意味孩子会在那里待24小时，而是有人需要这样的托儿所时可以找到。）同样，如果住房不是私有的，而是公共事业，那么女性便会很容易地摆脱虐待关系，自信能找到地方栖身。如果这些措施降低了生育孩子带来的焦虑，恩格斯问道，伴随"卖淫和专偶制之间不可分割的矛盾"的消除，"难道无限制的性交还会逐渐增长吗？"[29]如果性关系同财产与经济的不安全性分离开来，它们还会像今天一样盛行吗？

另眼看世界·当代国际热点解读

种族

尽管贝拉克·奥巴马成为美国第一任非洲裔总统，但是现代美国社会种族主义依然存在，而且表现明显。仅监狱数据就可以证明，因为被监禁的美国黑人数量是白人数量的7倍，并且在20来岁的黑人中有23%的人要么被囚禁在监狱，要么处于假释或缓刑中，要么等待判决。1998年被警察杀死的黑人数量是白人的4倍——尽管与1976年的8倍数字相比这是一种进步。[30]在经济最发达的资本主义国家种族主义根深蒂固，这一现象如何解释呢？

一些人依旧认为，马克思主义过于关注工人与资本主义，对种族主义的存留不能给予充分的解释。例如，大卫·罗迪格声称，马克思主义不能够给与充分的解释是因为它不承认白人至上主义是工人阶级自己创造的，它不能接受众多工人将他们自己定义为白人的原因。[31]同样，塞德里·克罗宾森认为，马克思主义本身是以欧洲为中心参照物的，它不能解释这样一种事实，那就是种族主义是先于资本主义而存在的。[32]然而，这些观点忽略了马克思主义传统是在其早期的基础上发展而来的。

马克思在其著作中很少谈到种族主义问题，主要原因是那时马克思居住的英国黑人数量非常少，而且主要分布在利物浦、加的夫和伦敦各大港区。那个时期的一个重要事件就是美国内战期间的废奴运动，马克思积极支持废奴主义者。尽管《泰晤士报》为英国政府支持南方同盟大肆宣传，马克思和第一国际坚决支持亚伯拉罕·林肯。马克思认为，如果奴隶主的反抗成功，它将会"为财产对劳力的剥削敲响警钟"。[33]所以，即使会因为棉花短缺造成英国政府经济上的困难，工人运动也要支持北方各州。而后，在《资本论》简单的陈述"劳力本身不能解放自己，因为在白人看来黑人就是劳力"中，[34]他表明了自己的立场。

1847－1848年爱尔兰大饥荒，人口大量移民英国，英国歧视爱尔兰民族并对爱尔兰人发起镇压。随后发生的一系列爆炸事件的芬尼亚运动，这是马克思遇到的另一个主要事件。如同欧洲国家的穆斯林人口，爱尔兰人因其比较传统的宗教（天主教）而为人所熟知，并被视为不能接受英国价值观的残暴的狂热

大求索：拿什么替代你，信贷危机？

者。然而，马克思并未向加尔文主义者妥协，他认为主要原因不是爱尔兰人的狂热，而是地主所有制破坏了这个国家。他指出"任何一个压迫其他民族的民族都为自己锻造了锁链"，因此第一国际的主要任务是[35]：

> 唤醒英国工人阶级的意识，对他们来说，爱尔兰民族解放不是抽象的公正与人道主义情感问题，而是他们自身获得解放的首要条件。[36]

这些强烈的情感为有关种族主义和反对帝国主义的马克思主义传统写作注入了新的活力。如同有关性别的著作，这些作品把种族主义同阶级社会紧密联系起来，认为种族主义态度对工人运动具有毁灭性影响。

这方面的一个重要著作是亚历克斯·卡利尼科斯的《种族与阶级》，它发展了马克思的观点。[37]这种解释的基础是，种族主义不仅仅是个人态度问题。它产生于资本主义发展的特殊历史进程中，不是由于教育缺失、无知，或者偏见引起的，更不是由于对他者的恐惧或夹杂着"欲望和嘲笑"的"丰富的情感矛盾"造成的。[38]这种社会心理逻辑解释认为，种族主义产生于通过反对"他者"来证明自己身份的需要，并且需要不断地来证实这些区别。然而，每年夏天大多数西方国家的城市都拥挤着来自于世界各地的游客，这些城市的居民并没有

表现出强烈的不满来证实自己的身份。对"他者"的恐惧也不能解释有关"种族"和"民族文化"的语言是如何产生,或者为什么有不同肤色、吃不同食物的"他者"就应该比留着不同发型、戴着眼镜的"他者"更加优越。换句话说,所谓的心理法则过于宽泛不能给与深刻的解释。

种族主义是一种现代社会现象,是基于一定遗传特征上的对一部分人群的偏见。种族主义者通常带有成见的去总结某一人群的特征。因此,有些人群被定义为懒惰、狡猾、吝啬或者性欲过盛。这些所谓的遗传特征没有一点有生理基础,像"爱尔兰种族"、"白种人"这些词的运用事实上也没有什么基础。任何两个毫无关系的人,他们拥有 300 万个不同的 DNA 变体,但是,莱文汀指出,85%的这种变体存在于同一地区、民族或者讲同一语言的人口中。而剩余的变体大部分同肤色、发型或者很少的蛋白质如恒河猴血型有关,没有一点是与一定人群的社会特征有联系的。[39] 所以,特定的社会创造了种族差别,而个别的人群也就被"种族化"了。[40]

这些区别不是一直存在的,"白色皮肤"对于黑人来说也不是象征"优越"

的标志。罗马皇帝赛普蒂默斯·塞维鲁斯大帝就是一位黑人。罗马人在英国人和北非人中选择奴隶时并没有因为他们的肤色不同而表现出偏见歧视。在希腊罗马时期,北非人有时会成为雇佣兵,其他人则定居在那里接受教育或者经商。[41] 他们之间的主要差别存在于"野蛮蒙昧"与"希腊罗马文明"之间,而不在于肤色不同。

为了讨论现代社会之前的仇恨,社会学家齐格蒙特·鲍曼对"恐异症"和"种族主义"进行了区分。他认为恐异症是对外人的一般恐惧和怀疑,用来分析生活在某一小地方的人在与陌生人接触时作何反应。然而这种恐惧和怀疑并不是由于他们认为某一特定民族天生是劣等民族。犹太人受到宗教迫害是一个例外,但是即便那样,如果他们皈依基督教就会逃脱反犹太主义的迫害。只有 16 世纪的西班牙是由遵从天主教教义"血缘纯正"的康法索(皈依天主教的犹太人)组成的。[42] 现代社会种族主义特别之处在于一定民族被认为具有遗传的劣等特征和品质,从而使他们同整个国家社会隔离开来。如鲍曼所说:

在这样一个鼓吹具有前所未有的能力,用理性的方式重新组织人类事务，改善人类生活条件的世界，种族主义证明：无论做出多大努力，有一类人不能加入到这种理性的秩序中。[43]

现代种族主义的基础是资本主义发展进程中奴隶制和帝国主义的特有形式。

被掠夺到加勒比和北美的 1 200 万非洲人为早期资本主义经济的发展奠定了基础。埃里克·威廉姆斯所称的三角贸易中，英国和法国提供船只，非洲提供奴隶，加勒比和美国提供来自种植园的原材料。[44]在 18 世纪 70 年代，三角贸易所获得的利润相当于英国固定资本的 20%到 55%之间。[45]现代资本主义社会里，一些著名机构的原始资本都来自奴隶贸易，包括为贩运奴隶提供保险的劳埃德银行，从事由奴隶种植的棉花中介生意的雷曼兄弟投资银行，以及其原始机构拥有 3 万非洲奴隶的巴莱克银行。如果没有三角贸易，资本的原始积累将会耗费更长时间。

尽管奴隶制为资本主义提供了经济基础，早期资本主义的提倡者声称它将引领人类进入一个基于人权的新时代。为了废除旧的贵族社会，新社会的倡导

73

大求索：拿什么替代你，信贷危机？

者宣称人生来是平等的，财富属于市场上的竞争者而不是那些拥有贵族血统的人。乔治·华盛顿和托马斯·杰斐逊两位总统证明了平等人权与物质现实之间的矛盾。他们都是种植园奴隶主，却诉诸战争，在《独立宣言》中宣称"人人生而平等，造物主赋予他们若干不能让与的权力"。[46]要求自由权利宪法化的伟大哲学家约翰·洛克也是一艘奴隶船只的持股人。

解决这一激烈矛盾的唯一办法只能是将黑人排除在完整的人之外。有人认为，黑人拥有异常的缺陷使他们不能够成为完整的人，因此不具备与其他人种同等的地位。他们被认为是汉姆而不是亚当的后人，注定要成为"伐木工或运水工"。[47]后来，持有伪科学观点的种族主义者认为黑色人种在进化链中远远低于白色人种。

伴随帝国主义的发展，某些种族具有劣等遗传特质的观念也急剧蔓延。1876年至 1914 年间，英国侵占世界面积 400 万平方公里，法国 3 500 万平方公里，德国和意大利各 100 万平方公里。这些侵略因为一些宣言变得合理化，宣言称帝国列强为被侵略者带来了文明，为了将处于半蒙昧状态下的人们带入现代世界，他们不得不担负起"白人的责任"。帝国主义思想为西方文化带来了深刻影

响，它灌输了这样一种思想，那就是"自由世界"的人们有责任引领落后的民族。帝国主义文化在一些作家的作品中得到了阐释，如拉迪亚德·吉卜林将菲律宾人描述为"半魔半人"，查尔斯·金斯利将爱尔兰人看作是"白色的黑猩猩"。[48]虽然这样的侮辱大部分已消失，帝国主义为了维护自己的利益依旧以其西方文明形象实行种族主义对抗穆斯林"狂热主义"。又一次，西方成了理智与温和的化身，而穆斯林却成为情绪化和极端的代表。

巴里巴尔解释得很好，他说：

> 各个国家（如英国、法国、荷兰和葡萄牙等）殖民地的社会等级制度共同形成了"白种人"文明的优越论，以此来反抗野蛮人。这样的论断——白种人的责任——对现代欧洲和西方人身份的形成发挥了决定性作用。[49]

然而，现代资本主义作家并没有简单地将种族主义定义为文化的遗留物，而是将它置于资本主义社会体验的真正结构之内。

资本主义社会中的两种结构因素构成了种族主义观念。首先是现代民族国

家所扮演的角色。随着时间的推移，民族国家从主要作为收税人到注册、分类、编造人口身份这一更加具有干涉性的角色，产生于与其人口的外部联系。尤金·韦伯在他的著作《农民变成法国人》中对这一过程作了总结，并指明了学校教育如何培养对国家而不仅仅是对地方社区的忠诚。[50]例如，在 1863 年至少有20%的人口不讲法语，因此国家特意采取措施使他们融入法国文明中。与民族国家的形成相反，民族身份认同不会自然形成于人口中，而是由国家创造的。国家努力建立统一的民族历史，有选择的创造民族文化，培养爱国情感。它成功了，因为它掌握着真正的物质力量，而这种力量支撑着它强加给人们的身份类别。

国家的一项重要权力是发行护照，能够具体地规定谁是或谁不是公民。即便资本家个人有时会谴责对进口劳动力的限制，这种权利依然以各种高效的方式为资本服务。通过把一些工人归类为"外籍人口"，让他们隶属移民控制，企业就能雇佣享有有限法定权利的工人，从而对他们进行更大程度的剥削。有些工人必须为一个特定的雇主打工一年或者两年才能获得工作许可，还有一些工人被迫从事非法工作从而陷入危险境地。从整体上来说，资本受益于对外侨工

人进行政治和法律的压制，因为这种压制降低了他们的工资。位于大都市国家的企业也受益于此，在经济繁盛时，它们可以获得足够的剩余劳动力而不需要为它的社会再生产付出任何代价，因为费用已由外侨工人自己的家庭垫付。全球化和移民方面的双重标准可以说明为什么美国有 1 100 万人口被认定是非法移民。现代资本主义需要更多的外侨工人，但却希望他们享有较低的法律地位。

国家政策既要提高公民权利又要控制劳动力自由流动的虚伪做法，对"本土"尤其是经济安全未得到保障的地区的人口产生了重要影响。国家一方面宣称照顾"它自己的"公民，另一方面又控制移民为资本服务，这种矛盾行为使白色人种对移民和寻求庇护所的人产生了一种防御性的民族主义。这种新种族主义声称已经超越了帝国，使他们想起自己辛苦劳动的祖先所面对的歧视，但是它依然想把移民排斥在外。这种排斥并非基于肤色，而是将其置于保护本国文化的框架之内，"拒绝"移民的融入。通常，新种族主义会产生一种受害者心理，认为本土文化正在被"淹没"，国家由于穆斯林的入侵正在被"殖民化"。为了回应民粹主义的抨击，政治建设摒弃了建立多元文化社会的自由思想，要

大求索：拿什么替代你，信贷危机？

求移民做出更大的努力来融入社会。新种族主义相信少数群体对"自我隔离"是有责任的，因此需要进行语言和文化的检验来降低移民的法律地位。

另一种结构因素是市场能够集中和分离工人。在资本主义条件下，工人之间为了工作、住房或职位不得不进行竞争。他们生活在恐惧中，害怕国家提供的社会保障突然停止，或者需要交纳更多的税金来满足这方面的要求。当这种害怕同帝国建立的文化和降低移民地位的国家结构一起发生作用时，种族主义泛滥也就不足为奇了。19 世纪，马克思目睹了英国工人和爱尔兰工人之间的冲突。这个世纪 60 年代，英国爆发了多次反抗爱尔兰的暴乱，对此，马克思讨论了这些冲突对工人阶级政治的影响：

> 英国每一个工业和商业中心的工人阶级都分为两个对立的阵营：英国无产阶级和爱尔兰无产阶级。普通的英国工人痛恨爱尔兰工人，因为爱尔兰工人作为其竞争者降低了他们的生活标准。对待爱尔兰人，英国工人将自己视为统治国家的一员，结果成为英国贵族和资本家反抗爱尔兰的工具，因此，这些贵族和资本家对英国工人阶级的控制也

就加强了。

英国工人对爱尔兰工人持有宗教的、社会的和民族的偏见。他们对爱尔兰工人的态度同以前美国实行奴隶制的各州中"贫穷的白色人种"对黑人的态度是一样的。反过来，爱尔兰人却只对挣钱感兴趣。对他们来说，英国工人不过是统治爱尔兰的英国统治阶级的帮凶和愚蠢的工具。

统治阶级用尽所有可行的手段，如媒体、宗教布道及连环漫画等，人为地为这种对抗宣扬造势。虽然具有组织性，但是这种对抗正是英国工人阶级的致命弱点。资产阶级深知这一点，而且正好利用这一点来维持自己的权力。[51]

这部分引述总结了现代马克思主义对种族主义和移民问题的主要观点。现代马克思主义认识到，资本主义试图使用移民劳动力来获得更多利益，历史性地引进了移民劳动力后备军。它指出，工人阶级持有的种族主义态度是经济竞争和工人阶级有时所具有的帝国主义思想共同作用的结果。它也表明杜波依斯

提出的所谓的"心理工资"，[52]即渴望成为"国家社会"的一员而不是"非公民"的欲望。更为关键的是现代马克思主义将焦点放在种族主义如何有意识地愈演愈烈从而分裂工人阶级的力量上。

但是，尽管所有这些因素聚焦于资本主义社会种族主义产生的结构原因，对于种族主义为什么损害工人阶级的利益和许多工人开始意识到这一点同样也有很多解释。马克思所指的南方各州的"贫穷的白色人种"实际上是非常具有预示性的。尽管他们自我感觉优越，南方白人工人的种族主义又弹回施加到他们自己身上，因为它削弱了工人联盟的力量，允许雇主强加给他们低工资。一项20世纪70年代早期的研究表明：

在每一个这样的蓝领群体中，南方白人工人工资所得要比北方黑人工人少。尽管北方黑人技工依然备受歧视，"优越"的南方白人工资所得要比他们少 4%。南方男性白人技工的工资平均要比北方男性黑人技工少18%。南方从事服务行业的白人工人所挣工资要比北方从事服务行业的黑人男性少14%。[53]

反对种族主义符合工人阶级的利益，事实上工人组织只有同种族主义思想

斗争才能继续存在。工人阶级的利益同接受种族主义思想两者之间的矛盾**解释**了工人运动中出现碰撞的原因。即使在美国南方各州，劳动力的历史不是对白人优越论毫无保留的肯定，而是种族和阶级相互碰撞的历史。[54] 在有精英支持分裂的社会，建立阶级身份的尝试是否成功在于工人阶级对这个世界的政治理解方式。

大求索:拿什么替代你,信贷危机?

第六章　我们如何受控

如果马克思对资本主义的描述是正确的，为什么人们还要忍受它呢？资产阶级只占少数，如果工人们联合起来，推翻资产阶级是一件很容易的事情。而事实并非如此，又是为什么呢？对此马克思给出了两个原因：资产阶级善于控制思想和使用武力威胁。前者与马克思的意识形态理论相关，后者与马克思的国家理论相联。

意识形态

"意识形态"这一词是法国大革命时期的思想家德斯杜特·德·特拉西提出的，指观念的科学。后来意思发生变化，带有贬义，主要指统治阶级如何用它

掌控权力。15世纪，马基雅维里曾经论述过观念同政治权力手段之间的联系。他认为，政治权力的实现不能简单地通过武力，更多时候要依靠骗术。他建议统治者掩饰他们的行为，表现得——尽管事实并非如此——仁慈、忠诚、人道、诚实和虔诚。这些手段，当今社会视为"耍政治手腕"，它们之所以可行是因为统治者住在城堡或者宫殿里，周围守卫森严，与世隔离。统治阶级的特权在于，如马基雅维里的解释，"别人看到的只是你的表面，很少会有人真正了解你的内心"。[1]

因此，欺骗是意识形态可能起作用的一个方面，而且启蒙时期的作家认为宗教就是最好的例证。为了让人们接受君主专制，神职人员故意捏造了君权神授理论。例如国王路易十四声称自己同上帝具有直接的联系，宣告"上帝为人们选择了国王，希望人们像尊敬他的上尉一样尊敬国王"。[2]除此之外，神职人员还向人们灌输了无知和迷信。如霍尔巴赫所说：

> 让人们一直向往天堂；让人们相信人类所有的不幸都源于上帝的愤怒；让人们在结束自身不幸的道路上做着徒劳无益的无用功；我们

可以公正地做出这样结论，神职人员的唯一目标就是要转移人们的注意力，让他们无暇去思考自身痛苦的真正根源，就这样以痛苦为继。[3]

意识形态理论将此视为洗脑，解决的办法就是提供教育，克服宗教教义的束缚。

然而，马克思认为"阴谋洗脑"理论不能充分解释意识形态如何起作用，因为将人们禁锢起来的观念不可能仅仅是由少数人创造的。支持资本主义的观念产生于资本主义体制本身，而且传播它们的核心不止一个。各种团体机构的意识形态专家以及人们生活在资本主义制度下的切实经历都是产生这种观念的源泉。后者更为重要，因为"阴谋洗脑"理论不能解释为什么人们接受与自身利益明显相背离的观念。这不得不认为是一种诱导的愚蠢和无知，如果真是这样的话，期待民众观念转变的希望就很渺茫了。他们也就不得不接受少数思想开化的人的领导与教育。

马克思的意识形态理论避开了这些更为原始的内涵因素。尽管没有系统的理论论述，但是我们可以从他的著作《德意志意识形态》和《资本论》中的商

大求索：拿什么替代你，信贷危机？

品崇拜主义理论那里得到启示。

意识的来源

马克思认为多数人拥有的并转变成社会共识的观念不是偶然间形成的，也相信没有那些知识分子想象的一部"观念史"，在自身的领域里一种观念对抗和回应其之前的另一种观念，相互作用。然而，马克思认为，"在人脑中形成的影像是……人类物质生活过程的升华"。[4]社会分工越复杂，人类与直接的、可以感触的自然界的距离越遥远，他们的概念体系也就越抽象。但是，意识和思想不能同产生它们的世界完全分离。它们源于我们在世界中所遇到的问题、争论和经历。换句话说，即使它们具有高度的抽象性，没有直接的感知基础，意识和思想一定具有物质基础。

在阶级社会，对社会的解释不是完全一样的。上层阶级在主导意识的形成中处于优势地位。因此，在成为社会共识的意识和经济权利之间存在着一种联系。马克思这样解释：

在每个时代，统治阶级的思想是占社会统治地位的思想。也就是说，掌握社会物质力量的阶级同时也是控制社会精神力量的阶级。支配社会物质生产资料的阶级同时也支配着精神生产资料，所以，缺乏精神生产资料的人所具备的意识一般是从属于统治阶级的。[5]

这就产生了一个复杂问题，我们需要辨别两个命题。一个是，意识在某种程度上属于一个阶级，是一个特定人群的意识。这里马克思所指的不仅是意识的来源，或者谁第一个想到它、提出它；确切地说，他指的是对世界进行解释的某些思想符合统治阶级，道出了他们的特殊阶级利益。这种解释将他们的特权合法化、公正化，巧妙地卸下了潜在对手的武器。像"我们需要更多的竞争"和"私有企业运作更为高效"这样的论述就属于这一类别。"竞争"作为行话用语，不断地在媒体出现，暗示竞争会给每个人带来最好的经济效益。"私有企业"是资本主义工业所有制的一个代名词。把这两种论述结合在一起，结论便是，资本主义与高效相联系，是发展经济的最好选择。很明显，这一系列的思想有助于对现代阶级统治形式的接受，因此我们可以公正地说这是统治阶级的思

想——只要它使这种体制得以延续，它就是为统治阶级利益服务的。相反，如果敌对的思想盛行——合作提高效率，公有制更好——资产阶级的地位就会降低。

这是意识如何为统治阶级利益服务的简单例子，但是意识形态可以在更微妙的层次发生作用。马克思认为意识形态常常是"物质关系的一种理想的表达"，[6]即从广义哲学的观点分析，人性是自私的，这赋予了现实的市场竞争一种"理想的表达"。有人认为，我们贪婪、热衷于竞争，运转社会的现有安排仅是人类个性本身深层特点的表现。现在，"天性贪婪"这一概念成为我们物质现实的"理想表达"，追求个人进步也被看作是每个人的自然动机。同样，在天堂，上帝周围的圣人和天使以距离他的远近来确定等级和身份，这是封建权力关系的反映。从广义上说，比较抽象的概念为更宽泛的思维模式的形成奠定了精神基础，引导着我们对世界的日常解读。通过一定的方式筛选事实、解释它们，这种思维模式塑造了我们的世界观，使我们的判断带上某种色彩。就像隐形眼镜——戴过一会儿之后你几乎感觉不到它的存在。

上述引用的马克思的论述中的第二个命题是，经济权力使得统治阶级推销

他们的思想更为容易——在物质生产和"精神生产"之间存在一种联系。尽管思想产生的来源很多，但是它直接或间接地受到经济权力的影响。

当然，思想不像事物一样被"生产"出来，但是会经历相似的过程，它们常常被写下、争论，关键是被传播。精神反映以及具体地提出这些概念需要时间和并不是每个人都拥有的思维空间。思想的传播和争辩常常发生在由阶级关系决定的一定的物质机构中，反过来，这些机构又会影响思想的传播和争论。现代社会有关什么对人类最好的思想各式各样，但是只有少数受到大众传媒的严肃对待和争辩。从而，大众传媒代替了教堂和乡村老师成为社会思想的主要来源。

然而，大众传媒是以公司形式组织起来的，这些公司受董事会控制，只对股份持有者负责。它们作为商业运营，以盈利为目的，这自然会导致其本身对资本主义体制的偏袒。在美国，仅五家企业集团——时代华纳、迪士尼、新闻集团、贝塔斯曼和维亚康姆——就拥有大部分报纸、杂志、书籍、电视和广播站。[7] 它们在支持右翼政治和猖獗的消费主义价值观方面有很大的影响。为了

大求索:拿什么替代你,信贷危机?

81

迎合大众，媒体表现出一种平衡的姿态，但是这种平衡仅限于统治模式中的内部异议尚在可接受范围之内。在危机中，伪装的客观性经常会暴露，所以在乔治·布什发起对伊拉克的战争时，鲁伯特·默多克拥有的 175 家报社都站出来支持他。[8] 根据赫尔曼和乔姆斯基的观点，构成日常新闻的原材料要经过五个相互联系的过滤器。它们是：（1）媒体本身的规模、过度集中的媒体所有权、主流媒体所有者的财富以及利益驱动；（2）作为大众传媒主要收入来源的广告；（3）对政府、商业公司提供的信息源的依赖，重大新闻的来源多数是通过政府、公司或由它们控制的代理人或专家发布的；（4）把"炮轰"作为惩戒媒体的手段；（5）把"反共产主义"作为一种民族信仰和控制手段。[9]

"炮轰"是指对另一种观点和持有这种观点的个人的系统攻击；"反共产主义"正在逐渐被一个新的敌人——"宗教激进主义"所代替。在这些过滤器的作用下，人们不得不受某种世界观的支配，而这种世界观接近统治阶级对世界的广泛解释。

大众传媒是思想生产的主要来源，但并不是唯一的。在更加复杂的层次，高等院校也是推销统治阶级世界观的场所。经济学和社会科学的教授通常是受

人尊敬的学者，而他们又时常扮演着时事监察评论员的角色。[10] 独特的知识分工将历史同经济学和社会学分开，反映了对世界的破碎理解，这种理解甚至否定了有一种可被称为资本主义"体制"的存在。现在的大学看起来不像学习的地方却更像企业。麦当劳为研究提供赞助，IBM决定电脑等级的内容，辉瑞在大学实验室进行药物试验。高等院校的每个学院被商业意识形态统一控制已不足为奇，若在十年前这会让人感到十分震惊。基本上说，学校也会支持主流意识形态，通过"隐藏的课程设计"训练孩子的读写能力和计算能力以适应资本主义社会化的需要。大部分学校重视培养孩子的顺从、时间观念和对专家的尊敬，因为这些专家十分了解作为未来工薪阶层应具备什么样的理想品质。但是，精英学校注重培养孩子的自信和领导才能。[11]

除了决定思想的产生，经济力量还与这些思想的合理性息息相关。如果我认为小规模的毒品销售商应该被监禁，从法律和秩序的角度考虑这有点严厉，但却是可以争辩的。然而，如果我建议以导致癌症的名义将烟草公司经理监禁起来，这听起来有点"极端"。第二个建议似乎有一点不符"事实"，因为烟草

公司的经理为社会"提供工作岗位"和"增加经济产值"，是值得尊敬的人。因此，资产阶级意识形态占有"地位上的优势"，他们的思想看起来具有实际意义。[12] 梅扎罗斯解释说：

> 既然他们"从内心"认为自身与社会经济再生产过程息息相关，他们就可以把实用性视为做出选择的绝对前提。[13]

其他思想很容易被定义为"负面的"和"不切实际的"，因为它们挑战了控制人们生活的经济力量。

理解马克思意识形态理论的一个重要方法就是把它置于社会学家史蒂夫·卢克斯提出的三种维度的权力观中。[14] 第一种维度的权力观注重明显的冲突，可以通过计算明显的胜利结果来判断。但是这种衡量标准过于粗糙，因为它并没有将人们阻止某些问题讨论的能力纳入考虑的范围之内。第二种较为隐性的权力观通过控制议题来确保一些问题直接不参与讨论。然而，第三种维度的权力观是最为隐秘、最为高效的，它通过影响人们对自身欲望和兴趣的表达发生作用。如果一个人能够阻止人们说出自身的需求，或者使他们自己都认为说出的需求是"不切实际的"，那么这个人就掌握了真正的权力。马克思的意识

形态理论属于这一维度。

这样的意识形态控制是如何起作用的呢？在这里我们可以发现很多有利于维护资本主义思想传播的模式。通过总结，这些模式可以从五个方面进行说明：

资本主义意识形态将现代社会安排视为自然秩序的一部分

现代社会安排或者没有历史，或者只是对一直存在的趋势的一种表述。尽管商品交换是资本主义社会的一个特征，意识形态"常识"会将此概念追溯到原始社会，声称那时的猎人也是用自己的猎物同女性采集的东西作交换。[15] 这样，猎人、从事物品贸易的商人、雇佣工人的资本家都在做很自然的事情——商品和服务交换。

这种方法通过提供抽象的描述起作用。真正的"交换活动"已经脱离历史背景以及与之相联系的阶级关系，由纯粹的正式术语定义。现代传统经济学基本上使用这种抽象的概念性定义。例如，像资本这样的概念被定义为"积蓄"，

因为在每个社会"资本"都会作为积蓄来使用，也就没有必要审查雇佣劳动意味着什么特殊变化。如马克思所说，其目的就是要说明生产"贯穿于永恒的自然法则之中，与历史变迁无关，这样资产阶级关系就可以作为不可违逆的自然法则悄然而入，成为抽象社会成立的基础"。[16]

这种资产阶级关系自然化的手段起作用的另一种方式就是呈现一种人类动机与资本主义社会里有欲求的社会行为相吻合的形象。19 世纪，赫伯特·斯宾塞提出了"适者生存"这一概念作为支持资本主义的自然法则。[17] 他认为包括人类在内的所有物种必须在残忍的竞争中生存和繁荣。今天的进化生物学家如理查德·道金斯提出了"自私的基因"概念，暗示资本主义社会一些习以为常的行为根源于我们的基因。[18] 很明显，这是一种意识形态功能，因为如果某些行为是人的天性使然，那么真正变革的发生也就没有任何的可能性。道金斯的世界观受到广播电视黄金时段的青睐，而与之对立的同样来自生物学家如史蒂文·罗斯、理查德·勒文廷和利昂·卡民的观点却局限于特定的观众。[19]

意识形态涉及的是表象，是事物的外在表现形式，而不是事物的本质

人类关系中的冲突不都是直接明显的，知道这一点对了解资本主义具有非常重要的意义。在封建社会，每个农民都清楚剥削何时开始——他们必须为地主工作一段时日，或者上交一部分劳动产品。在资本主义条件下，我们知道工作日分为必要劳动时间和剩余劳动时间两部分，但是它们之间却没有明显的界线。剥削具有隐蔽性，要想更深入地了解这种体制如何运作我们还需要进一步去挖掘。

现代意识形态试图进一步否认基本利益冲突的存在，不断地给工人们灌输"合理工作，公平待遇"的思想，鼓励他们把自己看作雇主的"社会合作者"或公司的"股票持有者"，期望通过他们自己的管理使他们联合起来以抵抗来自其他公司的竞争。"劳动关系机构"密集的体制结构的存在使工人和雇主的关系得以调和，并在共同利益的基础上达成共识。最不希望人们去思考的问题是"受

益者是谁"，因为它将引导人们去探究原本共同努力的成果如何被少数人占有这一更复杂的问题。例如，生产力提高普遍认为是一件"好事"，但是如果有人问受益者是谁，更令人尴尬的问题就会出现。

掩盖生产过程真相是隐藏工人与雇主之间基本利益冲突的一种方法。尽管处于信息影像爆炸时代，生产领域的大部分内容在大众传媒中依然是不可知的。记者可以报道消费模式和最新风靡流行时尚，然而，在"商业机密"的伪装下，进入工厂和办公室报道工人对雇主的感受却是被禁止的。而那些发表的详细介绍工人生产力的材料通常是晦涩难懂的技术性的讨论，是从真正的冲突抽象而来。

通过其中的一些机制，工人要想更全面地了解资本主义体制的运转过程，并且组织起来抵抗它是很困难的。

资本主义意识形态认为人们应该自觉地同他们的民族和政府相一致

每个统治集团都试图将自己的利益作为全社会的利益。他们宣称生产利润

是为了西方文明，却不说利润有利于比尔·盖茨和微软。伴随他们对权力的掌握，新的、有抱负的统治阶级揭开了旧统治阶级主张的真面具，为社会提供了一种新的视野。当资产阶级反对封建贵族时，他们把这些贵族说成是怠惰的、追求奢侈的寄生虫，不能促进经济的发展。但是，反过来，当他们遭到反对时，他们就会宣称没有其他可行办法能够组织社会。换句话说，资产阶级关注的不是自己的特权或者从以前统治阶级夺取这些特权的事实，而是作为全社会永久性代表的角色。马克思这样总结了意识形态的谋略作用：

> 对于每一个取代旧统治阶级地位的新阶级，为了达到其目的不得
> 不使其利益成为全体社会成员的共同利益。它必须使其所提出的观念
> 具有普遍性，并成为唯一合理的、普遍有效的意识。[20]

当这种代表社会利益的主张开始瓦解，意识形态就会采取防御性策略，宣布支持"国家社会"。例如，灾难性的油轮泄漏之后，对英国石油公司的攻击代表对英国社会的攻击；高涨的食物价格不仅对农民，对爱尔兰和整个法国都有利；对通用汽车公司有利的事对美国也有利。宽泛地讲，一种设想的威胁被投

大求索:拿什么替代你,信贷危机?

射到"我们的文化和生活方式"中，所以政治精英反对那些想"榨取"我们国家福利的"局外人"以维护社会。

在不平等社会，统治者们总是将自己扮演成大众利益的代表。

意识形态似乎植根于语言之中

马克思没有讨论过如何运用语言为特定的思想赋予某种情感色彩。这种空白——在没有大量影像的时代是可以理解的——被学术界用来促进"话语"分析的发展。这通常表明在文本之外没有现实，因为物质世界的知识只有通过语言才成为可能。[21] 这种观点倾向于把语言和意识形态置于他们自己的理论体系中。但是，我们很清楚语言常常总结意识形态的偏见，当然今天的媒体也充分利用了这一点。

贴标签是总结一系列复杂观念的便捷方式，为达到效果，词汇有时会成为一种选择。如果某人被贴上"恐怖分子"的标签——如纳尔逊·曼德拉——其言外之意就不同于"自由战士"。如果一位候选人被称作是"温和派"政治家，

那么他就会被认为是注重实际的、能干事的、明智的中立派；如果一个"极端主义者"赢得支持，进行再教育培训就成为必要了。"温和的"贸易工会会员是对支持资本主义的人的尊称，而"激进者"却常常成为愚钝、教条的代名词。伊朗和巴基斯坦政府强加"审查制度"，我们的政府却"隐瞒信息"。人群从足球体育场"有序而出"，但是移民却是"蜂拥而入"。这种带有情感色彩的词的选择运用表明语言受到意识形态的高度影响。语言为主流意识形态贴上了一张可以识别的邮票，同时也提供了一条通往规定性思维模式的便捷通道。正如俄国马克思主义者沃洛斯诺所说，语言的社会本质指词汇根据语境变化它的意识形态意思，成为意识形态的战场。[22]

资本主义意识形态提倡消极自由和选择

意识形态学家常把资本主义和自由紧密联系在一起。如米尔顿·弗里德曼声称，市场是保证自由的唯一途径。[23] 冷战期间，这个命题用来暗示尽管存在

不平等，至少资本主义提供自由。然而，苏联解体之后，自由再也不能以它的对手作为参照进行定义，说明什么才是真正的自由就十分必要了，因此弗里德曼的著作开始盛行。

新自由的定义比较抽象，主要指受政府控制的自由。它是一种理想的、交换的自由，因为个人自由只有在能够追求自身利益，与他人建立关系并且这种关系符合他们的目的时才能称作自由。然而，这种定义带有消极性，认为自由来自于外界权威。它绝不同于那种随心所欲的积极自由。你可以在政府控制下获得自由，但是为了生存你不得不接受低薪工作。富人和穷人都可以在国家控制下获得自由，但是只有富人可以选择住在大房子里，而穷人只能住窄小的、起居室和卧室兼用的两用房。对于穷人来说，真正的选择需要社会采取措施使他们摆脱贫困。同样抽象的自由也可以在宣称人人平等的法律中得到体现。每个人作为公民享有平等的权利，履行同等的义务。但是，这种形式上的平等是有局限的，阿纳托尔·法朗士用妙语解释说："法律的权威性禁止富人和穷人睡在桥下，在街上乞讨，偷面包。"[24]

自由与纯粹个人选择之间的等同是资本主义意识形态的一个特点。马克思

认为：

> 这里所说的是人作为孤立的、自我独立的个体的自由……（它）
> 不是建立在人与人相结合的基础上，而是建立在人与人相分隔的基础
> 上。这一权利就是这种分隔的权利，是狭隘的，局限于自身的个人
> 的权利。[25]

然而，如果每个个体单独追求基于其自身利益的目标，那么没有人可以实现他们的愿望。当每个人都尽可能快的开着车去工作时，他们终究会失败，因为他们的个人选择导致了交通堵塞。

物化观

怎样来解释这些思维模式是如何被接受的呢？即使经济力量允许我们的统治者自由传播他们的思想，它又怎么决定这些思想被接受并得到支持呢？马克思对商品拜物教的讨论，以及卢卡奇物化观对马克思思想的延伸能够帮助我们

解释这些问题。

尽管资本主义打破了个人自力更生的观念,使人与人之间的相互依赖增强,这却是通过无秩序的商品交换实现的。马克思解释说：

> 然而，正是商品世界的最终形式——货币形式——掩盖了私人劳
> 动的社会属性和个体工人阶级之间的社会关系，它将这些关系替换成
> 物与物之间的关系，而不是直接明了的揭露出来。[26]

社会属性一旦被商品交换掩盖起来，我们就会受到未知力量的控制。生产的商品越多压力也越大，所以"生产过程控制了人类而不是人类控制了生产"。[27]商品市场按照其自身的方式运转，似乎受某些规律的制约，而这些规律是不以我们的意志为转移的。特殊商品在"上升"、"下降"或者"吸引投资者"的时候呈现出超人的特性。金融在人类劳动中"已经不再具有其原始的标记"，逐渐被冠以产生利息和利润的神奇特性，就像"梨树的特性是生产梨子"。[28]

从马克思那个时代开始，金融控制逐渐占据可怕的比例。我们的生活受到利润率、证券价格走势和全球金融浪潮的影响。甚至前任德国总统、曾经的国际货币基金组织总裁霍斯特·克勒也认为："国际金融市场已经发展成为一个妖

怪，必须把它拉回原来的位置。"[29] 几乎在全球的每个角落，人们每天都会早起关注早间新闻有关市场对国债和国家经济政策做出何种反应的报道。

受德国、俄国和匈牙利三国革命的影响，乔治·卢卡奇在 1922 年写了《历史与阶级意识》一书，发展了马克思的理论。他同德国社会主义者马克斯·韦伯及其圈子里的人接触频繁，听惯了有关冷酷的、精于算计的新"工具理性"文化如何将人们禁锢在官僚制度的条条框框内问题的讨论。[30] 然而，卢卡奇总结说这些社会学的论述，虽具洞察力，但却没有发现问题的根源。

根据卢卡奇的观点，物化指人与人之间的社会关系表现为物体之间的关系。我们似乎成为复杂机器的一部分，必须遵循它自身的规律，而脱离了我们的控制。卢卡奇指出随着资本主义的扩张，"物化结构越来越深入地、注定地、决定性地渗透到人的意识中"。[31] 人们开始"沉思"，对经济的自行运转也只能做个消极的旁观者。尽管他们生活的方方面面受到外界规则的约束，他们只能顺从，但是整个体制似乎受到偶然性的支配。[32] 因此，由于"全球化"，工人们被告知他们必须接受低额工资，现实就是如此。可是即使遵从了，受千里之外股票市

场偶然性波动的影响，他们发现自己仍然有可能失业。经济危机就像火山爆发，无处不在。这种失控和无助感由于工作的不断细化而进一步恶化。因为工作被"合理化"为越来越小的部分，生产过程中越来越多的环节相互分离开来，人们明确地感觉到自己就像大机器中齿轮的嵌齿。所有这些产生了一种对外在客观世界消极冥想的文化。卢卡奇总结说：

> 生活在资本主义社会的人们面对这样一种自己"创造"的现实，一种似乎与他（作为一个阶级）不相容的自然现象；他完全受到现实"规则"的摆布，某些具体规则看上去都符合他们自身的利益，这些规则得到充分的执行，但是他们的行为活动还是摆脱不了被剥削的命运。[33]

换句话说，资本主义的经历使人们产生一种宿命论的感觉。其主要印象是"我们什么都不能做，因为我们在市场的掌控之中"。如果"市场"代替了"妖怪"一词，人们低声低语讨好这只"巨大野兽"，在这种无名力量面前，捕捉那种无力感仍然不可能。这种情况下人们能够做的就剩下关注自己的需要。对于整个社会的这种体验解释了马克思为何反对意识形态只是一种欺骗形式，人们

只是意识形态调整下的受骗者这一观点。支配人类大脑的"影像"来自于在资本主义中的真正经历。它们的创造者可能是牧师、教授或者媒体主持，而之所以为人们所接受是因为它们与人的实际经历相符合。

马克思并不认为他对商品拜物教的解释本身就能撕开假象的面纱。即使再投入更多的社会主义教育，拜物教依然存在，因为它深深植根于现实生活中。拜物教不可能因为有人揭露它有多糟糕便轻而易举地被消除。这需要真正的斗争，使人们从宿命论中解放出来，并掌握对世界的控制权。必须用"实际的、客观的"方式废除它，因为人之所以为人不仅是因为他有思想，有意识，还因为他是活生生的大众的存在。[34]

但是如果人们被洗脑了，这又怎么发生呢？对此马克思同启蒙时期的传统思想进一步分离开来。人们可能受其社会意识形态控制，但并不等同于完全控制，因为意识形态不可能扼杀所有批判性的思考能力。首先，受其社会影响，主流意识形态表现出矛盾的一面。

为了达到效果，主流意识形态不得不吸纳一些属于从属阶级世界观的元素。

大求索：拿什么替代你，信贷危机？

通过群众运动推翻殖民统治掌握政权的政府经常声称他们正在建设一个"所有人的共和国"。西方自由主义政府希望得到出生于1968年以后的人的支持，试图恢复和吸收在性别解放和反对种族歧视的社会运动中形成的对立思想。尽管这些元素只占次要地位，它们也能引起意识形态中的紧张气氛。问题也会层出不穷：什么是真正的"人民统治"？什么是真正的"性别平等"？为什么官方"反种族歧视"运动在警察行为中和社会机构中不是很明显？由于主流意识形态没有得到挖掘，这些竞争将会带来更广泛的挑战。

资本主义多变和危机频发的本质意味着它时常不得不打破先前的确定性，在意识形态方面做出突然的转变。例如，至2008年，大多数政府对市场采取"不干涉"政策。尽管他们之前告诉自己的国民不会在稳定就业和建设一个更好的福利国家方面进行"干涉"，危机之后，许多政府还是不遗余力帮助银行摆脱危机。这样的突然转变渐渐削弱了政治精英们的"威信"或领导权。[35]

然而，任何主流意识形态的真正弱点都来源于工人斗争的影响。资本主义体制将劳动力转换成商品，但是，与其他商品不同，劳动力的使用不能同出卖它的人分离。卢卡奇解释说：

> 虽然生产过程将工人阶级物化，剥离他们身上的属性，摧残他们
> 的灵魂，使其成为商品，只要他们没有做出反抗，他们的人性和灵魂
> 就不会变成商品，这是千真万确的。[36]

这个基本事实表明反抗资本统治的斗争爆发时，那些发动它们的工人甚至还不清楚用什么来代替资本主义。许多参加罢工和工会的人继续接受社会的主流意识形态。然而，在鼓励个人竞争的社会中团结起来的切实经验引起了工人阶级更深的思考。例如，工人们发现他们本以为处于中立的警察常常破坏他们的罢工；而且，本应进行客观报道的媒体却给他们贴上贪婪的标签。他们开始明白只有团结起来斗争才能获得胜利。

由于这些原因，可以精确地说工人们不会接受所有的主流意识形态，而是接受其中的一部分，摒弃一部分。例如，他们在资本主义社会的经历引导他们既把自己看作是与其他工人竞争的个体，同时也是和他处于同种条件下的整个阶级的一员。这正是葛兰西所说的工人具有"自相矛盾的意识"：

> 有人可能会说他有两种理论意识，或者一对自相矛盾的意识：一

> 种隐含于他的行动中，在改变现实世界的实践中使他和自己的工人伙
> 伴联合起来；一种明确的表现在表面和言辞上，是对过去的继承和未
> 加批判的吸收。[37]

因为在 19 世纪 20 年代早期，葛兰西作为社会主义组织者在都灵工人中得到广泛认可，这种相互矛盾的意识使起义成为可能。

国家

当这种起义发生时，国家在维护资本主义过程中就会扮演关键角色。它是最后一条防线。但是即使在到达最后防线之前，国家权力的操作也会像天鹅绒手套里的铁拳头一样强而有力。如果国家没有威严的军事力量来保护资本主义财产关系，其商业体系中的超级市场就不可能生存。

国家可以定义为各种机构的综合体，对军事力量的使用通过专门机构进行绝对的控制。它比政府要大，如雷·米利班德指出，政府"以国家名义发言，由国家赋予其权力，但并不代表它对权力有实际的控制权"。[38]在国家机器内部，

除政府机构外，还有监督机关、军队、警察和司法机构。

协调和一定程度的武力是大多数社会的特点，但是在阶级尚未出现的远古社会里，这些都是由整个部落群体来承担的。有时候部落会以集会的形式聚在一起作决定或者惩罚放逐某人，但是没有专门机构拥有使用武力的特权。随着社会生产力的发展和分工越来越细，情况发生了变化。对社会进行协调的新机构出现，但是社会等级的划分也随之或随后而来。一旦出现分化，整个部落群体再也不能自发地组织起来集体掌管惩罚。当有了奴隶和主人，谁来决定什么是偷窃什么不是呢？主人相信一个偷了面包的奴隶犯有偷窃罪，但是奴隶认为抓住他们的主人犯有更严重的偷窃罪。难怪希腊社会不得不创造一个由弓箭手组成的机构来看守他们的奴隶。[39] 因此，根据恩格斯的观点，国家：

> 是社会发展到一定阶段的产物；它承认……社会分裂为不可调和的对立面，而又无力摆脱这些对立面。

> 但是为了使这些对立面，这些经济利益互相冲突的阶级，不致在无谓的斗争中把自己消灭，就需要有一种表面上凌驾于社会之上的力

大求索：拿什么替代你，信贷危机？

> 量来缓和冲突，把冲突保持在"秩序"的范围内，这种力量……就是国家。[40]

国家的存在表明"阶级矛盾不可调和"。[41] 只要存在阶级，国家就会存在。

这种观点与其他两种普遍被接受的观点形成鲜明对比。第一种观点将国家看作是凌驾于局部利益之上的"共同利益"的代表。例如，黑格尔认为，国家为了达到共同目标把自己同公民社会的特殊利益分离开。这种观点受到马克思的讥讽，因为它仅仅根据表象来判断官僚机构的形象。这些"国家的天主教会会士"在愚钝的官方语言的掩盖下扩大自己的事业和利益。[42] 他们宣扬的虚假的、抽象的公民团结不能克服公民社会中的真正冲突。国家根本没有给公民社会灌输理性，相反它的整个法律结构都植根于政治经济学之中。

比较现代的国家"多元化"理论是第一种观点的变体。这种理论认为没有一个社会群体能够建立自由民主政府，彼此必须建立联盟。因此，国家必须满足那些相互竞争的利益群体和个人的需求，包括那些排在队尾的人也会最终得到满足。[43] 在这种迂回的、有点偶然的方式下——有点像亚当·斯密提出的市场的"无形的手"——国家为全民利益服务。然而，它忽略了获选政府以外的

国家机器在决策中表现出的成见，掌控这些国家机器的人也都是参选群体中的精英，因此，他们的决策也会带有偏见。而且，资本主义经济是国家的基础，国家必须对它进行管理，并从它那里获得税收。尽管政党之间的意见存在冲突，这种依赖使他们在为社会创造利润的层面上达成共识。

现代国家的阶级本质主要表现在四个方面。

首先，国家把相互冲突的资产阶级的个人利益融入一个共同的视角。简言之，国家成为资产阶级公共事务的管理委员会。[44]

在历史上，资产阶级是分化最为严重的统治阶级。在他们内部，充满了各自利益之间的矛盾——金融业与制造业，小企业与垄断巨头——不停地相互争斗。他们需要国家制定经济策略来维护自己的利益反对共同的敌人。例如，从1980年至1990年间，美国资产阶级不断受到来自日本竞争者的压力，只能通过媒体实行他们的反攻策略。国家则凭借军事力量对日本施压要求其重新调整币值，打开对美进口商品市场。[45] 在国内，国家帮助制定新的工业政策重新组织资产阶级，促进工业生产，打开金融市场。如果没有国家凝聚力的干涉，许

多资本家将会被淘汰。即使国家试图制定一种普惠于统治阶级的策略，统治阶级内部矛盾也会将其撕裂。危机时期，资产阶级内部在如何拯救资本主义问题上的分歧可以导致国家内部结构产生很深的破裂。

第二，国家保证资本主义经济再生产的条件。没有这些条件，市场会退化为一个自相残杀的世界，资本家就会丧失社会稳定以及工人劳动力的供应，从而无法创造利润。

国家保证和支持财政安排，促进资本的流通。它提供一致的法律体系解决资产阶级间的争端，保护他们的财产。恩格斯评论指出，资本家了解"即使某项特殊法律可能损害了他个人的利益，但是整个法律体系仍然是维护其利益的"。[46] 法律表达的是统治阶级的"平均利益"，这也是他们鼓吹它的神圣的原因。[47] 国家也负责成本高的基础设施建设，而这是个人资本家办不到的。尽管从大的方面讲这些工程有益于全社会，但是它们常常符合资本主义再生产的特殊需要。例如，印度政府从世界银行借了大量资金修建大坝为工业生产提供水源和电力。但是，尽管五千万人民因此迁居他乡，今天的干旱和洪涝灾害比1947年建国之初还要频繁。[48]

国家还负责一些社会再生产,关心工人以保证劳动力市场顺利及时的供应。教育孩子使他们适合工作;通过医疗保障和社会安全保障制度保证工人健康,给予他们一点满足感。虽然提供这些服务的资金来源于工人阶级的税收和社会保险方案,资产阶级憎恨对他们的利润进行任何征收。新自由主义在缩小,限制国家权力的要求中表达了他们的愤恨。但是,尽管哭天喊地,他们仍然需要国家的支持。20多年来,撒切尔夫人的支持者一直抨击国家开支,而在经合组织国家中公共支出在国内生产总值中的比率依然维持在百分之四十一。[49]

第三,国家对被统治阶级实行监督和镇压。很多时候,人们接受这种制度是迫于经济需要的"模糊强制力",所以"经济以外的直接力量"只是例外而不是原则。[50] 但是富人不能总是依赖害怕失业变得顺从的工人,他们需要国家储备力量的保护:

> 有产阶级……使工人处于奴役状态,不仅是通过他们所掌握的财富的威力和资本对劳动力的简单剥削实现的,还包括军队、管理机构和法院等国家权力的制约。[51]

大求索:拿什么替代你,信贷危机?

每一次较大的工人起义都源于对国家权力的反抗。在这些斗争中,所有中立的伪装都被揭开,凶残的武力用来保护权威人士。国家调动防暴警察,甚至是军队来镇压工人罢工,保护罢工的打压者,威胁大型的集会。

然而,武力的使用代价很高而且无法预测。因此,国家把它作为后备力量,利用武力威胁以加强瓦解工人阶级其他措施的效果。在大的斗争中,它通过保密和监视来控制潜在的反对者,或者预先警告雇佣者。[52] 关键是,它采取拉拢战略瓦解反抗资本主义统治的运动。如对工会领导逢迎拍马,或者为他们在上议院或者国家委员会买取席位。国家提供资金鼓励抗议活动成为顺从的非政府组织,克制他们的行为。[53]

第四,国家在维护资本主义意识形态方面起着十分重要的作用。危机期间,国家为统治阶级散发舆论主题和主要观点。媒体卸下伪装独立的面具,主要的电视网络采取 BBC 总裁约翰·瑞斯在 1926 年全国性罢工中的态度:"既然 BBC 是国家机构,既然政府在危机中为人民负责……那么在危机中 BBC 也为政府服务。"[54]

在稳定时期,国家资助研究机构宣传传统思想,甚至补助在大学任职的牧师以保证对宗教的支持。更为关键的是，它对资产阶级侵占他人财物给予法律上的支持。马克思指出了"征服者如何试图通过他们自己强加的法律工具对自己由武力夺来的原始权利提供一份社会支持"。[55]他指的是拥有土地的贵族如何将土地圈起来然后确立他们的合法权利的行为。今天，各企业希望同样的法律支持来控制水源、自然资源和知识财产。

国家既是阶级统治的机构，大的方面来说又是协调社会的中心。对于后者，国家发挥非阶级的作用来保持社会的凝聚力，促进公共健康、制定公共卫生管理制度，并且在突发事件中组织营救工作。国家发挥这些职能的简单事实足以掩盖其作为资产阶级保护者的角色。例如，警察表面上为过马路的老人提供服务，或者维持交通秩序，实际却是资本主义财产的保护者。然而，尽管国家发挥的是非阶级功能，但是这些功能的发挥首先要经过资本主义需要的过滤。因此，警察关注的是侵犯财产的犯罪，而不是家庭暴力和公司犯罪。公共健康体制的基本关注点不是预防保养延年益寿，而是药物治疗和医院护理。卡特里娜飓风发生后，美国营救工作暴露了社会中深刻的种族歧视和对穷人的轻视现象。

就像道路和水资源系统的维护等需要发挥国家非阶级功能的事务，不断外包给私人企业，而且只保证最低的利润空间。

有时候，政府与商业之间的联系过于明显和紧密。例如，高盛银行也称为"政府银行"，因为它的多位高级管理人员进入美国财政部和美国联邦储备委员会担任要职。前任高盛首席执行官亨利·保尔森从 1999 年至 2006 年曾任美国财政部部长；罗伯特·鲁宾，高盛主席，在这之前也担任过此职位。[56]在其他国家，模式正好相反，一些位居高职的政治家辞职去大公司做非执行经理人。然而，宽泛地说，现代工业的领导在政治生活中并不活跃。大多数都是过于忙碌没有时间去考虑掌握这种控制权。但是正是由于他们对人的雇佣从而扮演特殊的角色，比如公共关系，广大资产阶级借助政策和政治家为其利益服务。事实上，政治权力和经济力量仍有区别，利润主要还是来源于市场，而不是对政治权力的掌控。

这些因素，加上为统治阶级强加一种共同的策略而对"外界"力量的需要，诠释了"社会的相对自主权"。[57]在马克思的历史著作中指出这种现象的例子很多。有时候，国家的控制权会落入统治阶级的一小部分人手中。例如，马克思指出，法国 1830 年起义之后，在路易斯·菲利普执政期间，"对国家进行统治的不是资产阶级整体，而是其中的一小部分"。[58] 这部分人主要是金融贵族，来自银行家、铁路大亨和股票市场巨头。其他情况下，政府精英主要来自贵族。马克思指出，在英国，辉格党是"资产阶级的贵族代表"。[59] 德国统一和发展资本主义的必要条件是由奥托·冯·俾斯麦领导的容克实现的。根据恩格斯的观点，资产阶级"以直接放弃自己的政治权力为代价逐步获得了社会解放"。[60]

马克思认为这种模式最有力的证明表现在他提出的"波拿巴主义"现象中。它指法国从 1851 年路易丝·拿破仑·波拿巴政变到 1871 年他的下台这段历史时期。波拿巴是一个典型的政治冒险家，他使用模糊的政治言辞，通过周期性的公民投票巩固自己的独裁统治。马克思认为他的成功在于"对立阶级的两败俱伤"[61]——资产阶级和工人阶级拼命地相互争斗，哪一方也不能战胜另一方。这两个阶级也不可能领导法国社会向前发展，所以波拿巴在他们的争斗中崛起，在资产阶级路线的指导下带领法国走向现代化。社会的代价就是国家机器的发展像是巨蟒的收缩肌使整个社会窒息。

大求索：拿什么替代你，信贷危机？

这些例子说明在一定的条件下，分歧可能产生于政治精英和统治阶级中间。一般情况下，国家自主权提供一定的灵活性来维持资产阶级对社会的统治。这为"政治家"的出现提供了空间，他们可以凌驾于资本的直接利益之上提出更为宽阔的策略视野。这种自主权允许他们更为自由地处理来自下层阶级的不满。德雷珀解释得很好，他说："如果资产阶级能够并且总是将国家束缚在一根很短的皮带下，那么国家在很早以前就被勒死了。"[62]

他们可以延长皮带的事实解释了他们喜欢把议会民主作为统治方式的原因。议会民主允许政党围绕由资本的经济原则决定的经济选择进行竞争。尽管统治 A 队与统治 B 队对抗，但是双方领导在基本问题上是一致的。正是由于它的本质，议会民主提供了一种政治自由——但是这种自由仅限于资本需要的范围内。

第七章　历史唯物主义

　　我们社会的领导者提倡这样一种信仰：真正的社会变革将永远不会发生。按照曼特罗祷文，无论我们对不公平有多么愤怒，我们都要接受"这是我们的命运"。对于这种宿命论，马克思用他的历史观或者历史唯物主义给与挑战。

　　从某些方面来说，"历史唯物主义"这一名称可能会让人误解，因为马克思的关注点不是帮助学者搞好历史研究，他的历史观同其所厌恶的"王子和郡国的夸张戏剧"型的历史毫无关系。[1] 他的理论核心甚至也不是关于过去，因为他的目的是要发现人类历史发展规律，指明真正的社会变革在未来发生的可能性。我们没有对无法掌握的力量感到神秘，相反，去了解这些力量是如何产生的有助于我们改变它们。历史唯物主义的目的是，如佩里·安德森所说，"在历史上第一次为人类提供认识方法，使人们去进行一次真正的自我决断"。[2]

另眼看世界·当代国际热点解读

错误的历史观

　　有人否认社会历史进程中存在任何发展规律，确信社会变革产生于一系列的偶然事件。有人认为第一次世界大战爆发的导火线是斐迪南大公被谋杀，如果谋杀者没有击中斐迪南大公，那么理所当然一场大型的悲剧也就不会上演。同样，罗马帝国的一些大规模战争明显是为了一位漂亮的埃及法老，所以，帕斯卡评论说："如果克丽巴特拉的鼻子短一点，那么整个地球的面貌也就会改变了。"[3] 偶然论的一种更为复杂的说法认为统治者的外交手段和政治手段才是诸多事件发生的主要原因。由于缺乏这些手段，社会陷入混乱，变革似乎随之发生，这就给与了情绪失控的暴徒登台掌权的机会。例如，历史学家理查德·科布认为法国大革命期间的"无套裤汉"运动是"自然的突发奇想，是一种思想状态，而不是社会的、政治的或者是经济的原因"。[4]

　　这种观点忽略了一件事情的诱发原因和真正原因之间的差别。即使斐迪南大公没有被刺杀，第一次世界大战也在所难免，因为一战爆发的真正关键不是斐迪南大公被杀害，而是帝国主义国家政治经济发展不平衡的加剧。[5] 同样，政治领导者缺少政治手段或许只是对社会失去掌控的一种征兆，因此，与情绪化的"暴徒"截然不同的是，他们在政治舞台上的干预深刻地反映了根本问题。

另一种流行的观点是英雄主义历史观。根据这种观点，列宁造成了俄国革命，拿破仑建立了法兰西帝国，魔鬼天才希特勒制造了大屠杀。英雄崇拜主义在保守派作家托马斯·卡莱尔那里得到了最明确的表达，他认为"世界历史的实质就是在这个世界上活动的伟人的历史"。[6] 从多个方面来说，这更像上帝从天而降帮助人们完成他的使命的世俗说法。在德国社会主义者马克斯·韦伯的著作中可以找到这种观点的另一版本。马克斯·韦伯相信现代社会被囚禁在一个官僚制主义的铁笼里，变革只有通过具有"领袖气质"的人打破铁栏杆才能实现。[7] "charisma"一词来源于基督教神学，指"神赐的天赋"，暗指伟大的领导者具有非凡的个人品质。[8] 因此，他们能够煽动群众的激情，使得"广大民众群起响应那些非凡的事件，向他们心中的英雄领袖俯首称臣"。[9]

英雄史观是对历史进行的深刻的精英统治论式解读，因为它忽略了一点，

大求索：拿什么替代你，信贷危机？

没有那些名不见经传的无名小卒，领导者也就会一事无成。德国左翼诗人贝尔托·布莱希特在他的诗歌《工人眼中的历史》中极力贬低伟大人物：

> 底比斯七门何人建起？
> 问青史，唯帝王之名。
> 难道是帝王搬起了基石与墙砖？
> 几番倾颓的巴比伦，
> 又是谁将它重建？
> 金碧辉煌的利马城，
> 它的缔造者此刻栖居何处？
> 万里长城完工之夜，
> 工匠们又要去向何方？
> 帝国罗马，笑尽凯旋，
> 那是谁的心血？
> 谁的战斗浇筑了凯撒的胜利？

笙歌缭绕的拜占庭啊，

官殿岂是它全部的居所？

即便是在那传说中的亚特兰蒂斯，

在那汪洋肆虐之夜，

濒死的主人们仍在怒吼，为了他们的奴隶。[10]

英雄史观不能解释为什么人民群众对"伟大人物"有时响应，有时又无动于衷。与愚钝的民众形象相反，大多数人不会像被汉姆林的吹笛手所迷惑的追随者那样盲目服从，而是仔细权衡他们所听到的内容。他们总会指望别人站出来喊出他们这一阶层中酝酿已久的强烈情绪。例如，希特勒最初被认为是一个常年住在维也纳一个宾馆里的怪人，即使到 1923 年发动暴动失败，他都承认"他们总是说我疯了"。[11] 但是，1929 年经济危机发生之后，德国社会一大部分人的愤怒通过这个古怪的人得到了表达。从 20 世纪 20 年代到 30 年代，爱尔兰共和国领导人伊蒙·德·瓦勒拉受到人们的爱戴，成为儿歌里面的大人物，代代传诵。然而，当今的一代人却把他看作是无聊和保守主义的象征。论及领袖气

质的影响力，社会背景是决定因素。

还有一种保守的历史观认为任何事物都不会真正的改变，只不过是简单地重复循环已定的模式。启蒙时期的哲学家大卫·休谟十分清楚地表达了这种观点：

人类任何时候任何地方都是一成不变的，历史尤其不会告诉我们

任何新的内容。历史主要用来发现人类本性中永恒不变的一般规律。[12]

历史被认为是对现代动机的虚幻的复制，而这些动机起源于人的不变的本性。群猎者可能以部落群体形式生活，但是只要有机会他们还是想带着自己的家人离开。古希腊商业活动同现代社会一样是"资产阶级的"。追求利欲的动机总是一样的，只不过由于所在社会的独特的文化使其在方向和形式上发生了变化。更宽泛地说，这种观点认为等级制度和统治在人类社会中是永恒的，因为，根据哲学家玛丽·米德格列的观点，统治来源于子女—父母关系："我们对统治的自然兴趣不仅仅是一种压制欲望。它是对秩序的偏爱……基于父母子女的关系，它在本质上是保护性的。"[13]

这种观点的问题在于它不能解释人类行为的多样性。如果人类本性是不变

的，那么人类行为在所有的社会中应该是不变的。但是人类的社会活动极其多样化，并且今天人们所认为的人类本性的基本特点并不存在于其他社会中。约翰·莫里诺简单地反驳说：

> 对于美国印第安人，土地私有制是"不近人情的"；对于十八世纪的地主，它却是人类最基本的权利。对于古希腊人，同性恋是最高形式的爱；对于维多利亚时代的英国人，它却是最低级的。对于传统的印度人，包办婚姻已经成为几个世纪的规范；对于现代西方大多数人，它是"奇怪的"。社会条件改变，人类本性也在改变。[14]

然而，虽然人类行为因社会的不同而不同，但是这并不表示人类是无限变化的，也不表示人们之间不存在任何联系。马克思认为劳动过程中人与大自然的相互作用是"人类存在的一种持久的、自然强加的条件"，在"人类生活的所有社会形式中都是一样的"。[15]它是所有人类社会的物质基础，是人类本性的核心。

劳动过程使我们成为社会动物，所以脱离社会的个人生产是荒谬的，就像

大求索：拿什么替代你，信贷危机？

是"人们相互隔离，没有彼此的交流，语言就会得到发展一样"。[16]我们的生产能力意味着我们从事"重复指导性的活动"，并且不断地检查我们如何使用工具，它们又如何在大自然中创造出新事物。[17]

但是这个过程引起了新的需求，保证了我们社会行为的变化。如果大自然是一个世外桃源，食物从天而降，那么我们就无需生产，从而也就没有了历史。科恩生动地解释说，历史是"自然的人类化身"。[18]保守派作家忽略了人类本性的这一关键特点，因为他们想把它的发展冻结在现存社会的范围之内，忽略了它的动态特点，而这种动态特点就是人类社会变化和发展的原因。

为了生存我们必须生产这一简单事实并不能告诉我们些许有关特定社会形态下的内容。如同马克思所说，粥的口味不会告诉我们燕麦的种植者是谁，他们是在奴隶主残忍的鞭笞下还是在资本家焦急的监视下劳作。[19]我们还必须研究物质生产发生的各种特殊的社会形态。人类历史是关于不同的生产方式以及创造不同的社会关系来适应生产方式的历史。一旦我们将它描述为"活跃的生活过程"，历史"就不再是事实的罗列"或者是将人性抛却脑后的伟大思想。[20]它是我们如何通过有意识的认识和集体组织与自然之间的交流而获得真正自由

的故事。

方法

马克思尝试从深层结构上去理解历史。他认为："如果事物的本质与其外在表现一致，那么所有的科学都是肤浅的。"[21] 这是对常识论或者经验式历史解读的警告，它们认为历史只是事实的简单堆积。

这些方法的根本问题在于现实的基础不总是直接被我们感知的。例如，大陆漂移说最初是由阿尔弗雷德·魏格纳在 1912 年提出的。这种学说认为目前地球的形状正在隆起，因为原本统一的大陆分裂漂移，并且仍在继续。这种理论被否定了将近 50 年，直到地壳构造学说的提出证明大陆实际上是运动的。常识论认为大陆板块不会运动，但是基于事实的科学表明它们确实在运动。

为了掌握隐藏在表面下的事实真相，马克思运用辩证法进行分析。用辩证的方法看世界可以追溯到古希腊哲学家，比如赫拉克利特，后来在黑格尔那里

得到发展。辩证法是指，首先，理解事情或者事物不是独立发生或存在的，它们是相互联系着的。这些联系一起构成一个"整体"。据此，一个历史事件、一个人或者一种社会关系独立存在的观点本身就是不切实际的。辩证法试图将单独的历史事件置于它们相互联系的整体中。

辩证法的第二个观点认为任何事物都是短暂的——换句话说，任何事物的发展都是从产生并最终走向消亡的过程，它有过去，也将走向可能的未来。这种观点在赫拉克利特的名言中得到了最好的展现——人不能两次踏入同一条河流。当你第二次抬起脚的时候，水已经流过去了——而且，有点沮丧的是，距离最终的消亡你又走近了一步。

第三，事物不断变化的原因是因为整体充斥着矛盾。在这里，矛盾不仅指两种观点在形式、逻辑上的矛盾，还指事物自身包含的矛盾。事实上，所有的事物都是对立统一的整体。如黑格尔所说，"矛盾是一切运动和生命力的根源；事物只因为自身具有矛盾，它才会运动，才具有动力和活动"。[22] 变化是原本相互依赖的力量的释放，然后向前发展。

第四，坚持辩证法的人对这样一种事实非常敏感，那就是量变发展到一定

程度会引起质变。过程包括量变的"积累"阶段和引起决定性变化的"临界点"。比如说，我在自家园子里种了粮食以供家人食用，把剩余的拿到市场来卖。如果剩余增加，这只是量变——我仍然是一个自给自足的农民，但是我已经逐渐走向市场。然而，如果量变继续发展，就会到达一定"临界点"，这时我与我的生产目的之间的关系就会变化。我现在为市场生产，这也改变了我与周围人的社会关系。

第五，在历史初级阶段出现过的一些特点可能会以更为发达的形式重新出现在历史发展的高级阶段。马克思称这种模式为"否定之否定"，但是并不认为它具有历史必然性。[23] 这是一种可能性模式。最开始，共同生活是人们组织生产的主要方式，但是因为私有财产的出现而被"否定"。后来，随着大型资本主义企业在竞争中将其席卷殆尽，简单工具和作坊等私有财产也被"否定"了。然而，今天又有一种新的可能形式来"否定"资本主义财产关系，在更高层次的发展水平上恢复公有制经济。将来可能会出现一种有趣的模式可以保留并超越人类生活的原有特征。

大求索：拿什么替代你，信贷危机？

但是马克思从未将此看作是"历史的进程"，他鄙视那些把历史作为理论证据的作家。他认为，对于那些作家而言，"历史的存在是作为一种消费行为供理论食用的"。[24] 他们生活在知识精英统治的世界，声称发现了历史的"真理"，认为人类的真实生活和斗争都是走向真理的无意识行为。他们把真实的"个人作为历史仅有的承载者"，历史被认为是真实的对象，一个人。[25] 对这种理性化的胡言乱语，马克思辩驳说：

> 历史什么也没做，它"没有大量的财富"，"不为战争提供资金"。
> 是人，是真实的、活生生的人做的所有这一切，他拥有财富，会战斗：
> 事实上，"历史"不是分开的个人利用人作为达到自己目的的途径，历
> 史只是人追求其目标的活动。[26]

因此，马克思的历史观是审视人类如何在更广泛的社会矛盾的基础上进行斗争。

生产与社会

1859 年，马克思写了《〈政治经济学批判的贡献〉序言》，在里边，他回顾了其思想发展的主要原则。通过调查他得出结论："无论是法律关系还是政治形式，它们都不被自身所理解，也不会在所谓的人类大脑得到普遍发展的基础上被领悟。"[27] 这是对把社会机构看作是大的、有影响力的思想和价值观的散发源的唯心主义解释的主要反驳。例如，美国为什么会有议会民主，不是因为托马斯·潘恩写了《人的权利》，引进了民主思想。而且这与阿列克西·德·托克维尔的观点，即清教徒对基督教教义的提倡促进了民主思想的发展，也没有什么联系。[28]

大多数学术界人士凭直觉把马克思的论述作为"简化的"加以拒绝，坚持价值观和思想的自主性。但是因为学术界人士的工作机构将法律学科同政治和经济分离开，受结构偏见的影响，他们当然会认为自己研究的特殊主题具有其

自身的重要性。而且由于他们的工作就是生产思想，他们提出的思想不是人类大脑的灵光一现，而是要通过思想劝说的力量才为人们所接受，这样的质疑让他们颇受伤害。

然而，唯心主义的解释会有一些问题。如果美国民主植根于基督教传统，为什么它会用这么长时间发现这一思想呢？如果认为是清教传统的责任，为什么免除神职人员在教徒团体中的职位的思想在 17 世纪才兴起呢？在这之前没有人想过抨击神职人员的权力吗？为什么这种特殊的宗教思想会有如此深刻的政治影响，而其他的，比如睦邻友好的道德观，却被忽视了呢？如果潘恩是民主思想的创始人，为什么他的另一本抨击宗教的著作《理性时代》却被忽略了呢？换句话说，即使伟大的思想是重要的，你仍需要解释它们从何而来，为什么它们会在特殊的时刻引导建立一定的机构而不是其他。

为了反驳这种唯心主义历史观，马克思总结了他自己的唯物主义观点，如下：

> 在具体的经济形式中，直接生产者的剩余劳动被资本家无偿占有，
> 这决定了统治者和被统治者之间的关系，因为它直接产生于生产过程，

并且作为决定因素反作用于生产过程。

然而，在此基础之上建立的是整个经济社会结构，而这种结构产生于生产关系本身，与此同时也产生了它的具体的政治形式。

生产资料所有者与直接生产者之间的直接关系——这种关系总与劳动方式发展过程中的一定阶段以及此阶段的社会生产力相适应——揭露了整个社会结构最深层的秘密，隐藏的社会基础，以及主权和附属关系的政治形式，简言之，与之相适应的国家的具体形式。[29]

这段简短的阐述中存在许多值得注意的地方，下面我们对其中一些概念进行解释。

马克思认为，存在"一个完整的社会结构"，它包含"具体的国家形式"。社会结构是指一种组织形式，它把不同的机构和处于支配地位的观念联系在一起。在现代社会，资本主义私有制、抽象的公民自由思想和议会民主之间存在一种复杂的联系。相反，如同建立在奴隶制基础上的社会官方不会发表《人权宣言》一样，封建社会也不会拥有议会民主制。因此，社会是一个整体，隐藏

大求索:拿什么替代你,信贷危机?

的"原则"控制着它的各个部分。这些原则限制可能性选择，促使特定发展的发生。

生产者与那些土地、机器或者工厂所有者之间的关系是社会结构中"最深层的秘密"。这种关系决定了"剩余劳动被无偿占有的方式"，也巩固了社会。在所有的阶级社会中，生产者的劳动包括必要劳动和剩余劳动。必要劳动是生产者为了维持生计所耗费的劳动时间，而剩余劳动却被剥削者无偿占有。榨取剩余价值的方式——无论是奴隶制、农奴制或者雇佣劳动——决定了政治和法律形式。在奴隶制度下，剩余价值是从人身被奴隶主占有、毫无人身自由的奴隶榨取而来。在封建主义制度下，剩余价值通过对具有半人身自由的农民施行政治暴力威胁获得。在资本主义制度下，剩余价值来自出卖给雇主的"自由"劳动力。每一种不同的剥削方式需要有一种不同的法律制度和国家形式。

然而，这并不表示政治和法律安排影响不到经济发展速度，或者阻碍其发展趋势；也不表示法律安排和政治意识形态在真正的斗争中起不到关键作用。例如，马克思在其著作《路易·波拿巴的雾月十八日》中主要论述了政治斗争和思想的特殊作用。后来，恩格斯在一封阐明什么是历史唯物主义的信中写道：

政治、法律、哲学、宗教、文学、艺术的发展是以经济发展为基础的。但是，它们之间又互相作用并对经济基础产生影响。并不是只有经济状况才是唯一的积极的原因，而其余一切只不过是消极的结果。相反，建立在经济必然性基础之上的相互作用最终又会佐证经济必然性的存在。[30]

除此之外，马克思和恩格斯还认为人们组织生产的方式是组织社会的基础。为什么会是这种情况呢？

一个原因是，生产体制限制了理想的实现。对建立财产共享、更为美好的世界的追求决不是现代才有的现象。1524 年至 1525 年德国农民战争期间，在大约 30 万的农民起义者中有一些人开始接受激进思想，托马斯·闵采尔和他的追随者要求立即在地上建立“千年天国”。这种天国是指“一种没有阶级差别、没有私有财产、没有独立于社会成员或者与其毫不相干的国家政权的社会”。[31]一个世纪之后，英国内战期间产生了另一种相似的激进思想，如掘土派坚持杰拉德·温斯坦利的观点：“土地应该是全人类维持生存共同享有的财富，而不应

是个人财产。”[32]

尽管恩格斯对闵采尔充满了无限的同情和钦佩，但是他知道“这种超越现实的出击……只不过是暴力和幻想罢了，在它第一次被付诸实践时就注定要失败”。[33]在历史性时刻，如果闵采尔胜利并建立了土地集体所有制，废除了阶级，那么经济的发展将会受到阻碍。人们将会以较低的技术水平在共有的土地上耕作，每天要在高强度的劳动程度下至少工作 12 小时来满足他们的需要。他们没有剩余资源来发展新技术，甚至没有时间学习科学知识来研究这些技术。在那个时代，社会的发展只能通过少数人从劳动中解放出来，并从其他人身上榨取剩余价值，用于进一步提高生产力。更有可能的是，依靠土地勉强维持生活的艰难会导致新权力的崛起以承担保证食物供应的任务。闵采尔领导的一些运动本会迫使他们自己转化成为那样一种统治阶级。闵采尔与英国激进派是出色的、鼓舞人心的，但是“历史的悲剧”意味着他们不可能实现自己的抱负理想。[34]简单地说，经济结构限制了他们的志向。

生产体制的发展为静态的法律和政治结构增加了压力。有时候通过大规模的骚乱，有时候通过和平的过渡，法律和政治结构最终要适应生产体制的发展。

在中世纪英国，为了满足扩大毛纺织市场的需求，新贵族迫使农民离开土地，将公有土地圈起来喂养羊。最初，只有少数商人可以获得贵族特权，市区行会对如何生产制定了严格的规则。然而，随着商业和工业的发展，这些曾经作为保护形式的举措成为一种繁重的限制。正如马克思所说：

> 如果人们想要留下这些保护他们果实成熟的经济体制，"经济增长"的果实会自行消失。所以发生了两次晴天霹雳的事件——1640 年和 1688 年的革命。所有那些表现英国旧社会的经济条件都随之被摧毁了。[35]

革命斗争带有很强的宗教和政治热情。奥利弗·克伦威尔和议会军队决没有胜利的把握，如果保皇派胜利了，他们可能会给英国经济的发展带来"巨大损失"。[36]但是经济结构发展了，并且创造了解决不同阶级之间争端的机构。

当旧的政治和法律形式保留，内容发生变化的时候，生产体制施加的压力也可能以较温和的方式发生作用。例如，现代法律中有关财产的一些概念可以追溯到古罗马。罗马法律体系中包含一些有关合同规定的元素，具有充分的普

大求索：拿什么替代你，信贷危机？

适性，能够改编拓展以利用。与其他社会相比，资本主义社会更需要协调一致的法律为陌生人之间的商品交换创造稳定的条件，有时候法律体系采取罗马法律形式，只要：

> 法律对象，即概念意义上的商品所有者，被提升到了天堂。他的意向——所指法律意义上的意向——以其真实意愿为基础在获得中转让，在转让中获得。为了实现商品交换这一愿望，商品所有者的愿望必须是相互的。从法律上来说，这种关系以合同或者独立的意向协议表达。因此，合同是法律的主要概念之一。[37]

只要在买卖交易以及签订合同时可以不考虑地位、级别的差异，法律根据其自身的内部逻辑似乎就能够起作用。但是合同的内容仍然是由资本主义经济需要而不仅仅是由形式的法律逻辑决定的。

考虑一下植物的财产所有权。直到 20 世纪早期，植物种子才被认为是人类公共遗产的一部分。甚至在独立以后，前殖民地还要求把收集的种子免费送到宗主国的研究中心。但是随着杂交植物市场的发展，美国在 1930 年制定了《植物专利法》，而且其他国家也利用《商业秘密法》来确立财产所有权。也存在许

多例外，农民和研究人员可以继续发展杂交植物而无需授权。然而，由于生物科技的进步，生产具有特殊遗传特征的植物成为可能，大型公司迫切要求更多的财产所有权。1980年美国最高法院对钻石公司诉查克拉巴蒂一案做出的判决实现了他们的愿望，1995年生效的《与贸易有关的知识产权协议》将此扩展到世界贸易组织各个成员国。此后，正如一项欧盟规章规定，"与自然环境相隔离的生物材料"应该符合发明规定，并具有专利权。[38]这些法律判决对农民的影响很不利，但是它们支持植物生命的商品化，有益于大型公司。在这个例子中，法律直接反映了后资本主义经济的需要，并且通过知识的进一步商业化反作用于它。然而，说这些发展来源于形式的法律逻辑是没有议论根据的。

社会财产关系和生产力发展水平的相互作用帮助塑造了思想和文化形式。甚至在远离生产的生物圈内亦是如此。用人类的物质实践活动来检验思想是必要的，而不是用思想来解释人类社会实践。即使整个时代都充斥着宗教斗争，也没有必要注重假象的表面价值，而要追寻它的真正根源。

清教改革运动就是一个例子。韦伯是最早观察到清教主义的兴起和资本主

义两者存在联系的人之一，他用这个例子攻击"比较幼稚的历史唯物主义"，这种主义认为思想"是作为经济状况的反映和上层建筑产生的"。[39]他的论述集中在马丁·路德的"上帝的召唤"教义和约翰·加尔文的宿命论教义如何对资本主义"精神"的形成产生无意识的影响这一方面。路德反对将神圣看作避世，坚持认为人应该通过勤劳的工作来敬仰上帝。加尔文认为人是上天堂还是下地狱是注定的。这制造了一种恐慌，而这种恐慌只有通过人们在世上取得成功才能释放。总之，根据韦伯的观点，这些教义使人们认为制造金钱的途径与基督教教义是一致的，因此为资本主义的发展奠定了基础。

韦伯强调清教比天主教更有助于资本主义的兴起这一事实是正确的。但是他没有观察到这些教义为什么会得到如此广泛的支持，又如何适合人们的处世经历。以前的异教运动，比如波西米亚的胡斯运动，持有与路德相似的思想但是失败了。韦伯的原因中缺少了对那个时期德国人民生活状况的任何具体解释。由于市场关系开始侵蚀人们生活的众多方面，16世纪的德国社会正处于过渡时期。土地越来越多的用来生产交换的产品；商人通过家庭包工制削减习惯价格；新型贸易城市在不断发展；经济中充斥着金钱。天主教通过出售救赎券和增加

什一税来聚敛钱财。

不断发展的市场与封建主义制度的奇怪结合对许多社会阶级造成了不良影响，他们开始寻找解决办法。在这种情况下，清教改革抨击了天主教权利，号召人们满足内心的需要，得到巨大的支持。然而，韦伯忽略了所有这些物质因素，反而认为资本主义产生于清教主义的神学逻辑。当然这是一个方面，而它的影响在于为资本主义提供了一种意识形态的外壳，因为它被认为起源于对与上帝的新关系的探寻。这种解释同宗教改革领导人的幻想一样，如路德认为："上帝的话做了一切。当我坐着同菲利普和安斯多弗一起饮啤酒时，上帝给了教皇一记有力的耳光。"[40] 与此相比，马克思的方法并未表明宗教思想仅仅是物质条件的一种"反映"。真正的战斗是与宗教象征的斗争，而这些斗争产生于旧社会生产体制中的真正矛盾。

财产关系和生产体制的变化如何影响文化，可以拿艺术史这一不太令人惊讶的例子来说明。17 世纪，荷兰现实主义艺术异常繁荣，它标志着与常以说教为目的的、传统的宗教形象绘画的决裂。室内设计、雕塑、日常食物和生活的

大求索：拿什么替代你，信贷危机？

画集成为司空见惯的主题。绘画篇幅通常比较小以适合家庭住房而不是教堂或者公共楼房的装饰。油画是其中一种主要的绘画艺术。这种艺术与其他绘画形式不同，它能改变所描绘物体的触感、质感、光泽和坚硬性。荷兰艺术领域的这种转变只能通过阶级关系的深刻变化来解释。由于荷兰从哈普斯堡皇室统治下获得独立，艺术市场的赞助者成为城市居民和商人而不是贵族和宗教人员。他们的主要兴趣是展示和收藏绘画。如马克思主义艺术批评家所说："油画对表面的描绘正如资本对社会关系的作用一样……一切现实通过它的物质性进行机械的衡量。"[41]

经济基础和上层建筑

马克思在他的 1859 年《序言》中，对历史唯物主义进行了明确的概述，以指明它与社会变革之间的关系。这就是经济基础和上层建筑模式。据此，社会经济结构可以通过两种元素来分析，它们是生产力和生产关系。

生产力包括人类劳动力和消耗人类劳动力的物品。人类劳动力可以通过科

学、技术和组织协作得到提高。但是，劳动必须应用于生产资料。生产资料包括机器、工具、场地、原材料和能源供应。总之，不论我们生活在什么样的社会，劳动力和生产资料构成了生产的物质条件。

生产关系是指生产过程中所结成的人与人之间的关系，是人类劳动力同生产资料相结合的社会形式。"这种结合产生作用的特殊形式和方式"，马克思指出，"区分了社会结构中不同的经济时代"。[42] 一旦阶级社会兴起，生产关系就指上层阶级为了自身利益从生产者身上榨取剩余价值的具体方式。从法律角度来说，这是财产之间的关系，也可以看作是有效控制。因此，它们是控制权和所有权的关系。

生产关系先于个人而存在，它们完全独立于人的意志。例如，在资本主义社会，工人无权选择是自己生产还是将部分产品进贡给土地所有者。他们可以选择为谁工作，但是必须将自己的劳动力出卖给某一位雇主。换句话说，因素可能变化，但是资本家——雇佣劳动力之间的主要关系依然存在。

马克思认为生产关系和生产力发展水平之间有一定的对应关系。这种对应

关系并不是必然的，历史上可能会找到各种异常现象或者许多异常现象同时出现。19世纪美国南方的棉花种植园与当时最发达的资本主义形式相联系，但是他们却利用奴隶劳动。宽泛地说，一定的阶级关系形式是与不同生产力发展水平相适应的，而有时候非阶级关系却变得更合适。

例如，直到10世纪，西欧的奴隶制形式在大庄园中还苟延残喘，而后才普遍衰退。一个重要原因是生产技术的发展使奴隶制不再与之相适应。沉重的铁犁和动物粪便的使用提高了土地的肥沃程度。人们学会了驯马并用它来代替牛的使用。他们还发现如何种植豆科植物来改善土壤。修道院充分利用水磨坊将玉米磨成粉，所有这些都使生产力得到了提高。然而，奴隶没有动力去学习任何这些新的农业生产技术，但是农奴却有兴趣，因为他们能够自己控制生产并能保留一部分产品。即使最愚钝的地主也发现如果农民能够自由的生产更多的产品，他们就能得到更多的剩余价值。因此，农奴制成为这一时期最主要的生产关系。

一定的生产关系同生产力之间的适应不仅限于技术。提高生产力的一个关键因素是如何把劳动力组织起来进行合作。马克思认为：

相互独立的工人所产生的机械力不等同于多人共同协作所创造的
社会力……在这一合作过程中不仅个人的生产能力会增加，而且还会
产生一种新的生产能力，从本质上讲这种生产能力是集体的。[43]

劳动协作的发展需要将家庭生产转移到资本主义生产中。由于资本主义有
能力通过销售商品扩大市场，在一段时期，它为大规模的合作单位提供了最为
合适的财产关系形式。

生产力和生产关系的特殊结合形成了独特的生产模式，成为每一个特定社
会的基础。宽泛地说，马克思区分了四种主要的生产模式：

亚洲模式

因为马克思的信息不够充分，这种模式在马克思的分类学中最不令人满意。
这是一种纳贡模式，剩余产品要进贡给宗主国而不是单个的地主。马克思认为
这种社会的主要标志是不存在私有制。基于同时代的现实情形，他认为人们住

在相互隔离的小村子里，并受宗主国的控制。[44]

古老的生产模式

这种模式主要以奴隶制为基础，生产者既不占有他们自己的劳动力，也没
有生产资料。希腊没有像罗马那样典型的大型种植园，但是现在的大多数古典
学者承认希腊和罗马是奴隶制国家。奥兰多·帕特森指出："古希腊和罗马不仅
是实行奴隶制度的社会；按照摩西·芬利爵士的观点，它们是'真正的'奴隶
社会，因为奴隶制是它们社会经济结构的坚实基础。"[45]现代学者对古雅典奴隶
人数的估计从 2 万到 12 万不等。为我们提供一些数据的古老材料因为不可靠而
被丢弃，但是阿忒纳乌斯在他的《餐桌上的智者》中写道，公元前 14 世纪雅典
有 2.1 万市民、1 万国外常住居民和 4 万奴隶。为建设雅典舰队提供资金的劳
伦银矿有成千上万的奴隶，而且他们的寿命很短。斯宾诺莎在他的著作《财政
之源》中描述到雅典需要不断的奴隶供应来维持银矿的运转。[46]

封建模式

在这种制度中，佃户或以实物或以劳动力形式向地主即他们的政治主人缴纳地租。各种社会机构在这种生产模式中得以形成，并受到阶级斗争结果的影响。在某些情况下，农奴制被强化，生产者依附于土地，不得不向地主提供一系列的服务。但是，当黑死病时期人口大量消减时，人身依附就会变松，封建地租成为阶级之间的主要联系。后来，劳力服务也由货币地租来代替。

资本主义模式

在这种模式中，工人可以自由出卖自己的劳动力，但是所得工资并不是其全部价值。资本家在资本积累的驱使下榨取了他们的剩余价值。

每一种模式都为上层建筑的形成提供了基础。这在第一个例子中指非经济

实践活动，例如政治制度或者法律，但是在这些核心机构之外还有广泛的意识形态共同支撑着整个社会制度。经济基础和上层建筑模式是马克思用来描述复杂的社会进程的一个比喻，不是对一个被称作社会的东西的轮廓的设想。它的提出是为了区分概念进行分析，因此，它成为许多讨论的主题。

例如，科恩扩展了马克思的建筑类比，将基础描述为四个伸进地面的支柱。它们是不稳定的，会在风中摇摆，但是当建上屋顶之后，它们会更加坚实地矗立着。屋顶，或者上层建筑，受到支柱的支撑同时也使它更加稳固。他的比喻是想表明政治和法律制度以经济结构为基础，但反过来又为经济结构提供支持。它们有助于保护财产关系，在一些情况下又巩固这种财产关系，将变革的几率降至最低。[47]

哈曼认为剥削阶级组建了一个由非经济关系连接的网络用于保护他们的地位。他们运用法律、习俗和意识形态将势力变成权力用来保护他们的财富。因此，上层建筑不是一系列特殊的机构，而是在生产过程之外形成的用以维持特权的关系。一些机构会同时属于这两个领域。如果中世纪的教堂被看作是思想的生产者，它当然属于上层建筑，但是，当我们知道它的修道院是聚敛财富的

一个来源时，它又属于经济基础。⁴⁸ [48]

打破桎梏

经济基础和上层建筑这一比喻的目的是为了研究社会变革如何发生。马克思认为，生产力是发展的，当到达一定程度，它就会给周围更广泛的阶级关系制造问题。财产关系在物质生产过程中扮演制动器角色，这最终会使社会陷入混乱。当这些矛盾激化，阶级斗争和社会动乱就会达到新的顶点。对此马克思是这样解释的：

> 社会的物质生产力发展到一定阶段，便会同一直与之相协调运转的现存生产关系或财产关系（这在法律意义上表达的同一种意思）发生矛盾。于是这些关系便由生产力的发展形式变成生产力的桎梏。那时社会革命的时代就到来了。随着经济基础的变更，整个庞大的上层建筑也或迟或早地发生变革。[49]

111

大求索：拿什么替代你，信贷危机？

这里的第一个论点是伴随时间推移，生产力会向前发展。一个简单的原因就是人们通常想花费较少的时间生产商品，他们力图在同样多的时间内生产出更多的商品，或者生产同样多的商品耗费较少的时间。一旦他们达成其中一个目标，他们将很难忘记特定技术发生的作用。尽管有些个人可能忘记，但是集体是不会的。因此，有关生产技术的讨论通常与提高而不是降低生产效率有关。而且，一旦新技术和新的劳动组织形式被应用，就很难倒退回原来的形式。化肥和拖拉机的应用引起了农业革命，由此也帮助延长了人的寿命，但是要退回到自给自足的原始农业形式就比较困难了。除此之外，马克思还不断地重复指出，人类与自然的接触产生了新的需求，反过来这些需求又刺激了对新发现的探寻。

然而，经济衰退在少数情况下是可能的。众多不同的社会阶层都有一种维护社会本来面目的兴趣，如果经济发展威胁到了他们的特权，他们就会试图阻碍它。朝臣、警官、从事包税制的国家官员都处于上层建筑，他们可能会形成一种共识来阻止变革的发生。这是一个典型的经济停滞和衰退的例子。在 17 世纪的中国，有影响力的工业活动中心出现在以丝纺织品生产为主的苏州、以棉制品生产为主的松江和以陶瓷生产为主的景德镇。但是，由于害怕新兴商人阶级会动摇他们的统治，明朝统治者突然停止去往印度和非洲的航行，限制海外贸易。在这个例子中，上层建筑强烈地反作用于经济基础，阻碍了它的发展。然而，它也表明经济衰退时出现的问题，因为，由于经济发展停滞不前，清政府受到原本十分滞后的从事鸦片贸易的英帝国的侵略，最终被超越。

总之，马克思认为生产力通常是发展的——在资本主义社会之前速度常常较慢并且难以察觉；在资本主义社会，生产力发生了革命性的变化，发展速度非常快。在很长一段时期，较广泛的阶级或者财产关系促进了它们的发展，但是，在一定阶段，这些发展将已存在的生产关系拉得过长，使整个社会陷入混乱之中。更为激烈的阶级斗争爆发，有时候统治精英再也没有能力控制整个局面。关键问题变成谁能解决这些矛盾，为社会提供一种组织生产关系的新方法。

对于这一点，在1859年的《序言》中马克思的理论有一个问题，就是他认为经济基础上的变革"或迟或早"会引起政治结构方面的变革。这是一种很公式化的表达，马克思为了躲避普鲁士的审查才这样做的。例如，《序言》没有提

到任何阶级斗争。[50] 因此，粗略一看，马克思的理论可能会被认为在表达一场必胜的革命。不幸的是，第二国际马克思主义期间——大概从马克思逝世到第一次世界大战——他的许多追随者都是那样认为的。他们也"忘记"了革命，而专注于等待生产关系适应生产力的必然联系的实现。

但是，没有必要坚持这种特定的公式，因为可以通过两个简单的命题来阐述马克思更为广泛的论断：首先，在一定的发展阶段，人类的生产能力会受到特定阶级社会强加的各种限制条件的制约；其次，社会是衰退还是向着一个更美好的世界迈进，依赖于在这些情况下阶级斗争的结果如何。

例如，今天，很明显，依赖于大规模合作的现代生产开始反抗私人企业所有制强加的障碍。开始缩减工作日以及个人必须工作的年限是可能的。但是，由于现存的社会关系，这些目标是不可能实现的。尽管生产能力显著提高，工作强度仍然在加大，工作时间依然在增长。如果将节日和假期包括在内，美国一般工人每年工作时间可能与中世纪农民工作时间同样多。之所以会出现这种情况，如科恩所说，是因为资本主义必须优先生产更多商品而不是缩短工人劳动时间。[51] 如果生产更多的商品，并且不考虑其实际的使用价值将其售出，那

么所得的利润便会增加。但是，如果人类巨大的生产能力受到利润的驱使，这将会给环境带来更大的影响。因此，真正的生产可能性同私有制之间的矛盾给社会提出了更大的难题。

谁也无法保证这些问题都能得到解决。它取决于新的社会阶级是否具备精力、政治见识和斗争精神使自己成为社会不满的代言人。马克思坚信工人阶级可以做到这一点。他蔑视那些阻碍革命行动，鼓励对必然性持消极冥想态度的理论。他认为，是人类，而不是经济力量，创造了历史，但是他们这样做是有条件的，不是随心所欲的。

> 人类创造自己的历史，但是并不是随心所欲的创造历史；他们不是在自我选择的条件下创造历史，而是在直接的、既定的、从过去继承下来的条件下创造。[52]

因此，现代社会的主要问题是工人阶级是否能够在政治上将自己组织起来进行改革。如果他们能够这样做，社会生产力就会得到解放；如果不能，社会可能出现可怕的衰退。

113

大求索：拿什么替代你，信贷危机？

第八章　危机，资本主义体制的瓦解

2009 年，世界各国领导人在意大利拉奎拉召开八国集团首脑会议。会中他们聆听了来自联合国粮食及农业组织的一篇报道：由于粮食价格上涨，全世界 7 000 多万人在忍受长期的饥饿。各国领导人决定在三年之内拨出 20 亿美元来救助这些人。但是一年之后，据报道不到三分之一的国家兑现了拉奎拉会议上的承诺，投入了新资金。德国将原本计划投资到南非石油工程上的资金收回转而投入到这项救助项目，而西班牙却加大了对尼加拉瓜海军巡逻舰的资助。行动援助这一非政府组织，发现农业方面没有额外的资金投入。[1] 然而，银行却受到了不同的待遇。一个小小的盎格鲁－爱尔兰银行，救股市资金却至少高达 290 亿欧元——比拉奎拉会议上承诺为解决世界饥饿问题投入的资金量还高——而且资金是由某一政府立即拨出的。[2]

大型经济危机，例如 2008 年的金融危机，不仅可以揭示任何社会的内在动因，也能暴露出专业人士的真实水平。

以美国联邦储备委员会主席本·伯南克为例，他被委以重任，监管世界上最大的经济体。2005 年，他声称"在全国范围内，房价从来没有下滑"，任何变化都不会使美国经济的"就业率出现大幅下滑"。[3] 2008 年 2 月，他声称："在世界上最大的银行中，我们的资本比率保持良好，我认为不会出现任何问题。"[4] 伯南克并不是唯一一个估算错误的人。英国前财政大臣戈登·布朗在 2007 年介绍他的预算时说："我们再也不会像过去一样繁荣萧条起伏不定。"[5] 同年，国际货币基金组织声称："与 20 世纪 60 年代相比，输出的不稳定性大大降低了。"[6] 2008 年金融危机打碎了这些幻想后，詹姆斯·加尔布雷斯教授给美国参议院委员会写信，解释为什么只有少数经济学家看到了它的到来：

> 我从一个为人所诟病的职业角度提笔写下这封信。20 世纪 80 年代以来教授的经济理论完全不能解释隐藏在金融危机之后的力量。包括"理性预期"、"市场自律"和"有效市场假说"等在内的概念使经济学家认为投机可以稳定价格……不是所有的经济学家同意这种观

点——但是大多数都这样认为。[7]

经济专家错误地以为资本主义是一种能够自我调节的制度。从一开始他们就认为世界上可以利用的资源是有限的，但是人类的欲望却是无法满足的。只有"供求规律"才能有效地调节这种贪欲。当对某一种特殊商品的需求过大时，价格便会上涨，并且提醒资本家投资生产更多的此种商品或服务。相反，当需求下降时，价格就会降低，资本便会流向经济领域的其他部门。因此，通过这种方式，市场这只"无形的手"可以有效地进行资源配置。[8]

这意味着经济危机不可能是资本主义体制的内部问题。它只会发生在归咎于自然（比如粮食的减产）或者人的本性（比如过于乐观、群体本能或者政治错误）的外界因素下。[9] 这种乐观的态度可以追溯到以 19 世纪法国经济学家让·巴蒂斯特·萨伊的名字命名的萨伊定律。萨伊认为，既然交换是一个双向过程，一般性产品过剩永远不会发生。对于每一项售出的物品，买方购买的是具有相同价值的产品。这样，商品的供给就会创造自身的需求。正如詹姆斯·穆勒所说：

115

大求索：拿什么替代你，信贷危机？

一个国家的购买力是由该国家的年生产量来衡量的。年生产量越多，相应地，国内市场也就越大……国家的需求总是与国家的生产平衡的。[10]

萨伊定律受到古典经济学家领袖大卫·李嘉图的支持，他认为由于人们"在卖出商品时都伴随着买入其他商品的需求"，因此一般性商品过剩不可能发生。[11]

打破循环

马克思否定了这种武断的观点，他坚信资本主义体制不是为了消费而设计的。消费不是它的根本目的，也不是驱使它向前发展的动力：

永远不要忘记，剩余价值的生产——将部分剩余价值转化为资本，或者资本积累……——是资本主义生产的直接目的和根本动机。因此，资本主义生产永远也不应该描述为不符合它本身的东西，例如，生产的直接目的是消费，或者是为资本家生产娱乐资料。这会完全忽略了植根于资本主义制度内部基本模式中的特点。[12]

由于资本主义制度不受消费需求的驱使——不论是人民大众的需求，或者甚至是富人奢侈消费的需求——它的根本目的不是合理地配置稀有资源。举一个简单的例子。每天，有 5 千名儿童由于喝不到纯净水而死亡。但是如果他们收到一包 50 片却不足 2 欧元的净化水的药片，至少在短期内，这种情况是可以挽救的。然而，即使有大量可以净化水的药片，在资本主义世界这么简单的需求也不会得到满足。因此，很明显，供求规律对穷人来说没有任何作用。

将资本的自我扩张视为资本主义制度的内在动因似乎更为合理。但是，资本不是一件物品，而是"一个用金钱来生产更多金钱的过程"。[13] 为了达到此目的，它直接或者间接地同人类劳动相结合进行商品生产。获得利润是生产的直接目的，但是利润会再次投入到生产中以积累更多的资本，创造更多的利润，再积累更多的资本，这样一直循环下去。这是建立在竞争积累上的一种体制，只为符合这一目的的一部分人服务。

通常，资本的不同形式在循环中经历着不断的变换。首先，通过信贷体系

集资，聚集生产资料或实物资本，如机器、场地、资源等等。然后，雇佣工人，支付工资，从其他资本家手中购买各种物料和零件。当成品生产出来之后，它们就会流向商业资本家，例如沃尔玛，它能够在最短的时间内组织销售，因为周转速度越快，所得利润也就越多。商品或服务售出之后，大部分利润又投入到生产中以积累更多的资本，创造更多的利润。

如果我们消费了生产售出的某种产品或服务，那就是参与了循环。在这个循环中，个体资本家之间必须合作购买彼此的原材料和机器，雇佣运输公司运输他们的产品，或者利用外包机构处理派发工资或市场营销等业务。因此，在循环中，各个企业会做出各自的决定，但是这些决定会对彼此产生直接的影响。每个企业的唯一目的就是通过出售自己的商品获得利润。如果这些商品的市场价格低于它们的成本价或者压降了利润率，企业便会削减生产，这样很多环节就有可能发生断裂。替代性的供应商通常也可以找到，但是这不仅仅关系到生产，还关系到销售。生产计算机制动系统和主板的公司不仅直接受到购买者决策的影响，还受到成品上市后其他资本家的影响。例如，如果美国银行家引起了房地产市场的崩溃，这就会影响到中国计算机或汽车企业的销售。尽管经济

学家强调竞争积累所产生的规律加强了一定的经济秩序是正确的，但是他们视此为均衡增长的制约方式是错误的。混乱和崩溃已经植入到它的本质中。

萨伊和李嘉图认为在买和卖之间存在一种和谐的统一性。然而，马克思根据辩证法得出的结论却恰恰相反：这种统一性只有通过在危机中解决矛盾才能发生。他风趣地说："商品爱货币，但是真正的爱从来都不是顺利的。"[14] 供求之间的稳定"平衡"很难顺利地达到均衡，相反混乱与崩溃却常常发生。对此，有很多具体原因。

首先，随着买和卖时间间隔的延长，协调性的缺失便会增加崩溃的可能性。建筑业涉及广泛的社会分工，建筑商必须购买水泥、木材、用电设备和钢筋。而且，他们要在已经获得规划许可的地域找到合适的建筑用地。他们必须雇佣分包商组织一帮木匠、砌砖工和管子工。每一位控制这些运作环节的资本家都想获得最高利润，但是没有一位可以组织循环中的各个环节和谐运行从而达到这一目的。没有人想使用额外的土地、劳动力或者购买额外可用的原材料以加快施工进程。所以在繁荣时期就会出现土地、劳动力和资源的短缺问题，为了

最大限度地获得利润，每一个资本家都会努力增加价格。结果就是通货膨胀恶性循环，使一些建筑商失业。他们会以低于市场价值的价格卖掉房子，尽可能地挽救投资。但是，反过来由于供应过剩，它会引起连锁反应，导致房价进一步下降。

马克思总结了一般模式，如下：

> 没有人会决定立即购买，因为他刚刚售出。循环突破了直接易货贸易中时间、地点及交易对象的限制，这里它分裂成买和卖的对立面，易货贸易中的以自身产品换取他人产品的一致性依然存在。
>
> 如果商品的两个互补阶段之间的变换间隔太久，如果买和卖之间的分裂过于显著，他们之间的密切联系，即统一性，就会在危机中充分体现出来。[15]

第二，包含在特定技术和操作过程中的具体劳动必须换算成更广泛意义上的生产体制中的抽象劳动。通过商品交换，哪种商品是或者不是在社会必要平均劳动时间下生产的才得以确定。因为这是不可预知的，贬值和混乱的可能性是存在的。

同其他领域一样，企业生产也从购买具有合适技术水平的机器开始。只要他们再配以具有平均技能的劳动力，他们就会认为他们可以创造利润。但是，从购买机器开始到最终商品售出并获得利润结束，资本循环所需时间很长。在这段时间，其他公司可能会开发低成本、高效率的新技术。例如，20 世纪 90 年代资本投资汹涌如潮，正是因为计算机化引起了设备的快速周转。然而，这些高科技本应促进社会的快速发展，却导致了旧的资本设备的贬值。

现在发现他们的抽象劳动价格比社会平均价格还高，一些公司开始不断关注风险投资，而且在一段时间内可能消减新的投资。这样，他们对直接供应商的需求降低，一些供应商为了维持销售也会降低价格，从而进一步导致工人失业，而资本家又会从留下来的工人身上榨取更多的生产力。所以，又一次，技术进步与禁锢在资本主义社会里的社会关系产生矛盾冲突。工人的压力并没有减少，反而出现了更大的压力和混乱。[16]

第三，资本运动发生在货币循环中。然而，货币同时作为循环媒介和社会权力来源发生作用。这意味着它可以随时退出循环，无论是作为积蓄还是转变

成风险资金，比如购买古画或者珍贵的金属。而且，只要这个体系受到一点冲击，就会出现对货币的急促行动——揽储货币。在这点上，马克思认为：

> 销售商品不是以购买商品为目的的，而是为了将商品形式转化成货币形式。这个变化的过程变成了一个终结，而非调节新陈代谢的一种方法……货币被僵化储存起来，商品销售者成为货币的储存者。[17]

货币从循环中撤出否定了每一次售出活动都伴随一次买入活动的观点。它降低了经济中的需求，而且由于投资减少，导致了失业，并进一步降低需求。

第四，资本家不断努力提高生产力，降低单位产品成本。他们越成功，所获得的剩余价值也越多。然而，当生产力普遍提高，社会对商品和服务的需求便会降低。工人可用于消费的金钱越少，他们购买的产品也就越少。因此，生产力的普遍提高与通过销售实现利润之间就会产生矛盾。如马克思所说：

> 资本主义基础上的消费空间的局限性同不断努力克服这些内在障碍的生产行为之间一定存在永恒的矛盾。[18]

在《资本论》第三卷后边一章中，他解释的更充分：

> 一切真正危机的最根本的原因，总不外乎群众的贫困和他们有限

的消费，资本主义生产却不顾这种情况而力图发展生产力，好像只有社会的绝对消费能力才是生产力发展的界限。[19]

一些马克思主义者，如罗莎·卢森堡，借助民众有限的消费能力的观点暗示资本主义体制需要向"外面"的非资本主义地带扩张以倾销它的剩余产品。[20]但是，其他人拒绝了这种观点，认为这是一种"消费不足理论"的解释。[21]反对的原因之一是消费不足理论来源于像托马斯·马修和西蒙·德·西斯蒙第等作家。[22]后者认为需要进行制度改革，而前者则用它为贵族的奢侈消费做辩护，认为贵族在大规模消费上起着至关重要的作用，填补了需求的空白。

凯恩斯主义经济学家提出了消费不足理论的另一种解释。他们反对萨伊定律，认为如果由于积蓄和缺乏信心"总需求"降低，这将会引起经济危机。然而，他们的结论不是要推翻资本主义制度，而是通过国家干预对它进行管理。如果出现经济衰退，国家就会通过减低利率干预刺激消费需求，或者启动新的基础设施建设来创造需求。

马修和西斯蒙第的观点的问题在于他们把工人阶级的消费看作独立的变

大求索:拿什么替代你,信贷危机?

体，而不是由资本积累率决定的消费本身。例如，为资本家生产机器的高水平投资不会受到工人阶级消费的直接影响，但是它能提供就业机会，从而在大的经济范围内增加需求。所以，即使工人工资下降，经济依然会向前发展，因为资本财货方面的投资会间接创造出替代性需求。因此，关键问题是利润率，它可以鼓励或者阻碍投资。这也是凯恩斯理论的弱点，因为它不承认即使国家刺激需求，由于利润率不够高资本家也不会投资。资本家是不会被迫投资的。

然而，如果把消费不足看作是问题的一个方面，那么它会适合马克思而不是凯恩斯的理论模式。在凯恩斯很久之前，马克思就提出产生危机的根本原因是资本主义创造的巨大的生产能力同它不能与真正的社会需求相匹配之间的矛盾。在晚期资本主义中，工人生产能力的提高和工资报酬之间的沟壑急剧扩大。例如，自1973年，美国生产力总增长83%，而工人的总体薪酬增长只有9%。[23]显然，工人的有限薪酬对经济衰退的发生有一定的作用。然而，马克思的解决方法不是在经济出现衰退时简单地刺激需求，而是要社会合理地控制和组织经济。

整个资本主义体制远远不够稳定，而后，危机便会接连发生。大量的证据表明：经济危机是资本主义制度所固有的。根据世界银行数据显示，从 1970年至 2003 年间，93 个国家发生 117 次银行危机，2008 年金融危机的特殊之处在于它的规模。[24]而且经济衰退也不仅限于银行。在自 1834 年以来的 150 年中，美国有 35 次经济周期。其中两次——1873 年至 1893 年的大萧条和由 1929 年华尔街股市崩盘引起延续到 1941 年的经济危机——被看作是一般的经济危机。[25] 这项纪录甚至迫使经济学家参考"商业周期"理论，但是他们主要将其看作调整，认为通过周期性扩张和收缩经济会再次平衡。大多数人不理解马克思的下一个论述：资本主义制度存在一个主要缺点，既能引发又能加深上述提到的多种机制。

利润额增加和利润率下降

马克思把利润率下降趋势规律看作是"现代政治经济中各个方面最重要的规律"，"虽然很简单，但是以前从来没有被理解"。[26]

伴随资本主义出现而发展的古典经济学派同意利润率呈下降趋势，但是对其原因并不清楚。尽管右翼政治家，如玛格丽特·撒切尔，有过解释，但是亚当·斯密认为高水平的利润是经济倒退的预兆。由于投入更多资本和雇佣更多工人，从而导致工资额上涨，利润下降，经济随之衰退。[27]李嘉图担心这种解释会为维护资本主义带来困难，因为它指出资本主义体制中存在一条断层线。他同英国贵族进行了一次长久的论战，寻找工业经济之外利润率下降的原因。同亚当·斯密一样，他认为工资上涨就是原因，但是声称这是农业生产能力下降导致的。由于雇佣工人增多，对农村食物的需求量增加，但是，由于土壤产出递减，食物价格上涨。反过来又导致工资上涨，利润率下降。[28]

马克思没有以工资开始解释，而是运用了他的剩余价值理论。如同第二章所解释的，他认为利润来源于工人创造的剩余价值。资本家以由社会必要劳动时间决定的商品的价值为基础，把商品拿到市场上销售。商品中凝结的人类劳动越多，它的价值就会越高，商品价格会围绕价值上下波动。所包含的劳动越少，商品价值和商品价格就越低。然而，尽管工人们把价值赋予给这些商品，但是他们得到的工资并不是他们付出的劳动力的所有价值，而把剩余价值无偿提供给了资本家。

为了追逐利润，资本家双线作战：在劳动过程中，他们设法增加额外的剩余劳动时间；在市场中，他们努力争取更多的市场份额。[29]

在劳动过程中获胜的关键在于更先进的生产力。他们努力提高工人劳动强度，却受到他们体力损耗的限制。然而，科技是没有限制的，它可以让工人在很短的时间内生产出比较多的商品。如果一家公司投资引入计算机数字控制机器，它的工人，与其他使用传统车床的公司相比，将会切割和焊接更多的金属，即便后者的工人工作更加辛苦。因此，提高生产力的动力引起了生产的机械化。机器代替了工人，物化劳动代替了活劳动，每个工人使用的固定资本增多。[30]第一个掌握最新技术的公司将会获得一定的成本优势。他们生产出的商品的成本低于仍然由旧的技术形式决定的价值。这将使他们获得额外利润，因为他们可以稍微降低产品的价格，从而获得额外市场份额，创造高额利润，因为他们从技术中受益。

然而，这种发展最终会给他们的对手带来影响。获得市场份额的关键就是

大求索:拿什么替代你,信贷危机?

降低单位产品成本。市场营销和广告固然可以发挥作用，但最终关键的可变因素依然是成本。如果一个竞争者引进先进技术，降低了产品的成本，他的对手一定会做同样的事情。结果，同工人的数量相比，任何一个行业使用的机器的水平都会提高。这样资本的技术构成发生了变化，因为出现了更多的机器，或者如马克思所说的同活劳动相对的"死劳动"。马克思称这种资本价值的变化为资本的有机构成，因为它的两个构成成分的比例发生了变化。同花费在工资上的可变资本相比，固定在机器和物质生产资料中的不变资本增加。

然而，这引发了一个问题，因为利润的来源是活劳动。同固定资本相比，工人数量的减少意味着利润率的降低。技术可以帮助公司以较低的成本生产较多的商品，但是，随着这些技术在全行业的普及，商品的价格就会降低。今天生产的电脑要比十年前生产的便宜得多。收音机、电视机、摄影机的价值也降低了。可是在它们每一个行业，资本家必须在车间和机器设备上花费更多，而工人的数量却在减少。因此，每个资本家必须努力从成本低、工作量小、初期投资高的产品中获取利润。

他们可能还是会设法提高利润额——换言之，财务账目上的数据。随着额

外资本的使用，可能会雇佣更多的工人，即使同固定投资相比他们的数量已经减少。一般情况下，一个控制大量资本的资本家创造的绝对利润会比一个小资本家多，因为他占有更大的市场份额。[31] 然而，利润率，即投资的回报，将会降低。从专业角度而言，经营盈余净额对股本（以总固定资本的重置价值来衡量）的比率将会下降。[32] 马克思解释说：

> 引起一般利润率下降的同一些原因也会加速资本的积累，因此它占有的剩余劳动（剩余价值、利润）的绝对量或总量随之上升。

> 就像竞争中所有的事情都要反向表达一样，在竞争者的意识里这项规律同样如此——我所指的是两种明显相互矛盾的现象之间存在的内在的、必然的联系。[33]

但是，为什么资本家选择在较低的利润率水平的基础上进行生产呢？当然，问题是他们没有选择——动态竞争迫使他们不得不这样做。如果他们想保持或者扩大市场份额，他们必须与他们的对手引进的高科技保持步调一致。

然而，他们仍然会针对利润率下降采取一些行动。如果他们增强剥削程度，

这会弥补活劳动与死劳动的比率下降带来的损失。通过对较少工人的更大程度的剥削，他们获得更多的剩余价值，也便抵消了利润率的下降。这就会产生大量的马克思所说的"相反趋势"，力图减缓甚至扭转利润率下降的趋势。如果我们认为这些是不同资本家采取的策略，我们就能领会马克思理论的力量。这里列举了三种典型的方法。

一种是通过减少工人数量和延长工人工作时间，增加绝对剩余价值量。他们可以强迫工人——在法定范围内——额外工作一小时或者一星期。他们可以引进年度工作时间制度保证全年工作期间之内没有停工期。他们可以取消加班费率和值班津贴，实现 24 小时生产，充分提高巨额投资的机器的使用效率。他们可以将生产转移到法定工作日较长的国家。

另一种方法是通过加大劳动强度，增加相对剩余价值量。在这一过程中，工作日保持不变，但是工人得到的工资的价值与他们生产的产品的价值并不相符，原本需要 4 小时完成的工作，工人们要在 3 个甚至两个小时内完成。这样，工作日的大部分时间就被资本家无偿占有了。如果我们将工作日想象成一块瑞士乳酪，上面有几个洞称作"停工期"，资本家将会尽可能多地填补这些洞。他

们采取各种方法来实现弹性工时的要求。告诉工人要参与"多重任务"以提高技术水平;利用团队合作,加强团体力量,颁发团体奖金。最终结果是,无论运用哪种方法,停工期减少,工作强度增加。

第三种方法是削减工资。经济危机为资本家提供了"下调工资"的机会,但是即使在经济稳定时期资本家也还是会采用很多微妙的措施来削减工资。与老龄工人相比,雇佣年轻工人的比率可能要大;工资涨幅可能在通货膨胀率以下;提供的退休金可能减少;特殊假日补贴可能取消;工人可能被解雇,并以较低的工资标准再就业;生产可能迁移到劳动力廉价的国家。随着机器的使用增加导致工人失业,工人不得不接受这些变化。

所有这些策略在现代社会已司空见惯,但是几乎没有几个传统经济学家能够解释为什么在技术进步已经使得工作变得容易的背景下人们反而工作越来越辛苦,压力越来越大,工资越来越低。例如,在 20 世纪 60 年代,关于人们将如何充分利用由自动化带来的越来越多的自由时间,学术界还展开了辩论。然而,今天,许多人生活在自相矛盾之中,自动化引进之后他们受到的压力反而

更大。只有马克思的有关资本家如何回应利润率下降的理论可以解释这些。

除了这些策略之外,马克思认为对外贸易也可以用来减缓利润率下降。销售到国外的商品可以高价售出,或者劳动力可以廉价购入。他还认为存在一些"节省资本"的技术可以降低不变资本的成本。例如,有时候引进新技术需要的资本投入可能会由于制造该机器的方法廉价而降低。但是,资本家降低单位工人物质投资的例子相对较少。[34]

然而,利润率下降的趋势和它的相反趋势力量并不平衡。后者,马克思认为,"不会使这个规律消失但能削弱它的影响"。[35]前者"只有长期在一定的特殊条件下才具有决定性作用"。[36]

积聚和金融

即使利润率存在下降趋势,资本主义体制的扩张还是产生了一系列重要的影响,这些影响在 21 世纪趋于明显。

首先,出现资本积聚和集中。由于单位工人使用的固定资本投入大量增加,

小资本家越来越难以得到发展。小商店、网吧和餐馆可能成倍增加，但是经济领域的主要行业却由越来越少的大公司控制。资本积聚，马克思指大公司利用大量资本进行生产。资本集中，马克思指大公司吞并小公司。

在晚期资本主义社会，这两条趋势都很明显，因为只有少数公司控制着全球经济的不同行业。今天，世界100强当中有52家公司，48个国家。[37]像通用汽车公司或者壳牌公司，仅它们中一家就比丹麦、印度尼西亚、希腊或者波兰等整个国家控制的资源都要多。一个有名的例子，高盛公司高层领导分配到的钱财相当于坦桑尼亚全国的收入。[38] 20世纪90年代，出现了大规模的兼并和收购浪潮，资本集中加剧，合并后的资产增加了5倍，达到2.7万亿美元。[39]结果便是，几家强大的公司控制了我们生活的各个领域。

第二，伴随资本主义的扩张出现了信贷和投机浪潮。马克思关于货币和信贷的著作非常抽象散漫。但是，一些作家如大卫·哈维扩展了马克思的一些概念来阐明现代金融的运行规律。[40]

如果生产量比较小，个人资本家会利用自有资源为扩张提供资本，然而，

现在他们再也无力预先支付购买机器、材料和能源供应所需的费用。这也是金融制度得以发展，并为资本主义生产发挥诸多关键作用的地方。它通过集中各个行业的储金，形成启动资金开始生产。它将那些由于缺乏投资机会而"闲置的"资本在各行业间进行重新分配。这样就形成了庞大的资金池，构成"一个阶级的共同资本"，[41]这也有利于经济中利润率的透明化，保持各个行业间投资的平衡。信贷制度允许资本家在整个循环完结之前通过分期付款购买新材料，从而缩短了周转时间。在单一的生产阶段他们可以使资本周转次数增加。信贷也促进了如汽车或住房等商品的消费，进一步刺激了生产。

随着金融制度的发展，它也超越了货币的障碍。过去，纸币必须直接兑换成黄金，但是后来这种联系被打破。银行获权发行"汇票"、信用卡、支票以及所有形式的信用证券。最终，甚至出现了更为复杂的"虚拟资本"。这些都是本票，参与循环不需要有真正的商品或者生产活动基础，持有者拥有的只是承诺未来收益的一纸协议。例如在期货市场上买进的期货合约，承诺在一年内进行大豆交割。又比如债务抵押债券，借方提供大量资金购入银行或经济商的信贷资产或债券，进而从偿还抵押贷款的人群中获得收益。然而，这些票据可能又

会转手卖给那些臆测来年大豆价格或抵押贷款的利率会上涨的人手中。因此，他们愿意付出高价，从而使票面价格与原始商品价值之间的差距越拉越大。或者购买者买入票据的原因很简单，他们认为可以以更高的价格转手卖给其他人。不论是哪种情况，我们都进入了虚拟资本的黑暗世界。

现在出现了转机。由于一切变得极具风险，一些企业资本家开始"量化"风险——他们以数字对它进行衡量，允许你办理保险来抵消风险。这些对原本与大豆或抵押债券相联系的票据的保险被称为信用违约掉期。同样它的价格将会根据风险等级的不同而有所差异，或许因为它会以更高的价格出售。所以有更多的企业资本家购买信用违约掉期，因为他们认为会从中获利。

这听起来像是梦幻岛上的奇怪迷宫，但是现代资本主义正是这样运转的。例如，世界上最大的保险公司 AIG，为价值 4 410 亿美元的有价证券购买了足够多的信用违约掉期，因为他们认为可以从中获得巨大利润。但是 2008 年金融危机过后，所有投机大豆、抵押债券或其他金融产品失败的企业都要求 AIG 赔偿它们的损失。AIG 严重亏损，只能同雷曼兄弟公司一样通过美国政府的救济

大求索：拿什么替代你，信贷危机？

摆脱困境。这就是虚拟资本的奇怪世界，马克思认为它是所有资本形式中最"拜物教的"，因为"所有同资本本身扩张的实际过程的联系都消失了，没有一点痕迹，证实了资本应该通过自己的力量自主扩张的观点"。[42]

20 世纪初，爱德华·伯恩斯坦认为发达的信用体制可以防止由于生产过剩导致的一般危机的发生。[43] 这是他要求改革而不是革命的基石。今天许多人持相反的观点，把银行家和金融家看作是导致经济危机的原因。然而，马克思对围绕金融的故弄玄虚的观点深表不屑。他既不把它看作产生资本主义弊病的原因，也不认为它是解决资本主义危机的方法。他认为金融通过拉动需求帮助资本主义克服了它的局限性——结果只能导致更严重的危机。他写道："金融消除资本实现障碍的唯一方式就是将这些障碍提升到最一般的形式。"[44]

金融家要求利润执行生产资本的职能。这种利润不是从生产过程中掠夺的剩余价值，而是将财富从一个资本家转移到另一个资本家的利息。同神秘化的"金融工程"相反，它本身不能创造财富，却代表对财富的索求。由于金融行业寻求更多的利润，它突破了自身的官方储备的界限，借入后再借出。银行进入"货币市场"，借入大量资金，然后放贷赚取利息。它们会冒更大的风险，因为

它们想当然地认为贷款会在以后以增长的资产价格收回。最初，它加快了资本循环速度，重新进行资源配置，所有这些都促进了资本的增长。例如，额外资金投入到房地产市场，促进了房地产市场的繁荣，变成了一种自我实现预言。

但是，一旦经济体制受到全面压制，就需要有更多的信贷为利润明显比较丰厚的活动提供资金。更多的虚拟资本产生了，票据价值与财富的实际价值之间的沟壑也变大。最终，借出远远超过收回，资产价格泡沫爆破。表面看，由于出现了对真正货币的追求，危机仅仅表现为货币信用危机。但是，尽管危机以金融形式出现，其根本原因在于力图克服每一个障碍，却又限制消费的制度。

危机

当所有矛盾涌现出来，激化到一定程度，危机便会发生。一般情况下，资本的过多积累通常伴随失业和劳动力的不充分利用。危机前的繁荣时机，资本扩张创造的过剩资本已经不能找到可盈利的投资渠道。尽管资本努力克服所有

的障碍，我们发现：

> 资本主义生产的真正限制是资本自身，这就是说：资本及其自身的扩张，表现为生产的起点和终点，表现为生产的动机和目的；生产只是为资本而生产，而不是相反：生产资料不是简单地为社会生产者有序拓展生活方式的手段。[45]

然而，危机不是偏离均衡，而是均衡机制本身。[46] 如多布认为，危机"既是宣泄又是报偿：是唯一的机制……一旦被打破，社会均衡进一步得到加强"。[47] 当生产受到阻碍、机器停止运转、原材料浪费，以及劳动力闲置，从而资本遭到破坏，危机发生。随着商品价格下滑，价值开始贬值，而且承载未来利润的虚拟资本本票的账面价值出现下降。危机来临时，资产阶级开始表现的像"敌对的兄弟"，因为"一旦问题不再是分配利润而是共担损失，每一个资本家都会尽可能地减少自己丢失的份额，把损失转嫁给他人"。[48] 如果说资本家处境艰难的话，那些失业和生活水平下降的其他社会公众的情况就更加糟糕了。

然而，最终危机为经济中无情竞争的出现做了铺垫。机器设备、车间，以及人类劳动力，所有这一切都被贬值，但是作为物质实体它们依然存在。生存

下来的大资本家——或者那些有朋友在政府部门的资本家——可以把它们廉价收购，继续进行生产，创造更高的利润。整个体制又回到了资本积累的轨道。

或者它本应如此。但是，资本主义后期出现了"大而不倒"综合征。现在的体制过于集中，大型企业破产会导致黑洞的产生，进而吞噬其他大规模资本。2008年9月15日，星期一上午，雷曼兄弟公司破产，"自由世界"的领导人目睹了来自黑洞的涟漪效应。AIG紧接着受到牵连，整个资本主义体系呈垮台之势。突然间，原本谴责政府干预市场行为的乔治·布什等美国政治家们迅速介入救市。体制得救了——却付出了很高的代价。

宣泄停止，国家债务膨胀——剩余资本丧失活力，盈利性再投资也缺乏信心。对大多数而言，资本主义进入了一个充满不确定性、危机以及痛苦的漫长时期。如何清除资本本身的真正障碍便成为资本主义社会急需解决的问题。

大求索：拿什么替代你，信贷危机？

第九章　空想还是革命

2008 年的金融危机摧毁了约 50 万亿欧元的世界资产，相当于全人类一年的劳动产值。[1]据联合国教科文组织全球检测报告团队帕特里克·蒙特评估，这一损失直接导致了数以百万计的儿童面临着"长期无法治愈的脑损害"。[2]食品价格上涨和失业人数不断上升已经导致了约 20 万至 50 万儿童的死亡，由于营养不良，更多的儿童将会遭受脑损害。

但是，仍然有人声称除了资本主义，我们没有其他选择。弗朗西斯·福山说道："我们无法想象出一个比目前更好，本质上完全不同的世界。"[3]同时，谴责当前体制的左翼批评人士对此深有同感，但是他们认为"要想象资本主义的终结，还不如想象世界的终结"。[4]这种悲观言论主要起源于对前苏联的看法，即人们普遍认为它就是一种"实际存在的社会主义"。柏林墙倒塌和随后

的苏联解体证明企业公有制和社会主义计划行不通。但是，苏联和东欧国家的共产主义体制并不是资本主义的另外一种选择，而是它的一个镜像。因为官僚精英们为在冷战时期赢得竞争，控制经济，使之成为一种军事工业的复合体经济。

没有民主，就没有独立的工会，也没有由工人控制的因素。为人民提供商品和服务的消费基金被完全挤出来支付庞大的军事机器。爱尔兰社会主义家詹姆斯·康诺利提出这些具有社会主义性质的社会缺少了一个基本点，引文如下：

> 正确的社会主义意味着最重要的事情是工人合作控制机器的生产。没有这种由国家控制的公有制合作，并不是社会主义——它只是国家资本主义。[5]

苏联解体是因为它是一个以军事竞赛为导向的国有社会。一般而言，马克思和恩格斯都未曾认为社会主义能够简单的等同于国家控制。例如，恩格斯曾经设想，大型公司可以采取垄断的形式，并且由国家控制，类似于以前的铁路系统。然而，他认为这无法导致资本主义的灭亡，反而会建立起国家资本主义。

现代国家，无论是哪种形式，其本质都是资本主义机器——国家资本主义是国家资本的理想化身。国家掌握生产力的程度越高，国家资本主义的形式就越明显，对人民的剥削就越严重。工人依旧只拿到微薄的工资——他们仍然是无产阶级。资本主义的关系并没有废除，反而变本加厉。但是，物极必反，国家掌握生产力不能解决矛盾，但是创造了解决该矛盾的技术条件。[6]

如果解除了对社会主义和国有制的误解，那么对社会主义存在的论断也就消失了——因此"除了资本主义，没有其他选择"——这句座右铭便显得很荒唐。这种假定的社会形式——工业资本主义——除去所有之前的模式，它已经存在了250年，并且将永远存在下去。因此，这一问题并不在于选择方案是否有存在的可能，而在于该方案的可操作性和如何实现这一方案。

马克思和空想主义

大求索：拿什么替代你，信贷危机？

"空想"一词经常被用来暗示那些对当前秩序表达不满的批评家们眼高手低。他们进行道德上的谴责可以理解，但是有人认为，他们的解决方案是"空想"，是不切实际的。它表明了一种实现完美但完全不可能实现的渴望。但是，这种说法误解了马克思和空想主义的关系。

"空想"一词起源于1515年托马斯·莫尔的一本书名。当时，新生的资产阶级通过圈地运动聚敛财富，空想在书中被认为是贬义词。它攻击了对小偷实行的残酷绞刑，谴责国王把人民当作乞丐一样统治。"对于一个有很多财富和乐趣的人来说，当所有关于他的事情都变成哀悼和呻吟时，他就变成了一个狱卒而不是国王。"[7]第二部分描述的是一个叫"空想"的地方，它跟英格兰几乎一模一样，但在那儿，财产是公有的。在这片土地上，人民过着安详而快乐的生活，因为"尽管大家一无所有，但是大家什么都不缺"。[8]空想主义不是一个进行改革的方案，而是一种卓越的文学方案，它为现存社会提供了一面镜子。在其他文学作品中我们也可以找到类似的例子，例如，托马斯·坎贝拉的《太阳之城》（1602），弗朗西斯·培根的《亚特兰蒂斯》（1627），詹姆斯·哈林顿的《大洋》（1657）。如果阶级划分被视为永恒的、上帝创造了人类的特点，那么人类对美好世界的憧憬就成了离奇幻想了。

  法国大革命和工业革命后，早期空想社会主义者首次指出了新社会的缺陷，人们对资本主义社会的看法开始改变。在宣扬的"自由，平等，博爱"的口号背后，亨利·德·圣西门、查尔斯·傅立叶和罗伯特·欧文察觉到另一种阶级规则的形式有一个不同点：傅立叶指出"贫困不是源于饥荒或物质缺乏，而是产生于富裕本身"。[9]这些空想家们认为阶级对立可以消除，但是，与他们的前辈不同，他们想要提出一个实际可行的方案，来表明如何实现这一空想社会。慈善家欧文用自己的财富，在苏格兰建立了新拉那克棉纺厂，首次为1 800名工人及儿童提供免费的教育。傅立叶的追随者在美国建立的殖民地被称为"方阵"，因为它是为人民共同生活所设计的。尽管这些试验昙花一现，但是空想社会主义者预言这种新的思维方式是空前进步的。傅立叶抨击了婚姻中妇女的地位，认为"人们试图说服妇女甘当花瓶"。[10]他声称，"作为一般规则，妇女解放是社会进步的标志，社会秩序走向堕落是因为妇女解放的进度缓慢"。[11]

  马克思和恩格斯高度赞扬了这些批评资本主义的早期空想家，认为他们是

被"思想的宝石"[12]所激发，这种想法经常以一种奇妙的形式出现。恩格斯对共产主义合作社非常感兴趣，这些合作社被认为是新社会雏形。然而，马克思和恩格斯把这些试验仅仅看成是革命的前奏。当他们为未来社会制定出详细的蓝图，这一切都会变的非常关键。在《共产党宣言》中，非常著名的一条就是马克思和恩格斯宣布将打破所有形式的空想社会主义。他们的目的是如何脱离资本主义。马克思和恩格斯认为空想家把建立新社会的愿望寄托在"个人的创造力"[13]上，认为个人可以使用理性来纠正社会的不公。空想家认为人民群众不会拥有这种独特的创造力，并且也无法将之转换为改变社会的希望。空想家能够采取的唯一方法就是用亲身经历来进行宣传和教导。尽管他们的试验缺乏可用的资源，但是他们的目的是克服一切困难，创造一个能为人民追随的楷模。因此，这种试验的本质是一种精英主义。尽管这种模式的创造者也会为工人考虑，但是他们只是把工人看作是最受压迫的阶级，并没有把工人当作独立的力量。他们认为通向新世界的道路必须由更聪明、道德上更好的人去开辟，这样才能为他人树立榜样。

  同时，空想家们也错误地遵循了封建主义向资本主义的过渡模式。在封建

主义社会，有可能建立起资本主义的领地，它能够在社会的夹缝里成长，成功地扩大并且最终克服旧的经济秩序。这是因为比起地产，商业资本能够以一种更成功以及动态的方式聚集。但是，这种脱离资本主义的过渡方式，并未向工人开放，因为工人无法以一种优于资本的经济力量的方式来聚集财富。工人的主要资源是他们拥有团结一致的能力，但是这种力量很难聚集。因此，在资本主义社会建立社会主义是不可能的。

然而，讽刺的是，空想社会主义者低估了旧社会的残余力量。他们认为，新的社会可以从头开始，就好像总有一天会迎来一个全新的生活一样。针对这些空想，马克思认为社会主义可以在人民当中存在，这些人经历过资本主义。马克思认为："在各个方面，无论是经济上，道德上还是智力上，它都打上了旧社会的印记，因为它是从旧社会中衍生出来的。"[14]

这种完全不同的视野使工人阶级斗争的定位发生了变化，因为马克思认为工人并不是简单地被当前制度洗脑，他们有能力在斗争中改变自己。新社会的诞生既需要工人斗争经验的连续性，也需要工人脱离这种经验主义。马克思和

大求索：拿什么替代你，信贷危机？

恩格斯在《德意志意识形态》一书中简明地总结了他们的理论：

　　共产主义对我们来说并不是要建立一个国家，而是对现实做出且必须做出的自身调整。我们将共产主义称为真正的运动，因为它废除了一切现存的事物。这种运动的条件来源于现存的基础。[15]

在马克思晚年的一封信中，他更加强调了要反对计划未来，要侧重当前的实际斗争：

　　未来革命的行动纲领和教条主义只能让我们在当前的斗争中分心。推翻旧世界的梦想是由早期的基督徒提出的，在与罗马帝国的战争中，这一想法给了他们胜利的信心。科学的洞察力不可避免地瓦解了占主导地位的社会秩序……真正的无产阶级革命打碎了旧制度存在的条件（尽管这种条件是确定的，但并不稳定）。[16]

从马克思与皮埃尔·约瑟夫·蒲鲁东和约翰·格雷所做的相关论断当中，也可以了解到资本主义改革是如何进行的。李嘉图早期的劳动价值理论也提出：每个工人应该直接享有他或她的劳动成果。他们设想出一个更加公正的市场，个人付出劳动并且得到劳动果实，他们得到的商品数量与付出的劳动等价。国

家兑换银行将会监察有关过程，确保兑换的公平。由于货币得到废除，取而代之的是劳动时间，因此，社会可以逐渐转型。

这种认为市场能够得到调控并且可以实现公平分配的假设并没有看到市场的实际运行过程，它是通过一种人为的破坏性调整，来给每一种商品规定平均价值。因此，个人劳动时间的计算是人为的，并且需要一个庞大的官僚机构来执行。蒲鲁东和格雷还认为当整个社会追求共同的社会目标时，商品卖家的个人独立性可以得到保持。然而，马克思反对这种市场空想主义，他认为只有完全推翻资本主义，由以商品交换为媒介的社会劳动才能得到民主的控制，而"相关生产者"[17]的集体努力才能起作用。而这只能通过消除市场来实现，而不是停留在对市场公平的空想上。

马克思关于空想社会主义者的讨论和无政府主义者蒲鲁东的观点在今天看来还有一定的现实意义。由于变革的迫切性要求，面对当前这一变革并未发生的现状，使人民产生了强烈的挫败感。一个表现就是空想思想的复苏，它强调"行动"的重要性，消除了等待"革命"的思想。例如，自治运动的主要发起人，

约翰·霍洛威认为需要"各个阶层无尽的呐喊"[18]来解决迫切的革命要求与革命不可能发生之间的窘境。他的主要思想是建立自治区，例如社区花园，激进教育试点或者像墨西哥恰帕斯州的萨帕塔区。同样地，艾·欧·怀特提出了"真正的空想"概念，例如作为新社会预想的西班牙巴斯克地区的蒙德拉贡合作社。[19]还有一些作家，例如，理查德·威尔金森和凯特·皮克特，他们提出的大量数据显示了资本主义的不平等性，同时，他们还提倡在公司实行工人所有制，因为这样可以保持较高的道德水准，甚至会产生较高的利润动机。[20]

但是，马克思所提倡的社会革命与以往的这些方法都不同。他倡导的并不是"等待"大日子的来临，而是要参与到当代工人的斗争中来。在这个倡议当中，"行动"意味着参与阶级斗争，如果斗争胜利了，人民要有建立一个新社会的希望。除了不同的"呐喊声"，还必须把社会各阶层联系起来，形成变革社会的力量。虽然这种自治很受欢迎，但是无论人们有多大的热情参与"真正的乌托邦"，他们都无法避免由市场经济所带来的压力。

蒙德拉贡联合公司就是一个典型的例子。它最初由一位天主教神父创立，最后发展成为西班牙第七大公司。但是，在这一过程中，由于竞争压力，该公

司迫使 20% 的劳动力成为临时工。[21] 研究员沙尔·克什米尔在工人中进行了一项民意调查，发现"合作并不能使员工形成一种强烈的主人翁意识，除非是那些处在高层的人"。[22] 类似地，美国最大的员工所有制公司——美国联合航空公司，为了在竞争中生存，也被迫裁减人员，缩减工资。可悲的是，员工的股票价值最终下跌，损失惨重。在这两起例子当中，"真正的乌托邦"无法冲破资本主义的牢笼。因此，马克思的方法不是在现存的生产制度中寻找另一种选择，而是要推翻这种制度。

革命

在马克思的早期作品中，他宣称"只有革命才能实现社会主义"。[23] 在《共产党宣言》中，他和恩格斯更加直截了当地宣布"只有强制推翻现存的一切条件才能实现革命的目的"。[24] 这些都表明了革命的必要性。

现存国家机器无法实现这一目的，因为它是由主导阶层控制，用来实现其

大求索：拿什么替代你，信贷危机？

经济目标的。因此，马克思认为革命的目标并不是"要把官僚军事机器从一方转移到另一方，而是要将它粉碎"。[25] 这一观点是根据欧洲各国政权而提出的，马克思认为在美国和英国，议会过渡的可能性是有的，而这种"官僚军事机器"现已在各个国家蔓延。

与资产阶级不同，工人需要直接的政治力量来开始解放自己的过程。1798年，法国资产阶级彻底推翻了旧的封建制度，但在 1848 年欧洲动荡以后，他们却变得更加害怕日益增长的工人阶级。

> 资产阶级察觉到在革命过程中，民众变得孤立并且暴躁。因此，他们以一种友好的方式，尽量避免革命，以保证资产阶级的绝对统治。[26]

资产阶级意识到贵族可以进入政界，只要他们拥有赚钱的自由。然而，类似的政治和经济权利的分离并不适合工人阶级，因为与资产阶级和贵族不同，工人阶级是被压迫的阶级。因此，在以商品为本质的交换中，要将这种剥削体制连根拔起，需要直接的政治力量。这也是一个革命过程，人民群众必须要认清自己的利益，形成对社会的不同理解。一般情况下，多数人接受了统治者的

合法性，至少会接受他们的一些思想。这不是简单的通过传授、说教，以及榜样就可以实现的。工人的"觉醒"并不能大规模地形成一种新的意识，而后被动地追随智慧大师或电视节目主持人的说教。民众学习的唯一方式是通过阶级斗争，正如德雷珀所说的"革命加速并且丰富了学习的进程"。[27] 在《德意志意识形态》一书中，关于如何转变传统观念，马克思和恩格斯进行了总结：

> 变革只能通过实际的运动——革命，来实现。因此，这种革命是必要的，不只因为只能通过这种方式来推翻统治阶级，而且还因为翻身阶级只有在革命中才能真正地摆脱历史的淤泥，进而调整自己，建立新社会。[28]

革命既不是偶然的也不是计划的。它们或许会以一种最不可预知的方式出现，因此，它往往是自发进行的，但是革命反映了社会深层次矛盾。正如恩格斯所言"革命并不是偶然和随意发生的，而是完全独立于各方政党及各个阶层的意志和领导力之外的必然结果"。[29] 革命从社会骚动发展而来，进而波及到社会各个阶层。通常，下层阶级并不会立刻接受新世界的思想，反而会为旧世界

而战。只要当社会各阶层形成了不可调和僵局，那么只有采取革命的方式才能实现和解。1917年的俄国革命，总体说来，就是为了"土地、面包及和平"的革命。

被卷入革命漩涡的不仅仅是下层阶级。俄国革命家列宁指出，革命要有三个必要条件，而工人阶级只是其中一个条件。革命的第一个条件是"统治阶级内部失控，各方利益相互纠缠"。[30] 统治阶级的分化为人民质疑统治者提供了条件，同时，使人民相信要对统治阶级采取果断的行动，来维护他们的权利。

第二个条件是要有"中间元素"，这种条件不仅可以消除对统治阶级的效忠，而且可以潜移默化地使统治阶级的政策破产。[31] 社会的每一次重大危机都与冒险家有关，他们是一些次要的领导人，往往会提出非常激进的解决办法。例如，1848年的法国大革命，亚历山大·罗林、阿方斯·拉马丁等激进的共和党人，为获取工人阶级的支持，进行了慷慨激昂的演说。但是，一旦工人阶级遭到镇压的时候，他们则偏向统治阶级。革命对所有的政治势力都是一场大的考验，革命的动态性暴露了隐藏在这些激进言论背后的调和因素。

这两个条件，与工人日益增长的"群众情绪"相结合，可以发展成为"最

坚决，最大胆，最彻底”的革命行动，只有这样革命才能发生。[32] 然而，这种观点暗示了革命需要一个过程，而不是简单的一个事件，因为通常只有极少数的工人支持"大胆、彻底的革命行动"。即使当暴动发生后，许多人是希望和解，而不是继续革命下去。恩格斯在他晚年的信中写道："最大的错误就是认为革命是一蹴而就的。事实上，即使在条件成熟的情况下，人民群众也需要经过几年的磨练过程。"[33]

这里指的"几年"，很容易让人感到困惑。因此，很有必要区分一下革命前和革命这两个概念。当社会产生危机时，是抓住斗争的先机还是被动地接受，其产生的影响是非常不同的。一旦工人经历过很长一段时间的和平，并且他们的工会开始萎缩，在愤怒爆发之前，经济危机极大地加速了这种萎缩和道德堕落。相反，工人在斗争了一段时间后，进入一个新的环境，经济危机会使他们的斗争意识增强，并且形成一种新的政治意识。因此，恩格斯指的"几年"，适用于革命发生前的斗争条件。

但是即使发生决定性的对抗时，这也仅仅是革命之前的序曲，可能会持续

大求索：拿什么替代你，信贷危机？

几个月或者几年。这是因为，革命本身就是一个学习的过程，工人从中可以知道只有他们自己当家作主，才能解决社会问题。由于这涉及了具有不同经验的大部分群体，它的传播还需要一定的时间。革命的典型标志包含了街头斗争，设置路障，最后引起对权力争夺的腥风血雨。尽管 21 世纪的工人革命也会包含这些因素，但是过程会更复杂。

资本主义不以单一的控制和指挥中心为基础，而是植根于庞大的社会关系当中，不仅仅是在工作车间，同时也包含在其他领域。因此，工人革命必须从街道转移，通过罢工和暴动，去占领工作车间。因此，工人革命生来就有低谷和高潮，在经过经济对抗和大的政治问题后，工人革命会受到斗争的极大刺激。马克思试图以最简洁、最朴实的语言概述了资产阶级民主革命和社会主义工人革命的区别，原文如下：

　　　　资产阶级革命，例如 18 世纪兴起的那些革命，如狂风暴雨般一个接着一个地成功，且影响一浪高过一浪；人和事似乎处在闪闪发光的钻石沙滩上，每天都是精神饱满的。然而，他们仅仅是昙花一现。

资产阶级革命很快达到了顶峰，社会必须要经过长期的过程，才能完全吸取暴风及压力带来的成就。

但是，无产阶级革命，例如 19 世纪的革命，其不断地进行自我批评，不断地中断革命的进程。他们放弃可以轻而易举得到的成就，只是为了再次开始；怀着对革命彻底性的意识，他们无情地批判每一次尝试的不足、软弱和惨烈的地方。他们似乎要把对手踩在脚下，然后看着他重新聚集力量，在他们面前崛起，并且比以前更加强大。在不清楚他们自己的目标之前，他们一次又一次地退缩，直到条件形成，无路可退，而这时，社会也在呼喊着："在这里战斗，在这里挥舞吧！"[34]

尽管马克思强调的是工人如何学习和反思，但是其他群体也会经历一个类似的过程。除了工人，还有许多其他阶层的人，或由于国籍、性别取向不同，或因为他们是移民，也会受到剥削和压迫。许多店主或专业人员，例如律师、拍卖商、医生，他们的收入只能维持温饱，也很有可能在经济危机中暴动。最

为关键的是，在一些欠发达国家，数以百万计的农民种植的经济作物在全球化的影响下受到压榨，为了维持生计，农民之间不得不进行残酷的竞争。当社会各阶层都参与到工人运动当中时，工人起义才能成功。马克思在《法国阶级斗争》中写道：

工人不会主动向前迈步，也不会引起资产阶级秩序的丝毫中断，除非整个国家大众、农民及少数资产阶级联合起来对抗资本主义统治，并且迫使工人卷入这场运动。[35]

相呼应的，列宁也认为理想的社会主义不能作为"工会秘书"，而应该作为"人民的领袖"，在社会存在不满时，能够发出不同的声音。[36]

马克思的革命观决定了他拒绝一切尝试性的叛乱。他谴责那些把革命想象成是为炸弹和阴谋做准备的盛宴，并且称这些人是活在幻想世界里的"炼丹术士"。他认为真正的革命是"与警察间谍的想法完全相反的"，例如"人民起义"，而警察间谍则把每一次革命视为小集体的行动。[37] 恩格斯进一步发展了这种观点，并且反驳了路易·奥古斯特·布朗基的支持者们的猜想，恩格斯认为：

如果任何革命都是由少数人的革命产生的话，那么在革命胜利以后，必然会产生独裁政权。当然，独裁政权并不完全是整个革命阶级或者说无产阶级，他们只是创造革命的一小部分群体，在一个或者少数人的独裁统治下，形成有组织的群体。[38]

而真正的革命涉及广大人民群众，他们有能力建立起自己的机构，协调自身行动，并且掌握国家权力。他们在革命的洪流中沉浮，最终能够赢得决定性的斗争。到那时，要么是工人阶级打破旧社会，建立新社会；要么是资产阶级以一种更加暴力的方式巩固统治。尽管革命家从未创造出革命，但是在这个过程中，他们有组织，大规模地参与革命，对革命的结果产生了重大影响。

137

大求索：拿什么替代你，信贷危机？

第十章　革命之后

自资本主义诞生以来，对结束阶级对立的呼声从未停止。直到1871年，恩格斯指出，"没有人知道如何结束这一对立"。[1] 马克思和恩格斯曾得出结论：资本主义变革需要一场革命。同时，他们认为经济衰退对社会转型的要求，将会带来这场动乱的、急剧的变革。在《共产党宣言》中，马克思和恩格斯建议工人应该使用他们的"政治优势，逐渐地夺取资产阶级的所有资本"。[2] 他们还指出，工人所采取的措施，在经济上显得不足和站不住脚，但是在工人运动的过程当中，他们可以超越自己，并且进一步地破坏旧社会的秩序。[3] 这种政治变革和经济变革之间的差距源于工人对空想思想的反对。社会主义革命不仅需要成熟的物质条件，而且必须付之努力去建设社会主义。完美的世界不是凭空而来的。

此外，马克思和恩格斯认为即使革命胜利后，反对派也不会坐等他们的特权被剥夺。毫无疑问，肯定会出现"奴隶主叛乱"，或者反对派至少会试图进行经济破坏活动。这种压制——这次是多数人对少数人的统治——对瓦解这种抵抗很有必要。因此，他们认为："总体说来，在废除阶级对立的道路上，无产阶级专政是一个必经的过程。"[4]

在19世纪和20世纪的环境中，人们对如何用词产生了困惑。今天大多数人理解的"专政"一词，多含个人统治独裁的意思。因此，当马克思使用"无产阶级专政"一词时，好像意味着个人统治，像斯大林那样。但是，在马克思和恩格斯所有的作品中，我们找不到只言片语来证明这种观点。

专政一词最早源于拉丁文"dictatura"，意思是以充满活力的方式来执行临时的、宪法式的法律权力。马克思所使用的专政正是表达这一意思，例如，1848年德国国民议会选举，他认为，议会应该"专政"以确保民主制战胜君主制——换言之，必须彻底贯彻"专政"作风，以保证民主。[5] 哈尔·德雷珀专门为马克思使用专政一词进行了研究，并得出结论：

如果我们采用马克思所使用的专政一词的意思，不会有任何问题。"无产阶级专政"是指国家由无产阶级行使主导的政治权力——即工人阶级领导的无产阶级专政。这样的解释，恰到好处。[6]

在 1871 年之前，马克思对于工人应该采取何种具体的政治形势，还没有清晰的想法。然而，4 月 17 日马克思在写给路易·库格曼的一封信中提到"一种世界范围内的新起点"[7]正在酝酿。他指的是 3 月 28 日成立的巴黎公社。这对马克思产生了巨大的影响，因为巴黎公社是经过实践证明的，可以遵循的一种模式。20 年后，恩格斯对这一结论进行了总结：

> 社会民主人士又一次对这个词充满了恐惧：无产阶级专政。很好，先生们，你们想知道这个专政是怎么样的吗？看看巴黎公社就知道了，它就是无产阶级专政。[8]

巴黎公社的成立背景是：在 1870 年普法战争中，法兰西国王路易·波拿巴二世战败，并在色当被捕，普鲁士要求大量的赔款，并且将军队驻扎到巴黎附近。新成立的国防政府急于解决这一问题，因此意图解除巴黎武装。国防政府

大求索：拿什么替代你，信贷危机？

首脑路易·阿道夫·梯也尔下令夺取国民自卫军集中在那里的大炮，巴黎工人随即发动起义，随后发生了自发性革命，这种深层次的结构危机也埋葬了波拿巴主义。

尽管巴黎公社持续了短短两个月，但是它实行了一系列显著的措施，马克思在《法兰西内战》中歌颂了它的丰功伟绩。在巴黎公社当中，由于它宣扬"世界共和国的旗帜就是公社的旗帜"，[9]外国人可以成为公社的领袖。同时，它还实行"政教分离"，正如马克思所言，"牧师发配回老家，与他们虔诚的先辈——传道者一样，靠施舍过活"。[10]巴黎公社实施的措施还包括：所有债务延缓三年，并且取消利息。关闭当铺，因为它是工人阶级财产的寄生虫。关闭的工厂重新开张，并且由员工自己制订计划，相互合作。废除夜班制及令人痛恨的注册卡。1809 年由拿破仑在旺多姆建立的代表法国沙文主义的胜利墙也得到拆除。

虽然这些措施是前所未有的，但是马克思更加感兴趣的是工人行使政治权力的具体方式。《法兰西内战》一书对 19 世纪巴黎公社的具体特征进行了概括。因此，我们可以理所当然地使用这本书里的观点，去概括 21 世纪革命前的政治形式。这意味着我们可以添加或者采用一些马克思认为重要的观点。

控制选举代表及规定平均工资

巴黎公社解决了长期困扰工人阶级的两个关键性问题：第一个就是如何控制选举出来的代表。首先，它给予选民有撤换代表的权利。代表必须遵守正常程序，如果他们在某一点上违背了命令，他们将被撤换。第二个问题是必须支付给代表工资。那种认为"高工资是最好、最明智的政策"被废除，取而代之的是一种非等级原则，这样可以避免对官员行贿。马克思略带讽刺地比较了公社与公司在处理事务方面的差别：

> 普选并不是由统治阶级的成员决定三年或六年进行一次换届。在公社里，普选是为人民服务的，这跟企业在寻找工人和经理的管理模式相似，实现员工对雇主负责制。众所周知，企业跟个体一样，在处理日常事务当中，知道人尽其才的道理，并且一旦出现错误，可以立刻得到纠正。[11]

这两个原则在当今社会依旧具有指导意义。在西方民主国家，人民主权正在逐渐流失。科林·克劳奇把当今社会定义为"后民主"时代，政治和政府正以"后民主时代"[12]的特征日益被特权阶级掌握。政党欺骗选民，并且没有履行他们的承诺，从而引发代表危机。[13] 世界各国人民的示威游行，成千上万人反对美国对伊拉克发动战争，然而政党领导人或公开或私下支持这场战争。政党之间在核心政治上达成了共识，因此党民之间的关系变得很紧张，而党与党之间的分歧却有所缓解。[14]

对权力的收回和规定平均工资的这两个民主原则可以帮助我们打破这种趋势。但是，鉴于问题的规模，我们也可以采取其他相应的措施。为了建立真正的民主，必须要制定出一个绝对的界限。对于那些违反界限的人，或者试图用金钱去影响政治决定的人，必须全部送进监狱。当前，集体游说已经成为影响主流决策的卑鄙方式之一。例如，20世纪80年代，美国金融界耗资约51亿欧元进行游说，使格拉斯—史蒂格法案被废除。[15] 这个法案限制了银行的投机活动，对这一法案的废除助长了经济的恶性发展，最终导致了2008年的经济崩溃。但是，在社会主义社会，所有私人财团对竞选各方的资金支持就会停止，因为这些资金使竞选变成一场竞争，试比谁的实力雄厚，以进行有力的巡回宣传。但是这些措施无法从根本上解决这一问题，除非解决一个更棘手的问题：即国家官员的选举问题。

国家官员的选举及去官僚化

马克思认为政府官员应该由选举产生，并且可以进行撤换。他抨击了"法官的伪独立性"，[16] 认为他们是带着政治面具的附庸品，并且建议"法官应该像其他人民公仆一样，要由选举产生，并且富有责任心，可以被撤换"。[17] 这一提议可以用来处理位于西方民主核心位置的深层次矛盾。代议制民主——尽管有一定的局限性——可以在国家机构的小范围内实施。议会是以庞大的行政国家为中心，就连自由学者诺韦尔托·博比奥也承认："服从一个完全不同的权力机构，应该是自下而上的而不是自上而下，与其说是公开的还不如说是一个秘密，与其说是自治的还不如说是以等级制度为基础的。"[18] 这抵消了作为"虚伪权

力中心"[19] 的代议制民主的小部分空间。议会的功能如同一个舞台，公民可以看到政治化的喜剧及辩论，但是实际的、具体的权力掌握在行政机构的手中，由政府官员来行使。越来越多未经选举的政治精英正被卷入国际事务，这使他们的决定受到影响，并且使他们越来越远离支持他们的人民。

控制国家选举通常是富人——或者，至少是那些为富人服务的人。在法国，国立行政学院的毕业生实际上占据了关键性的位置。在其他地方，选举基本上只对研究生、精英机构的成员或者是涉及政治网络的人开放。尽管国家最高官员并不直接从富人行列中选出，但是他们是在满足富人利益的基础上推举出来的。

因此，马克思对行政管理民主化的论断在今天看来更有意义。负责协调行政管理的主要机构，例如教育、运输等部门的高级官员应该由选举产生。要制定规则，确保候选人资格的透明度，但这并不仅仅是对正式教育资格的限定，还要对平均工资进行规定。社会主义社会除了要有执行决策的首脑人物，还应该吸收具有公共精神的人，并且在参与会议过程中，具有自我牺牲意识，有积极参与会议的动力。

然而，自巴黎公社以来，官僚机构已经大大增多，因此，这些激进的提议在当今社会具有局限性。今天大多数人的生活与这两大深层次空间息息相关——公共部门和大型企业。仅仅通过选举使人民参与到这些行业并不能瓦解这种官僚文化。

　　但是，通过解放行政人员的创造力可以实现行政管理的去官僚化。因为官僚机构是通过控制知识（包括它内部的消极主义及厌世情绪）来发挥作用的。而一个革命之后的国家应该改变这种关系。在公共管理中的工人们应该实行自我管理的形式，以此来满足整个社会的目标。像所有其他工人一样，行政管理工人应该有权召开员工会，并且决定如何履行他们的职责。协调人员或管理人员在这些会议上选举产生，他们所做的决定必须透明，并且对大众负责。对保密的过分崇拜，必须得到废除，因此，无论是正式的书面密码还是非正式的隐秘口头密码都将取消。

　　同时，马克思关于选举法官的提议需要特别注意，因为它对自由的根基发起了挑战。马克思最初目标是伪装在阶级偏见下的法官的"伪独立性"。现代资

本主义社会的法官是由政党委任的，并且来自上层社会。他们实施的法律，主要注重对财产权利的保护，并且给予富人额外的渠道，在国家官僚机构影响之外，提升他们的利益。与此相反的是，司法系统是用来制裁那些通过使用禁令来采取工业行动的工人的。革命之后的社会必须要撤销这种模式，应该从工人阶级当中选出法官，并且制定的法律要符合工人阶级的利益。法官作为工人阶级基石的反映，必须由选举产生并且可以撤换。

　　然而，这并不是要人民"撤换法官"，以此实现当家作主。首先，革命之后的社会文化不是由当今企业媒体所掀起的"政治恐惧"形成的。一个更加平等的社会应该要铲除现代社会贫穷的主要根源——私有财产。个人利益的冲突肯定会继续存在，并且需要一定的裁决，但是在处理这些事情上，没有理由要求法官去独立执行。因此，选举及撤换法官的权利并不等同于在个人裁决上进行大众表决。它更多的像一个机构，在长期的框架内，确保司法与社会最大化的民主相联系。

废除镇压人民的特别武装力量，创建民主的、集体的武装机构

马克思认为一个革命之后的社会不会立刻进入到自由王国，军队仍然会继续在社会中发挥作用。然而，关键的问题是军队和自由的相对糅合，并且主要是针对那些对军队产生威胁的人。马克思指出巴黎公社的第一个法令就是废除常备军，剥夺警察的政治属性，使之转变成一个对公社负责并且可被撤换的代理人。[20]

由于武力威胁主要是针对穷人和工人阶级，这些措施在当今资本主义社会更具有现实意义。爱尔兰是成立警察武装最早的国家之一，它的成立是为了帮助英国神职人员肃清少部分的天主教徒。后来，在 1829 年，伦敦通过了都市警察法案，以建立一支统一的警察部队来处理工人阶级暴动。这些"蓝色蝗虫"闯入当地社区时，经常遭到激烈的抵抗。[21] 当地警察是为公众服务的，不是武力的一部分。这种良好的形象逐渐形成，以此来解除敌对势力。[22] 但是，在这

大求索：拿什么替代你，信贷危机？

形象的背后，警察仍然是为他们的阶级社会服务的。

毫无疑问，警察是与当地的社区分离的，并且一致对外，保护其队伍内部的利益。大多数警察的行动都发生在公众监督之外，并且有人认为有必要把警察力量隔离起来。[23] 这使人们误以为警察是与他们服务的阶级相冲突的，是为公众服务的，并且需要"公众的尊重"。[24] 此外，这种纯粹无聊的警务工作导致警察在遇到更广大人群时去寻找一种使人"感兴趣的、兴奋的，或者是轰动的"任务。[25] 这往往导致当地青年或者少数民族的骚乱，根据民俗社会学，他们被警察认为是最容易犯罪的群体。警察力量的这些特征形成了典型的"警察文化"，其特征是高度的性别歧视、种族歧视以及对右翼政治势力的一边倒。[26] 此外，在法律上，警察享有极其宽松的酌情权。正如多林·麦班内特所说的，在较为低级的法院，警察的自由裁量权给他们提供了条件以获得无罪的裁决；然而，在较为高级的法院，精英们可以为警察进行辩护，以产生更为开放性的结果。[27] 而这产生的结果就是司法制度的双重标准，随之而来的是，在社会的控制机制中，更多的人被送往监狱。

警察系统的这些一般性特征，使得他们的专门作用就是瓦解那些反对司法

系统的政治势力。在一些特别机构中，政治警察对左翼组织进行监视，并且打入内部，制造分裂。防暴队（即公共秩序部门）的目的是阻止大规模的暴动以及镇压示威者。美国爱国者法案的实施使得越来越多的人受到监视，欧盟的数据保留指令或者所谓的阶梯系统，对通信设备进行了过滤，监视一切具有敌对破坏思想的关键词。

这种模式很值得注意，但它并不是从个别的警务人员身上产生的，而是来源于资本主义社会结构。革命之后的社会应该要打破这种结构，并且要重塑武力的使用模式，使之主要针对特权阶级的"白领罪犯"。在最小级别的地区，应该废除这种专门的政治警察、防暴队以及监视部门。同时也要改变当前警察和军队的保密和隔离的鲜明特征。因此，没有必要另设军营，用来灌输绝对的纪律和训练整齐的方队。同时也要取消对官员的个人崇拜以及禁止讨论政治。除此之外，常备军或警察力量可能会成为最终需要解决的问题。革命之后的社会应该更多地利用当地的志愿者部队，选用平民参与地方自治。这样可以把这个有组织的网络和位于中央级别的核心人员联系起来。

廉价政府及媒体自由

马克思认为："政府廉洁只是资产阶级的一个口号，但是在共产主义社会，将会成为现实。"[28] "廉价政府"一词最初是反对贵族滥用奢侈品的一个进步要求。随后，对"廉价政府"一词的呼声转变为新自由者试图对社会税收的一种无奈的行动。然而，如果"廉价政府"指的是减少官僚机构的浪费，那么革命之后的社会可以采取一系列的措施来使之变为现实：裁减高官工资；废除公共关系的"机构"；罢免收取昂贵费用的组织顾问；结束监测"产出"的机构；撤销大量的文书工作，其中最重要的是要裁减管理人员。

另外一个口号"新闻自由"，在社会主义社会也可以成为现实。马克思写道，国家审查是阻碍自由思想表达的主要原因。但是在当今社会，关键问题是对媒体的控制。在资本主义社会，你拥有的财富越多，那你影响其他人的机会就越大。与此相反，你越贫穷，你的意见就越被边缘化。鲁珀特·默多克之所以能够影响数百万的人，是因为他身价90亿欧元；然而，还有成千上万的人甚至连广播都听不到，仅仅是因为他们没钱。默多克如此强大，托尼·布莱尔的一位前助手称他为"布莱尔内阁的有效成员"。[29]

革命之后的社会应该剥夺富豪掌握媒体的权力，并且不允许任何人凭借财富影响社会。平面媒体和电视网络应该纳入公有制范围，并且允许存在各种不同的声音。废除那种自上而下式的向消费者嚷嚷的媒体，革命之后的社会应该更注重互相讨论及辩论。按照民主的标准，人民有权分配公有媒体网络及平面媒体。每个组或创意网络可以定期进行媒体制作，并且制订一定的标准，吸收社会不同的意见。

议会制度之外——生活中的民主

马克思指出："公社是一个工人运行的机构，并不是一个议会机构，它既具有行政权力，同时也有司法权力。"[30] 他所提倡的目标是"通过生产实现自治"。[31]

大求索：拿什么替代你，信贷危机？

由于工人斗争，统治阶级不得不采用普选的形式。例如，在比利时，工人分别在 1893 年和 1902 年进行了两次大的罢工，同时英国宪章改革运动的目的也是为了选举权问题。因此，社会主义在资本主义的基础上必须要改进民主权利，并且要反对专制和法西斯主义。但是，这并不意味着在工人阶级社会，议会仍然是确保民主基本形式的合适手段。

首先，资本主义议会制民主是在经济和政治决策分离的基础上形成的。从形式上来讲，议会通过法律来管理国家，并且制定"辅助性法案"[32] 来规范生产成果，例如健康和医疗。但是，由于经济落入个人手中，生产和服务的机构跟我们每个人的生活都息息相关，然而这些经济范畴却被未经选举的大企业控制。这就使得政经分离的模式无法进行下去，因为没有经济上的民主，议会治理国家的实际权力就消失了。因此，一个工人阶级掌权的社会，必然要求将民主渗透到经济的各个方面。

第二，资本主义议会制民主建立在小部分活跃决策者和大部分被动消极的群众之间。早期的民主理论家预言一个积极的公民通过他们的代表能够仔细审核决定，并且做出明智的选择。然而，在现代资本主义社会，并不鼓励这种参与热情，并且还有可能被怀疑其是破坏社会和平的激进分子。西方社会这种体现大多数人的"冷漠"并不是形成冷漠的自然条件，而是由社会结构导致的，人民无法行使民主来控制自己的生活。"冷漠"是对国家事务一种理性的回应——尽管有点牵强，这种脱离政治结构的形式看不到任何希望。国会议员理应通过制定专门的法律来弥补这种冷漠，但是这完全是天方夜谭。大多数议员把自己变成舆论的工程师，在各种意见之间，寻找有利的形势，以塑造自己的政治形象来得到选民的支持。事实上，决策越来越多的被专门的智囊团掌握。同时，政策研究员正被少部分国会议员替代，而他们在政策制定上发挥着作用。如果工人要真正控制好他们的社会，就需要打破积极决策者和被动的群众之间的隔膜。

第三，资本主义议会民主制的全体选民是通过不同地区、没有实际社会关联的选民组织起来的。从议会民主的起源来看，一个中世纪的自由小镇上的选民必须要有机地反映出社会的结构。尽管巴黎公社也是建立在来自不同地区的市民的基础上，但是它反映出了那时的人与人之间更多的社会关系。某些典型

的选区既包含了上层阶级的社区，也包括那些贫穷的、人口稠密的地区，而选举出来的代表理应代表这两方的利益。社会凝聚力的缺乏意味着选民与代表之间的脱节，在直接影响他们共同的地区问题上，他们无法团结起来，共同商讨问题。因此，更为激进的民主形式应该意味着要走出地理区位的限制。

第四，议会无法顺应不断变化的社会情绪和各界意见。通常情况下，议会每隔 4 年或者 5 年换届一次，即使政府已经失去民众的支持，他们也会继续统治下去，直至任期结束。代表们也被赋予自治权，并且可以自己做出决定。在现实中，他们从属于自上而下的政党，其领导致力于建立共同的国家核心政策。这些政党以一种等级结构来发挥作用，政党领袖为政府部门亲自选出部长。内阁的决定没有丝毫的公众意见，同时政党确保大多数代表为政治精英们投票。如果工人要掌握社会，他们需要自下而上的机构，以此来反映发生在生活中的意见。

马克思从未制定一个政治方案来超越议会制度，他把自己限定在一个普遍的原则之下，他提倡"初级机构"应该同时具有立法和行政功能。[33] 换言之，这个机构不仅可以制定法律，同时也能实施法律。这也意味着要依靠成千上万

工人的创造力，而不仅仅是一个官僚机构。但是当马克思在《法兰西内战》一书中写道，工人主要集中在一些小作坊里，而这些小作坊的规模在 20 人到 30 人之间。公社的昙花一现和工人阶级组织的疲软表明还没有出现一个进步的、可以替代的方案。但是，后来的工人运动所积累的经验填补了这个空白。

工人委员会在与资本主义进行白热化的斗争中正式形成，他们为如何建立新社会提供了模型。工人委员会在大规模的罢工中，在领导人民群众的抵抗过程中崛起，并且植根于民主。在工人委员会中，工人团结起来，选出代表，同时也有权力对代表进行撤换。他们在不同的时期、不同的国家兴起，并且采用各种不同的组织形式。1905 年和 1907 年在俄国，他们被称为"苏维埃"；1973 年在智利，他们被称为"科多内斯"；1979 年在伊朗，工人的组织形式是"工人委员会"。

工人委员会是为了顺应斗争的需要自发产生的，它并不是由政党或一群知识分子所建立的。它们不依赖于先前存在的社会主义意识，而是从最小的经济斗争中迅速扩大。例如，1905 年在俄国，工人委员会发起了一场关于标点符号

大求索：拿什么替代你，信贷危机？

的印刷工人的罢工，正如托洛茨基所言，这次罢工的目的是"结束专制主义"。[34] 他们反映出在劳动过程中工人所共享的经验，同时以最快的速度达成集体决定，团结一致，以满足斗争的需要。正如民主机构一样，工人委员会在直接斗争中，能够团结工人阶级。

革命之后的社会也可以采用这种形式来组织政治结构。除了地理位置的不同，由蓝领工人和白领工人组成的工厂在集体讨论时应建立一个自然论坛，因为工人能够组织会议，并且通过决定，直接派遣委托人参与到高级机构当中去。如果他们与非工人代表团的委员会，例如退休工人、农民、学生以及下岗家庭等相联系，他们就可以形成一个新民主的核心元素。通过建立一个集体讨论的空间，他们可以直接任命委员代表参与到管理社会的委员会当中去。反之，这些委员会也可以更容易地直接反映出工人不断变化的意见。他们也能自然而然地克服经济和政策之间的分裂问题，同时将民主扩展到日常生活的方方面面。更为关键地是，他们可以将人民大众纳入到自治的行列中，允许他们采取实际行动，使之更好地掌握自己的生活，以便瓦解社会冷漠的结构基础。

直接民主的标准论断来源于一些政治理论家，例如罗伯特·米歇尔斯，他

指出直接民主在古希腊行得通，但是在现代化社会很有可能不会起作用。因为与希腊政治不同，现代城市居民无法聚集起来，由于他们无法适应那种大型体育场的集会，并且也没有必要。[35] 如果代表的结构植根于经过选举产生的强大的经济和政治力量之中，代表就能够受制于大众委托人。委员会成员代表了成千上万的工人，他们可以从官员和工厂当中进行委派。如果每一个代表必须定期地汇报工作，同时代表可被撤换，那么这种直接民主就可以贯穿于所有代表之中。这种结构允许普通大众参与决策制定，同时也建立了将立法和行政权力结合起来的基础。

在马克思关于巴黎公社的作品当中，并没有流露出任何轻信的感情。他写道："工人不能期待奇迹，并且没有什么现成的乌托邦"或者"可以实现的理想社会"。[36] 工人阶级政权仍然"处于胚胎阶段，仅仅还是调节经济基础与阶级统治的杠杆"。[37] 实现工人阶级统治的唯一方式就是"释放新社会的自由元素，同时要摧毁资产阶级社会"。[38] 因此，我们必须寻求这些元素，去探寻新社会的经济基础是如何形成的。

第十一章　社会主义经济学

2010 年 4 月，英国石油巨头 BP 公司处在压力之下，因为它每天要花费近50 万美元来挖钻进平台，以取代之前由飓风摧毁的钻油井。因此，英国石油公司 BP 作出决定，必须削减预算，并且使用一种更便宜，而风险更大的方法来包装输油管道。一位工程师把这种行动描述为"噩梦"，但是另一位 BP 官员布雷特在一封邮件中写道："这场漏油事故谁还会在乎，已经结束了，就这样了，如果我们的封堵漏油工作做得好的话，一切都会好起来的，这种风险性的工作是完全可行的。"[1]然而，4 天以后，油井爆炸，11 名工人死亡，墨西哥湾大量原油泄漏，造成美国历史上最大的生态灾难。浮油威胁对动植物造成的灾难难以避免。但是，BP 公司到底从属于谁，又是谁做了这样的决定？

全球有近 80 000 人从事的活动跟 BP 相关。虽然这个公司的所有者从未参

大求索：拿什么替代你，信贷危机？

与这些活动，却掌管着这个公司的财政大权。摩根公司占有 BP 的最大股份额以及旗下的一个投机性投资公司。其他的所有者包括：科威特皇室经营的科威特投资局、纽约梅隆银行公司，以及其他投机资金的渠道，例如，华尔街、伦敦证券交易所。隐藏在这些名字后面的是一群富人，他们任命董事会来经营 BP 公司。BP 的六个执行董事全部都是白人男性。BP 公司的 CEO 托尼·海沃德，2009 年的年薪是 470 万美元。

公有制

在社会主义社会，所有的大公司必须由国家控制，并且以集体的方式经营。80 000 人的集体劳动不应该由小部分人说了算，而应该由国家所有。这一过程必须在革命之后立刻展开，同时"一切为了生产的公有制"[2]的措施也应该逐渐扩大。制造业公司以及大型服务行业必须国有。银行、大型连锁超市以及开采自然资源的所有公司也必须由国家所有。对于特别重要的行业，在新社会 30年后，也应该实现向公有制转变，这些行业包括：铁路、电力、水力、交通、

垃圾回收站以及医院、学校等。实现国有化的转变应该是无偿的，不需要补偿原所有者。随着大型公司向公有制转变，公司之间的功能相互融合，竞争也会随之消失。

这种剧变所产生的影响是非常巨大的。生产活动需要大量的工人，尽管他们的社会能量被极少数不工作的人压榨。这种"社会化生产与资本家压榨"[3]的矛盾不再适用于革命之后的社会，因为这给予了公司精英们太多的权力，使得他们可以将财富聚集起来，使社会按照他们的意愿发展。一名石油行业的说客，哈罗德·斯克罗金斯非常简洁地描绘了这一现象："我们得出结论：要使石油工业的政治道路一帆风顺，唯一的方法就是控制国会。"[4]因此，聚集的经济权力必然导致资本主义社会里极少的民主空间的缩少。最终的后果就是公民被迫成为消费者，而其政治权利也被大型联合企业操纵。这种反对公有制经济的所谓权威的争论，在银行破产和 BP 丑闻面前变得不堪一击。例如，它声称公有制的效率非常低，因为它是由寻租的政治力量引导，并且没有竞争（寻租是一种行话，即寻找对自己有利的事情）。通常，这些争论与官僚机构所有制的市

场理想模式相矛盾，但是这已经成为一种人工的双重标准。实际上，现存的资本主义不再以小公司为基础，也不再由"自由"市场调节价格。许多公司进行垄断并且修改价格，诱导消费者或者使用不完整的信息来以次充好。

那种认为公有制企业是由寻租者来经营，并且效率低下的论断并不符合马克思的观点。因为马克思并不提倡在资本主义内部发展公有制，而是要消灭资本主义，建立公有制。现存的国有企业通常效率低下，因为它们处在官僚文化和私有企业竞争的压力之下。例如，一项由欧盟颁布的指令规定："所有具有公私伙伴关系的企业必须确保私人投资者的投资安全，尤其是公共财政长期流动资金的稳定。"[5]而马克思关于公有制的论断做了完全相反的假设：即必须清除那些控制国家的政治精英们以及那些与私有资本有关的人。只有这样，公有制才能真正成为人民大众所有，由对选民负责的代表经营的制度。公有制企业的资金和追踪记录将比现在更加透明，包括的人数也更加多。由于赞助和工资膨胀得到消除，个人寻租者也将很难以为继。

在任何制度里，错误不可能完全避免，但是马克思关于公有制的提议在很多方面会提高效率：

首先，生产方式公有制可以消除广告和产品复制。广告是获取消费者的一种策略，但是消费者已经对广告产生了厌倦。在购买商品的时候，商家试图创造一种与特定产品相联系的情感。星巴克市场部副总裁斯科特·贝德伯里把这种策略解释为："消费者并不会真正相信产品之间会有很大的差别，因此，这也是广告必须跟消费者打'情感牌'的原因，例如'星巴克体验'。"[6] 但是这导致了人力、物力的极大浪费，同时，为了这一短暂的感觉，大量的人被雇佣去创造这种形象。2008 年全球广告费用达到了 6 130 亿美元，同时面向儿童的广告正在日益增多。[7] 但是，在社会主义社会，关于产品和服务的信息可以自由获取，并且不需要"为了金钱，将人们长时间地拘留起来"。[8] 一般说来，公有制会减少不必要的重复，因为已经没有必要去建立生产竞争系统，生产的融合允许更好地、更有效率地分配劳动，例如，没有了多余的生产竞争，公司之间可以共享信息，以生产出最好的产品，同时还可以重组设备，降低成本。

公有制还可以产生更高质量的产品和服务。在资本主义社会，刺激经济的方式就是减少产品的寿命，如果电脑、MP3 播放器和电视机是经久耐用的商品

的话，市场将无法扩大。一份学术报告甚至表明"少数经济学家声称产品的寿命对社会的发展极为不利"。[9] 工业设计师布鲁克·史蒂文斯这样说道：

> 我们生产好的产品，我们吸引人们去买，然后第二年，我们立刻推出其他产品，这会使之前的产品过时、老套，从而被淘汰……这不是浪费，这是对美国经济的一个重要贡献。[10]

一些企业采用一种"人工耐用性"的策略，通过使用科技人为地缩短产品的寿命。例如，苹果 iPod 的电池很难除掉，这就使得消费者必须使用高昂的服务，或者是买一个新的；汽车的使用寿命只有十年甚至更短。另一种策略就是"有计划地淘汰"产品，企业以此推出同一产品的新款，并且阻止消费者进行更新。新的软件经常推出，并且与旧版本无法兼容。课本也不断更换，而不是销售原书的修订版。这些策略导致废品堆积如山，也是对"可持续"一词的极大讽刺。这也表明社会主义公有制的效率会更高，因为公有制经济没有必要制造不耐用的产品。相反，为了生产出最好的产品，企业之间会进行合作，采用最新的技术和进步，生产出与旧版本相兼容的产品。

公有制还会消除外部经济的问题。外部经济指的是将成本转移到那些没有

参与市场交易的人身上。例如，工厂化农场的所有者购置大量的抗生素，以减少牲畜的疾病，而这些交易的实际成本是由消费者来承担的，因为消费者的免疫能力由于在食物链中过度使用抗生素而降低。当这些消费者需要更多的住院治疗时，社会看到的只是账单，而不是药品生产商或农场主。类似地，汽车的实际成本并不是由市场价格决定的，而是由社会的外部经济决定的。不管是在车祸当中用于治疗伤者的费用，还是由于汽车排放的废气而引发的哮喘，由交通堵塞引起的时间的浪费，对空气污染的影响——所有这些都转嫁到了社会上，而不是汽车制造商。从某种程度上来说，每一个资本公司或多或少地会将某些生产成本转移给社会。正如罗伯特·蒙克斯所说的：

> 企业是一台转移成本的外向型机器，而企业所有人则是一台杀人于无形的机器。为了实现某种目的，每一台机器都设计得非常高效率……没有人会质疑它的狠毒。[11]

但是只要实行公有制，就没有隐藏实际成本的必要。相反，所有的成本都必须计算在内，同时，还必须竭尽全力，尽可能地减少对社会环境的影响。

然而，这种高效率并不意味着公有制必须对每一个经济领域都进行控制。一些小型的企业，例如，自行车店、咖啡店、餐馆等，没有必要纳入公有制的范围。马克思关于土地国有化的提议也不可能立刻生效——至少还需要一段时间。[12]

实际上，这种改变也许会发生，正如克里夫所说的，私人农场在社会主义制度下也许会变成一种新的租赁生活。[13] 农场主不用再面临银行的高额贷款利息；他们可以享有进入国家经营的超市连锁店；同时还能确保他们的产品能够卖出，并且不必受制于全球市场的波动；他们还可以免费得到农业方面最先进的技术指导。由于社会主义社会打破了大型零售商的链条，并且政府廉洁，税收降低，小型零售商在社会主义社会也会得到相关的好处。

但是，国有制只适用与每一个经济领域相关的大型企业，同时，公有制只有经过长期的实践，才能发挥出它的优势。新的生产模式的最大优势是：生产力发达，提供了更多自由的可能。如果社会主义的经济部门能够降低工作时间，比如一周工作30个小时，这对于生活在资本主义社会当中的人无疑是一个极大的吸引。无论是零售商还是农民，他们工作时间之长使得他们无法与家人共度假期，这也是他们的小孩经常逃课，去从事有偿工作的原因。而那些坚持长时间工作的人则是因为他们相信工作可以给他们安全感，并且可以得到一个稍微好点的生活水平。如果这种安全感和生活水平的提高可以在其他地方获得，那么在这些领域，促进公有制形成的新的推动力将会发展起来。

工人的自我管理

美国著名政治家罗伯特·达尔曾提出过这样一个具有启发性的问题：

如果民主是通过治理国家来实现的话，那么它也必须通过管理经济领域来实现；如果在经济领域无法实现民主，那么也就不能说管理国家可以实现民主。[14]

达尔的说法并不是很激进，但是在资本主义社会，这是一个关于民主极为复杂的矛盾。正式说来，人民通过民主程序有权决定国家的未来发展，但是他们在工作中却没有发言权。他们完全受制于上司的专制。

大求索：拿什么替代你，信贷危机？

对于专制一个好听的理由就是工作必须如同军队一样秩序井然，一切服从安排。经理和监工就像将军和授权的军官一样，制定纪律，确保工作的完成。这表明高效率是源于脑力劳动和体力劳动的分离。有些人靠头脑赚钱，有些人靠双手赚钱，在生产线上工作，参与一小部分的工作流程。很明显，这种高效的法则在资本主义社会之前并不适用，例如，农民必须使用脑力和体力相结合的方式进行工作。由于行业的分工，造成了劳动力的社会化分工，但是像木匠这类工作，并没有进行脑力和体力的分工。这种脑力和体力的分工，或者更确切地说，是小部分管理精英们与服从命令的工人之间的分工——这是资本主义最突出的特征。

从历史上来讲，资本主义社会化生产是将分散的生产商联合起来，互相合作的生产，虽然这种生产最后变成了利益的争夺，并且完全不受生产商的控制。工人的知识、意志和判断力并没有直接用于指导生产，正相反，如马克思指出的：

生产在知识方面的发展会不断扩大，而在其他方面则会逐渐消失。

专业工人的产生而带来的损失集中反映在工人所面临的报酬问题的，正是由于生产中的劳动分工，使工人面对了产品生产过程中的技术能力问题，由此，区分了工人所具有的特质，这也是高于他人的能力。这种分离的过程始于简单的合作，资本家代表工人，甚至代表整个社会劳动机构的意志。随后这种分离在制造业上的进一步发展，制造业使工人逐渐分离，这使得科学成为潜在的生产力并且从劳动中脱离出来，使之为资本服务。[15]

　　"manage"一词来源于拉丁文"manus"，最初的意思是以一定的速度来训练马匹，使马听话的这个过程就叫做"管理"。[16]资本主义需要自己的管理学，因为工人和资本家只有在互不侵犯的条件下，才能达成协议。资本家需要工人为他们创造利润，工人需要资本家来获取工资。然而，这种雇佣关系并不能确保工人高效率地工作，因此，为了创造利润，还必须建立一种新的科学管理方法。最初的泰罗制是试图组织劳动过程，使所有的计划都掌握在管理层手中。但是一些公司发现工人在如何做好本职工作方面拥有丰富的知识，因此这些公

司打算很好地利用这一资源。这也解释了为什么泰罗制被取代或将其与另一种管理策略"赋权"结合在一起的原因了。

　　如今，工人被给予了"工作多元化"和"员工参与"的承诺，只要他们不违约并且能够全力以赴，实现管理层制定的目标。[17]管理层的主要目的是在能够管理员工的范围内，挖掘员工的潜力。赋权通常与团队合作联系在一切，使每个成员都受到约束。这里的社会工作能量被禁锢在一个框架里以保证管理层的目标能够实现。[18]然而，这种结果经常会导致官僚主义滋长，因为它的主要目的就是监测目标产出并且建立内部市场，这样就使得团队合作被迫变成了相互竞争的关系。

　　泰罗制的旧式管理模式和这种伪赋权的项目遭到了马克思的反对，他提倡一种"生产者自我管理"的模式。[19]马克思认为有两种不同类型的生产力：设备生产力和劳动力。但是"在所有的设备生产力当中，最有力量的是革命阶级本身"。[20]换句话说，提高生产力的主要方式就是释放工人的创造力。不再由一小部分管理精英们计划如何组织生产，而是让全体工人都参与进来，同时，管理阶层浪费的资源也可以得到避免。马克思极力赞成这种工人自我管理模式。

马克思并没有制订一个详细的计划，但是如果我们遵循他的理论并且进行实际的斗争的话，我们可以得到某些启发。工人通常会反对管理以使自己的劳动与计划相一致。这种情况正如卡特·古德里奇说的"边界管理"一样，这种管理要求更多的"灵活性"，同时工人也在寻求保持工作节奏和任务分配的某种自主性。[21] 这些称之为"工作控制"的斗争是工会的一个特征，同时也包含了更多反叛的根源。[22] 有时在阶级斗争的过程中，他们升级为更激烈的形式——工人控制。在 2001 年和 2002 年的阿根廷以及现在的委内瑞拉，工人发现雇主试图从工厂中抽离资产来保护他们的财富。反对他们的斗争爆发了，截至 2003 年，阿根廷已经有 161 家工厂被工人占领，同时，由查韦斯领导的委内瑞拉，为了争取工人自治，正在进行一系列的斗争。[23] 一般说来，在这些占领运动中，存在着双重力量：工厂通常是由资本家所有，或者是由国家所有，但是工人寻求的是使权威服从他们的生产方式。工人要求清算账目，建立一个真正的公司金融方案；由工人来掌握人员的裁减和雇佣；在进一步发展下，工人可以自己组织生产。

大求索：拿什么替代你，信贷危机？

　　在斗争中，工人要获得自由必须克服两大障碍：由资本家任命的管理团队和市场力的作用。即使老板得到立刻罢免，但是重新建立管理层使生产满足市场的需要，这种压力仍然会存在。因此，工人的自我管理只能够随着人民的经济需求的扩大而扩大。但是这种模式如何在国内实行呢？

　　每一个工厂都有定期的集会，例如，一个月召开一次会议，并且可以选举主管来主持工厂的日常事务。这个主管必须由不同部门的代表构成或者由工厂的全体员工进行选举产生。在较为广泛的集会上，可以制订生产计划。这一计划要以产出为目标，按照社会的需要进行生产，并且要考虑如何实现这一计划。工人可以决定工资的构成和分布；在新技术上如何进行投资；如何组织生产过程。一旦总体计划得到确定，不同的部门可以选出协调员来确保生产的顺利进行。这些协调员没有高工资，也没有什么特权——还可能对协调员进行轮岗。不论计划有多周密，还是需要一个适应的过程。因此，每一个工作部门必须定期召开会议，以避免突发情况。每一级的决策都必须经过自下而上的讨论，而不是自上而下的传达。

　　工人的自我管理在很多方面都会提高生产力。首先，它消除了管理层大量的浪费现象。曾经称为管理会计学的内容仅局限于跟踪投入与产出，而不是灌输工人之间的竞争意识。其次，工人的自我管理可以释放工人长期以来被约束的创造力，摆脱了"拿人钱财，予人谋划"的模式。现在的工厂通常是由"高级管理团队"来管理，例如，2 000个人当中选出12个具有较高洞察力的人来经营一个组织。但是这也不是百分之百的事情。无论这些人的智商有多高，在管理过程中肯定有考虑不全的时候。第三，工人的自我管理可以极大地提高工人的积极性，因为他们是为自己工作。工人的自我管理也可以创造一系列可以让人接受的变革，包括缩短工作时间，减轻工作量，发放额外的补助，不盲目地追求利润等等。最后，工人的自我管理可以极大地提高信息的传递速度。在自上而下的模式当中，处在底层的工人会隐藏信息，因为他们没有发言权。而实行工人的自我管理使上层和下层的关系得到废除，因此也打破了信息的闭塞的状况。

然后，这种模式也面临着一些困难。一个棘手的问题就是高收入专家如会计、工程师等人的位置。尽管他们的技能在资本主义关系中被扭曲，但是在进

行成本计算或者技术改进时，他们的这些技能仍然是必须的。许多体力劳动者的教育水平和技术水平还不能处理这些问题。那么应该怎么做呢？

美国一名记者约翰·里德，在听取俄国革命后如何处理工厂专家这一问题后，记录下了一个解决办法：

> 终于有工厂召开了委员会，一个工人站起来说："同志们，我们有什么好担心的？技工这一问题并不棘手。要知道以前的资本家并不是技工，他既不懂工程学、化学，也不懂记账。他只是拥有这个工厂。当他需要技术上的帮助时，他会雇佣技工。现在，我们翻身做主人了，让我们也来雇佣工程师、会计，并且也让他们为我们工作！"[24]

这些排除在工人的自我管理范围内的专家们，雇佣他们会或多或少地给予他们某些特许。专家们可能会要求额外补助，或者是较为轻松的工作安排，如果工人能够学习这些技术，那就再好不过了。

1972年，在智利工人运动高涨期间，在拉美社会学会议上对这一问题进行了非常有趣的讨论，米歇尔·莱普丁斯提出了一个较为长期的解决方案。[25]当社会发展到社会主义，教育的可持续性将成为可能。对体力劳动者的教育开放

不仅在提高人类能力方面变得非常有价值，而且也是促进经济和生产力发展的一个因素。因此，社会主义社会必须设定一个新的时间分区：一方面直接用于涵盖生产所有的方面，另一方面用于投资教育性劳动。免费接受高等教育并且进行终身学习，脱产学习以获得教育证书并不需要花费高额的金钱。医学教育将免费对工人子女开放，从工资当中扣除的高额的医疗咨询费也将废除。因此，更多的工人会成为会计或者是工程师，而且并不需要高额的报酬。

工人的自我管理的另一个问题就是个体劳动的纪律问题。在每一个工厂，总会有想不劳而获、浑水摸鱼的工人，就算在革命之后，这种现象也不会立刻消失。针对这一问题，托尼·克利夫提供了一个非常有意思的解决办法：

在资本主义社会，纪律是作为一种外部的强制力来管理工人的，正如压在工人身上的资本力一样。在社会主义社会，这种纪律完全靠自觉；这会成为一个自由人的习惯。在过渡阶段，这种纪律将是两种元素的结合体——自觉和强制。[26]

革命为文化变革奠定了基础，提高了个人创造力，增进了团结和合作。我

们应该在全国范围内逐渐灌输这些价值观，从而抛弃资本主义"狗咬狗"的价值体系，这也为自觉这种纪律创造了可能性，而不再依赖于外部的约束。同时，也会实施某些强制性元素。例如，在工厂方面，对于那些不参加生产的人，以集体纪律为指导，必须对他们实施制裁。在《哥达纲领批判》一书中，马克思承认在脱离资本主义的第一个过渡阶段，应该提倡权利与工作等价的方法：

每一个工人从社会中得到回报——在换算——他贡献的东西后，他所给予的就是一定量的个人劳动……社会给予他一个证书，表明他完成过这么多的工作量（通过公社资金所换算得到的劳动后）。通过这个证书，他可以得到成本相当于劳动量的社会消费品。他以劳动的形式对社会做出贡献，那么社会将以其他形式进行等量的回报。[27]

这既涉及了强制力，因为消费品与工作量相关；又涉及了隐藏在公平原则下的不公平程度。当然，并不是每个工人所得到等量劳动报酬都是一样的，因为每个人的社会需求不一样。马克思直言不讳地指出真正的变革必须是实际可行的，应该脱下资本主义过于装饰华丽的面具。因此他对过渡阶段和自由王国进行了区别。

但是，这种自我约束与强制性的新的结合在摆脱资本主义控制上是一个巨大的进步。工人不会再因为不服从命令、对监工态度不好或者没有向监工磕头而被解雇。相反，工人在工作过程中有了一个真正的位置。达尔提出的关于政治民主必然缺乏经济民主的这一难题也得到了解决。

计划

尽管对大企业实行公有制以及由工人来进行自我管理，但是，仍然需要打破"市场力"的专制。这双无形的大手在现代社会中占据主导地位，是集体劳动中异化的代名词。

我们都知道，"市场力"是资本的巨大单位，它通过产生交换价值得以扩大。商品和服务以越低的成本产生，利润就越高，这种经济的管理规则被称为"价值规律"。商品能够进行出售是因为它包含了抽象的社会必要劳动，这与经济的平均水平等价。但是这种平均仅仅是建立在产品在市场上流通之后，通过市场

盲目的、浪费的协调过程起作用。例如，1998 年，由于油价下降，壳牌公司取消了对冶炼厂和化工厂的 45 亿英镑的投资。对这些投资的取消使得压力进一步增加，正如雷娅·杜娜叶夫斯卡娅所说的由小及大规则——"以最低的成本获得最多的产品"。[28]

除非我们能够摆脱市场力，否则即使实行工人的自我管理和公有制，自上而下控制的旧模式仍会死灰复燃。一些人将会重新实施以小及大原则，不管这些人是我们的同志如协调员还是道德高尚的人——那种旧的制度仍然会卷土重来。市场力的存在是因为这是处理经济活动和分配资源的一种方式。然而，市场力对"人的社会能力并没有投票权"，[29] 因为我们无法看到这种调节的运行，它是通过"无形的手"来起作用，我们并没有控制权。马克思和恩格斯提倡"社会的无政府生产状态要让位于按照全社会和每个成员的需要对生产进行的社会的有计划调节"。[30]

但是如何实现这一想法呢？就连西方国家的每个小孩都知道自由市场的概念。自由市场原本是可以带来选择、民主和效率的，它也被视为经营现代经济的唯一方式。它已经成为我们理解经济学的典范。对这一典范发起挑战意味着

"思想的异化"，同时还被打上了空想家或者"幻想家"的印记。但是，如果我们暂时对这种替代方案停止怀疑，那么计划在很多方面比市场力更有优势。

首先，计划对投资进行了较为民主的控制，同时，它允许人们集体协作，制定出反映人类的价值观的经济目标，特别是它允许人们处理日益增长的环境威胁。相反地，当投资被卷入到竞争的漩涡中时，这种计划也只是对人类产生破坏性的影响。

2005 年，千年生态系统评估发现 60%的世界生态系统服务正在降级，甚至无法可持续地使用。[31] 这包括淡水供应、渔业产品、废水处理以及气候调节。全球变暖也在加速，首席专家吉姆·汉森指出，如果人类想要保护地球，并且使文明能够得以发展，地球的生命得以延续，那么必须要减少二氧化碳的排放，从现在的 385 百万公吨减少到 350 百万公吨。[32] 然而，如果关键性的决策得不到集体的控制，要实现这一目标几乎是不可能的。靠市场机制来处理这一问题的尝试被证明是一个彻底的灾难。

例如，欧盟推出碳排放交易体系，允许大公司有一定的碳排放量，但是如

果它们超过了这一规定的配额，这些公司必须购买额外的配额来抵消排放。这一理论将污染物转变成可以交换的商品，当配额价格上涨时，公司会被迫寻找有效的减排方式，然而，当配额价格下降时，就会出现相反的情况。在 2005 年到 2007 年这一阶段，碳排放量增加了 1%。[33] 欧盟在第一个京都议定书的执行阶段（2008 年至 2012 年）与美国的表现没有什么区别，只有美国没有出台任何碳排放的交易体系。碳交易市场的这一创举导致了投机行业的大爆炸，现在已经有近 80 个碳投资基金专门计算碳排放量的交易。正如评论家赖瑞·洛曼所指出的那样：

> 作为一个新的资产类，碳交易市场对基金投资者、能源贸易者，私人基金以及大的国际投资银行，例如，巴克莱银行、花旗银行、高盛、瑞士信贷集团、法国巴黎银行、美林证券以及指数提供商们和欧洲证券交易所的商品赞助商们具有极大的吸引力。[34]

这证明了只有通过实行民主的计划方式而不是市场才能拯救地球。首先，通过计划，可以分享最新的技术信息以此来降低碳排放。通过相互协调，可以减少对石化燃料的依赖，同时也可以提高对可再生能源的投资。一味地增加对

能源和原材料的投入以战胜竞争对手的这种枯燥乏味的生产模式也可以终结。

其次，计划可以减少经济决策过程中的不确定因素。我们应该要区分两种不同的不确定性：一种是对不可预测事件的不确定性，例如火山爆发或其他一切未知的事情，这是主要的不确定性；第二种是市场的不确定性，由于决策者并不知道中间供应商、竞争对手以及消费者在做什么。计划无法消除第一种不确定性，但是却可以大大减少第二种不确定性。

依据市场制定决策就如一个犯人面对两难的选择一样困难。较为经典的例子是，嫌疑犯被带到不同的警察局，并且劝诱其认罪，否则嫌疑犯可能会面临更严重的处罚，如果有人拿出证据来指证他。由于嫌疑犯无法预测其他人的反映，他通常会选择认罪而不是去冒更大的处罚风险。由于嫌疑犯与其他人之间无法进行协调，这两个选择都会导致很糟糕的影响。但是，有计划地进行生产就会减少这种不确定因素，因为它允许相互影响的经济部门之间进行协调沟通。

第三，计划可以减少浪费，这种浪费通常是由于一些大公司采取防御措施以抵抗市场的不确定性造成的。对于一些巨头公司来说，"大而不倒的思想"意

味着在非生产投入上的比例日益增多，以此来保证企业的市场占有率。汽车公司在广告上花费巨额资金；武器制造商向政府官员行贿，以保证他们产品的销路；大量的资金流入衍生品市场，而这些"对冲基金"原本是用来抵抗变幻莫测的市场波动的。技术的发明不再是为了提高效率，而是成为一种套牢消费者的机制。例如，微软公司的产品，质量低劣，但是他们很有远见地开发了一个操作系统，比起某些开放的资源项目，这一系统使得他们的用户能够进行更简单的操作。[35] 所以，计划除了可以降低市场的不确定性，还可以减少那些非生产性的投入。

经济运行模式从那种盲目的、分散的驱动力中转变为民主的、有计划的运行，这一过程是渐进的，需要一定的时间，因此，在这一过程中，仍然需要借助某些市场机制的作用。帕特·迪瓦恩指出了市场交换和市场力量二者之间的一个明显区别。市场交换涉及与价格机制相联系的商品和服务的交换。市场力量指的是投资模式的变化，例如，因个人利益引发未经协商的决定，从而发生投资模式的变化。[36] 在革命之后，市场力量的作用会立刻下降，但是市场交换作为一种协调民主决定的规律还会继续发挥一定时期的作用。这也是因为新的

社会主义经济是在资本主义的基础上建立起来的,但是从根本上改变了其性质。没有必要摧毁一切,"从头开始"。

在现代资本主义社会,计划已经发展到了一定的程度。作为一个日益增长的经济活动级别,计划没有在开放市场得到发展,但是却在一些巨头公司内部发展起来。在这些公司内部,对资源的分配以及生产部门之间商品的中转并不以市场原则为基础,而是通过中央计划来进行组织。通过全球供应链,计划的详细技术形式也得到了发展。例如,像戴尔这类公司,在军事后勤方面使用了先进的技术,将自己定位于全球生产的网络链条之中。现代信息技术使得这一复杂的计划网络成为可能。[37] 零售巨头的经销店也进行大规模的计划,以保证他们琳琅满目的商品与消费者的需求相一致。这种方法之所以成为可能是因为他们建立了与消费者模式相一致的庞大的数据库。

但是,这种类型的计划是以一种自上而下的形式,是由董事会决定的,而他们对于员工福利没有任何兴趣。同时,这种计划形式会被完全非理性的制度所干扰。无论一个公司的制度如何完善,生产部门之间是如何的统一,它都可

大求索:拿什么替代你,信贷危机?

能陷入混乱之中,因为它受到股票价格的影响。它所做的一切都是为了能在竞争中获胜,因此在全球供应链下,这种详细计划的目的通过破坏竞争形式,为了降低成本而施加严酷的压力。[38]

然而,这些计划形式所产生的信息甚至由市场机制建立起来的稳定价格为建立社会主义计划提供了技术数据。与市场经济以及以前共产主义模式下的指令经济不同,社会主义计划的目标是使经济服务于人类。它的目的是控制异化的集体劳动,而生产方式所有制是实现这一目的的唯一方式。它只能通过实行"广泛的民主来发挥作用,将那些有必要的、分散的经济决策结合起来"。[39]

在中央,革命之后的社会通过民主的方式,阶段性地对一些关键性问题作出决定,以为经济发展提供一个框架。这些决定必须以民主的方式进行,由在国民大会上选举出来的代表进行讨论,主要问题包括:

如何决定哪些项目是可以取消的,哪些项目是可以免费获得的?医疗、教育、淡水、废水收集应该作为免费的公共服务项目,从税收拨出资金。公共交通也应该免费,国家给予高额的补贴,以降低对汽车的依赖。而其他非商品的项目则需要进行缜密的思考再作决定。

如何做到投资资金与消费资金的平衡？在现今社会，这是由开发程度和利润率决定的。但是在社会主义社会，人们需要经过民主协商，在投资和消费这两者之间划分出合理的比例。与此相关地，他们还需要讨论应该留出多少比例来鼓励社会创新和发明。

如何规定工作时间？在讨论消费者的选择时经常忽略工作时间的长度。在革命之后的社会，人民需要民主地讨论工作周期，因为跟整个经济计划是直接相关的。一个较短的工作周期，例如，一周工作 30 个小时，这意味着较少的消费品，而一周 40 个小时意味着更多的商品。

如何规定最低收入和最高收入？大多数的资本主义经济活动中规定了最低收入，但是没有最高收入。美国 CEO 的平均工资是普通工人工资的 275 倍。[40] 这种收入差距是令人无法接受的，必须规定最高工资的上限，例如高于最低工资的 4 到 5 倍。这表明在社会主义早期阶段，收入不均会依然存在——但是收入差距会降低。

为了减少污染，降低碳排放以及保护能源应该采取哪些政策？现代社会面

临着这些共同的问题。在革命之后的社会里，代表们需要制定战略措施来处理这些问题，同时在各种选择方案之间，进行实际可行的选择。这些选择或许要有技术数据来支持，但是最终他们会涉及如何更好地组织生产这样的讨论。例如，在如何使用石化燃料，如何处理汽车使用频率以及如何在新能源方面进行投资，这一系列问题都必须作出决定。

如何分配不同领域和不同地区之间的投资？这将引起激烈的争论。尽管这涉及技术方面的问题，因为投资决定必须要有持续、不断增长的影响，对于选举出来的代表来说，他们必须制定实际可见的不同种类的模式，以供他们进行选择。在革命之后的社会里，政党或者较为松散的网络联盟也可以积极地参与这些争论。

对这些问题进行广泛的讨论最终会形成一个连贯的统一的计划。我们可以想象代表们集中在一起对一些问题进行争论，然后将争论的结果提交给计划委员会，这对投入——产出模式来说有较为重要的技术参考。但是，最关键地是在决定社会目标时，技术决定最终让位于真正的民主决定。计划委员会对这些不同模式的采用必须完全透明，而且要与代表们反复地讨论。计划委员会的反

对派也可以提出不同的意见，这些辩论可以在全国范围内进行广播，由选民进行监督。

一旦不同领域的主要目标确定以后，每一行业或服务业的工人代表可以决定对该生产部门如何进行投资分配。这些领域的商品和服务的设计和质量也应该由消费者委员会进行讨论。因此，与其花费大量的资金在产品的广告宣传上，还不如事先对投入进行民主的讨论。例如，对于不同款式的衣服和鞋子，我们没有理由在网上进行宣传，给出某种喜好的暗示。

经济管理委员会也需要针对中央政府提供的投资制定标准，以便合理地分配投资，同时，对那些运营差的部门进行讨论，找出原因。在某一个阶段，市场规律的某些因素也要作为民主标准的补充。如果制鞋厂的销售额下降，那么市场调查——在所有部门都实现共享——表明这跟低劣的产品质量有关，那么就需要采取补救措施。但是，如果这样行不通，那么就需要减少产量，并且对各个区域的员工进行再分配，除非有无法抗拒的社会原因要求所有的设备和人员都维持原样。

大求索:拿什么替代你,信贷危机?

除了这些在经济领域方面的讨论，决策制定还需要下放到基层去。每个工厂都要制定产出目标，但是他们需要讨论如何最高效率地实现这一目标。实现所有这些措施的最高效、最民主的方式就是工人的自我管理。

这种向心和离心计划的短见遭到了很多人的批评，例如作家亚历克斯·诺夫，他指出："中央集权不能高效地为现代复杂的综合经济体制定计划。"[41] 这可能有些老调重弹，因为现在许多跨国公司和全球性连锁机构已经参与到了复杂的经济计划之中，其规模覆盖好几个国家。但是，在上述的模式当中，中央集权并没有对每一个项目都进行决断，因为很多决定都是离心的。奥地利新自由经济学的一所学校对此做了相关的论断，它认为"战略知识"和消费者的主观喜好并不能靠计划就能够掌握。[42] 但是，如果社会主义计划是建立在极度发达的民主的基础上，那么工人的战略知识和消费者的主观喜好为什么不能连接在一起呢？当消费者知道他们可以发挥重要的作用，那么他们有什么理由阻止呢？诺夫也指出了社会主义计划不能完全地处理好商品或服务的质量问题，因为这些标准很能定义。[43] 但是，现存的资本主义使用专门的质检部门来进行产品的质量检测，那是因为他们以为这就是"好产品"的标准。因此，为什么经济委员会和由工人自我管理的工厂就不能在产品的质量上做出更好的决策呢？

　　毫无疑问，不会有十全十美的社会，当社会在控制经济时，错误在所难免。但是经济依然能够照常运行。正如我们在过去一直使用的伪争论："平庸的人"很可能不参与国家的政治生活。如今这种类似的争论又前进了一步，它声称"平庸的人"不能参与经济生活。这完全忽略了一个事实，即现代经济是建立在协调、合作以及全世界人民共同努力的基础上的，而认为这些平庸的人无法做出民主的决定完全是毫无事实根据的。

第十二章 超 越

是到此为止吗？马克思的结论难道就是运用公有制、工人的自我管理和社会主义计划作为取代资本主义的经济制度？

从某种意义上说，马克思是一名无畏的"经济调查员"，在他的一生当中，他坚持与"一切虚的结构"[1]作斗争。他憎恨一切无端的诡计，亲身研究经济学，因为他坚信经济学的某些规律并不能那么容易被掩饰过去。例如，当今世界所有的阴谋论都与法令或者钞票有关。据悉，美联储是由彼尔德伯格集团、共济会和三边委员会共同经营的，他们肆意印刷过多的货币，使人民负债。但是，如果回到货币是以黄金为基础来进行收益，就可以停止这种阴谋。然而，资本主义经济制度的弱点助长了这些阴谋诡计，人民群众愈分散，这种阴谋就愈大。

165

大求索：拿什么替代你，信贷危机？

马克思反复说道，资本主义尽管被有钱人和有权人利用，但是它并不是完全建立在诡计和欺诈的基础上的。它的残暴性在于人民群众的劳动产品由资本家进行分配，并且要按照资本主义的法律运行。无论货币的形式是纸币、金子还是银子，都没有任何区别，因为它代表了边缘化人类的固定劳动。因此马克思研究经济学不仅是为了发现资本主义制度的矛盾，也为了减少人类转变成"经济人"。但是他着重于"经济人"的事实并不意味着人类的潜能被束缚在产品的生产、交换和分配当中。我们应该知道，并不是马克思创造了"经济人"，而是资本主义。

因此，只有实现共产主义才能最终将人们从"经济人"的束缚中解放出来。由于斯大林专制，"共产主义"一词已经被人们误解，因此最好的办法是用马克思所说的另外一个术语"自由王国"。革命之后的社会与自由王国的过渡是渐进式的。我们不可能瞬间终结资本主义，社会主义社会也将经过不同的发展阶段，才能开创新的局面。众所周知，过渡社会是不完善的，并不能像乌托邦那样十全十美。但是这种说法与掩藏在资产阶级社会背后用华丽辞藻修饰的"自由"或"机会平等"的矛盾是相悖的。而管理社会的工人没必要追求这种伪善，他们能够看清现实并且改变这一切。这种改变的可能性依赖于生产力水平和民主、教育以及文化的发展水平。[2]

生产力的发展水平不在于建多少钢铁厂，也不是设立更多的工厂，更不是GDP数字的增长。如果一个社会急速地朝着工业化大步迈进，那么消除阶级社会、提高生产力就会变成空谈。要真正提高生产力的发展水平，首先要修复我们对地球所造成的巨大破坏，其次要减少工作时间，提高工作质量。这一任务非常艰巨，需要发挥人民群众的创造力。

要修复我们对地球的破坏，我们必须要改变对石化燃料的依赖，寻求可再生能源，如风能、水能等。同时，我们还需要转变经济发展模式，减少浪费，提高循环利用率。我们还必须停止对有害农药、动物抗生素以及食品加工中致癌物质的滥用。即使所有的这些措施都做到了，我们还必须发展科技，以用于对不同领域的指导。体力劳动的自动化程度越高越好，工人决策的自治程度越高越好。最关键的一点是，在工作上花费的时间越少，人类用于创造力方面的时间就越多。

马克思关于社会主义社会提出了两大令人鼓舞的目标：一是结束对"个体劳动分工的奴役"，[3]二是消除体力劳动和脑力劳动的分工，这一目标尤其重要。资本主义的支持者认为工作是人们为了赎罪而进行惩罚的一种方式，因为人们天生懒惰。他们这样做的目的是为了使资本主义制度所造成的非人性合法化。正如马克思所说的，这些人并没有说人们需要"正常的工作量和一定的休息时间"或者"克服困难本身就是一个解放的过程"。[4]因此，在社会主义社会，每一份的努力必须与人类的创造力相联系，这不仅是结束资本主义制度的方式，同时，它本身就是一个令人鼓舞的活动。

然而，人们的生活并不只是工作，马克思认为人们需要减少工作时间。如果工作可以从25个小时减少到20个小时，那么显然剩余的时间可以促进教育和文化的发展。如果资源没有浪费在利润、管理者和竞争上，这一目标是可以实现的。减少的工作时间可以在社会上进行文化传播，这样文化就不再是精英阶层的专利。如果有一个专门的社会组织，恩格斯认为：

> 这样可以使得每个人有充分的休息时间，可以真正使历史文化得

到继承和发扬——科学，艺术，各种交流形式——不仅可以得到保存，而且可以改变统治阶级的垄断，使其成为全社会的共同财产，同时社会也可以得到进一步的发展。[5]

另外一个要求是从必然王国向自由王国的飞跃。这要求生产力极度发达，人民财富极度增长，并且已经到达"无可复加"[6]的程度。换句话说，生产力超出了人类需要。这是一个更为复杂的概念，因为历史辩证法要求人类扩展自己的能力以实现这一目标，马克思解释道：

> 作为生命肌体需要的物质生产，无论是原始人还是现代文明人都同样需要，人民必须在所有可行的生产模式下，尝试一切社会形式。这是一种自然必然性，这种自然必然性一方面随着人的需要的扩大而扩大，另一方面随着生产力的提高而使工作日不断缩小。

> 自由的实现首先是以人类合理地调节他们与自然的关系为前提的。也就是说，人类要完全主动地控制盲目的自然力，不受其摆布。其次，人们还将在不愧于和最适合于他们的人类本性的条件下来进行

这种物质交换。[7]

这里的关键问题是"相关的生产者"以理性的方式控制这种关系。马克思建议生产力的极度发展有可能超越人类日益增长的需求，但是他并不是指一种凭空的想象，即人们可以幻想出田园般的厨房用具或者是高性能的汽车。马克思所表示的是一种理性的需要，满足社会的发展，但是又会受到某些文化的限制。例如，有人会争论，互联网和一些新的沟通方式在 21 世纪被看成是一种理性的需求，但是在以前却被视为幻想。在这种复杂的社会需求下，我们对于食物、衣服、住房和照明有着共同的需求，而这些需求的实现在一切文化需求之前。对资本主义最大的控诉就是它并没有为人类三分之一的人口提供这些需求，即使我们生产了足够的食物和能源。如果社会主义解决了世界的饥饿问题，就这一点就足以使革命合法化。

然而，社会主义应该进一步发展并且最终实现免费为人们提供食物、照明、衣服、供热、住房等商品。如果这一切可以实现，那么也可以极大地促进人类发展。免费食物和照明的想法，在利润至上的社会是非常令人反感的。"怎样实现这一目标？难道大家不仅仅是帮助自己吗？"这些呼喊来自怒目而视的空想

家。但是全球粮食供应已经超出了人均需要的20%，然而依旧会发生粮食暴乱，这是因为这些粮食并没有分配给处在饥饿中的人。[8] 现存的大量的这些食物，在不同的社会应该免费——或者是以非常便宜的价格提供给人们——特别是在公社的餐馆里。这本身也可以帮助消除日益增长的家庭消费中的浪费，同时也给人们是在家里吃饭还是出去吃饭提供了选择。食物免费并不意味着人们会不停地进行消费。毕竟，在免费供水的国家里，人们并没有担心这是最后一滴水，而每时每刻都在喝水。比起食物的可得到性，肥胖问题有着更多更复杂的原因，为了追求食物的利润要做的还有很多——例如广告或者不断的展示——以及枯燥的文化和一成不变的生活方式。

如果社会能够最终减少工作时间，同时还能满足合理的需要，那么自由王国就初步实现了。实际上，在推翻资本主义制度后，还需要经过几代人的共同努力才能实现，对于当今社会的人来说，实现这些目标更加困难。因此，马克思并没有给出任何细节，因为他对空想家非常厌恶，马克思希望将焦点集中在推翻现存秩序之上。但是，从马克思政治学和经济学的某些只言片语中暗示了

深层次的人类主义观点。

马克思关于自由的理解比抽象概念里的"个人自由"要宽泛得多。从历史上来看，社会从个人的依赖关系，即大多数人依赖于主人或君王，发展到资本主义阶段的个人独立。但是尽管这一阶段的个人自由是进步的，但它是以更为强大的外部控制为代价的。马克思将这一问题总结如下：

在资产阶级占主导地位的社会，个人似乎要比以前更加自由，因为他们的生活条件似乎更加随意；然而，实际上，他们变得更加的不自由，因为他们受制于暴力。[9]

自由王国意味着要克服资本主义社会中人与社会的人为的分离现象。除了个人生活的完全自由，我们还必须实现公共生活的自由。因此，这种理想的状态就是社会个体化，由于社会的极度自由，人们的个性得到全面的发展。这种个性会发展是因为社会自由增强了人们的想象力，比起现有秩序，它提供了很多的刺激措施和创造力。这也意味着个体之间更大程度的多元化。

自由也意味着国家和民族的消失。在过渡社会，我们还需要国家，但是随着资产阶级框架的最终解体，资本家作为个体融入社会，就不需要国家的存在

了，正如恩格斯所言：

只要不再有隶属的社会阶级，只要阶级统治和个人斗争建立在无政府状态的基础上，同时由生产所产生的碰撞和非人道现象得到消除，那么没有什么是不能平息的，而作为一种特殊的镇压力量，国家也就没有存在的必要了。实际上，国家是由整个社会的代表所组成的——以社会的名义组织生产——这是作为国家的最后的独立行为。在社会关系中，国家的干扰在各个领域中变得多余，那么其本身就会消失；政府人员被管理部门所取代，保证生产过程的进行。国家并不是"废除"，而是消失。[10]

马克思和恩格斯也认为国家将会消失，因为在社会主义社会人们之间的障碍得到了清除。在《共产党宣言》中，他们指出工人必须要赢得政治上的主导权并且要成为"国家的领导阶级"。[11]但是在一国取得革命的胜利必须要传播到世界各地，只要这样，才能消除国家存在的根基。

国家的差异和各国人民之间的对立在逐渐消失，这归结于资产阶

大求索:拿什么替代你,信贷危机?

级的发展，商业的自由，世界市场的开放，生产模式和生活条件的一致性。无产阶级占主导地位使得这些差异和对抗消失的速度加快……由于在国家范围内的阶级对立消失，国与国之间的敌对也可以结束。[12]

这并不意味着文化的多样性会消失或者是人们不能够讲自己的语言。由于个体在新的自由王国得到充分的发展，所有不同民族的音乐和文学形式都会得到充分的发展。但是那些试图突出国家差异以维护自身特权的东西，如护照、移民控制以及繁琐的官僚机构——所有这些都会废除。但是，国家和民族的消失，并不意味着公共权力的消失。人们之间日益扩大的多样性随着个体发展而发展，这会导致新的无阶级斗争矛盾，因此需要有调解或仲裁机构。[13]然而，没有必要建立一个巨大的机构来实施这一社会功能。

最后，马克思的观点还包括创造新的人类情感，因为自由王国是以"人类力量的发展作为其自身的目标"。[14]种族歧视、性别歧视、同性恋歧视将得到废除，会在今后的资本主义博物馆里展示其历史。曾经属于精英阶层专利的文化知识和感性，也将成为社会大众的财产。但是最重要的是，阻碍人类发展的财产私有制最终灭亡。马克思说道：

财产私有制使我们变得愚蠢和片面,认为只有当我们拥有某物时,它才属于我们——当它作为资本为我们所用时或者当它被占有、被吃掉、被喝掉、被磨损、被继承等等——总之,当它被我们使用时,它才是我们的。[15]

人的个性并不局限于我们与其他人的区别,也不局限于我们与自然的关系,只是使其为我所用。马克思认为在这个世界中:"需要或享受失去了自我中心的本性,而自然也并非仅具其功效之本。"[16] 这种解放了的人类情感是那些人性发展受到资本主义阻碍的人所看不到的,将有待于后来人去创造和构想。

另眼看世界·当代国际热点解读

注　释

引言

1. M. Davis, 'Fear and money in Dubai', *New Left Review,* No. 41, September—October 2006, pp.47–68.

2. www.thepalm.ae/jumeirah/about-us/introduction.

3. UNICEF, *The State of the World's Children 2008: Child Survival,* New York: UNICEF, 2007, p. 1.

4. United Nations, *Human Development Report 2006: Beyond Scarcity,* Basingstoke: Palgrave Macmillan, 2006, p. 5.

5. United Nations, *Millennium Development Goals Report 2007*, New York: United Nations, 2007, p. 45.

6. Ibid., p. 44.

7. M. Ravallion, S. Chwen, and P. Sangraula, 'Dollar a day revisited', *World Bank Economic Review*, Vol. 32, No. 2, June 2009.

8. K. Marx, *Economic and Philosophic Manuscripts*, Moscow: Progress Publishers, 1977, p. 65.

9. 原著缺漏此注释——译者。

10. J. Davies, *Personal Wealth from a Global Perspective*, Oxford: Oxford University Press, 2009.

11. Forbes Rich List, 2009.

12. J. J. Rousseau, 'Discourse on the Origin of Inequality among Men', in M. Cohen and N. Ferman (eds.), *Princeton Readings in Political Thought: Essential Readings Since Plato*, Princeton, NJ: Princeton University Press, 1996, p. 313.

13. Marx, *Capital,* Volume 1, Harmondsworth, Penguin, 1976, p. 406.

14. Ibid., p. 342.

15. K. Marx, 'Theses on Feuerbach', in C. Arthur, *The German Ideology: Part One,* London: Lawrence & Wishart, 1974, p. 123.

第一章　反抗的原因

1. S. S. Prawer, *Karl Marx and World Literature*, Oxford: Clarendon Press,

1976, p.19.

2. F. Wheen, *Karl Marx*, London: Fourth Estate, 1999, p. 13.

3. Ibid., p. 32.

4. M. Kitchen, *A History of Modern Germany*, Oxford: Blackwell, 2006, pp. 17-18.

5. D. Blackbourn, *History of Germany: the Long Nineteenth Century*, Oxford: Blackwell, 2003, p.92.

6. Quoted in H. Marcuse, *Reason and Revolution*, Oxford: Oxford University Press, 1941, p. 229.

7. G. Lukács, *The Young Hegel*, London: Merlin, 1938.

8. C. Taylor, *Hegel*, Cambridge: Cambridge University Press, 1975, p. 54.

9. G. Hegel, *The Philosophy of History*, Kitchener: Batoche Books, 2001, p. 33.

10. S. Hook, *From Hegel to Marx*, New York: Colombia University Press, 1994, p.81.

11. Taylor, *Hegel*, p. 103.

12. R. K. Williamson, *An Introduction to Hegel's Philosophy of Religion*, New York: State of New York University Press, 1984, p. 258.

13. Ibid.

14. Hook, *From Hegel to Marx*, p. 36.

15. Ibid., p. 42.

16. K. Westphal, 'The basic context and Structure of Hegel's philosophy of right', in F. Beiser (ed.), *The Cambridge Companion to Hegel*, Cambridge: Cambridge University Press, 1993, p. 239.

17. C. Taylor, *Hegel*, Cambridge: Cambridge University Press, 1975, p. 422.

18. M. Rubel, *Marx: Life and Works*, London, Macmillan, 1980, p. 2.

19. K. Marx and F. Engels, *The Holy Family*, in *Marx−Engels Collected Works*, Volume 10, Moscow: Progress Publishers, 1975.

20. D. McClellan, *The Young Hegelians and Karl Marx*, London: Macmillan, 1969, p. 27.

21. K. Marx, 'Freedom in general', *Rheinische Zeitung*, 139, Supplement, 19 May 1842, www.marxists.org/archive/marx/works/1842/free-press/ch06.htm.

22. K. Marx, 'On the Assembly of Estates', *Rheinische Zeitung*, 130, Supplement, 10 May 1842, www.marxists.org/archive/marx/works/1842/free-press/ch03. htm.

23. K. Marx, 'Critique of Hegel's doctrine of the state', in K. Marx, *Early*

Writings, Harmondsworth: Penguin, 1975, pp. 107–8.

24. Ibid., p. 114.

25. K. Marx, Preface to *A Contribution to the Critique of Political Economy*, Moscow, Progress Publishers, 1970, p. 19.

26. A. Gilbert, *Marx's Politics: Communists and Citizens*, Oxford: Martin Robertson, 1981, p. 37.

27. K. Marx, 'Critical notes on the article "The King of Prussia and Social Reform"', in *Early Writings*, p. 403.

28. Ibid., p. 412.

29. M. Lowy, *The Theory of Revolution in the Young Marx*, Chicago: Haymarket Books, 2005. p. 74.

30. J. Charlton, *The Chartists: The First National Workers' Movement,* London: Pluto Press, 1997.

31. Quoted in T. Hunt, *The Frock-coated Communist: The Revolutionary Life of Friedrich Engels,* London: Allen Lane, 2009, p. 120.

32. Marx to Ruge, Kreuznach, September 1843, www.marxists.org/archive/marx/works/1843/letters/43_09.htm.

33. Gilbert, *Marx's Politics*, p. 68.

34. H. Draper, *Karl Marx's Theory of Revolution*: *Volume. 4, Critique of Other Socialisms*, New York: Monthly Review, 1990, p. 29.

35. K. Marx and F. Engels, *The Communist Manifesto*, in *The Revolutions of 1848*, Harmondsworth: Penguin, 1973, p. 67.

36. A. Nimtz, *Marx and Engels: Their Contribution to the Democratic Breakthrough*, New York: State University of New York Press, 2000, p. 70.

37. 'Demands of the Communist Party of Germany', in *Marx–Engels Collected Works*, Volume 7, Moscow: Progress Publishers, 1977, p. 3.

38. K. Marx, 'Address to the Central Committee (March 1850)', in Marx, *The Revolutions of 1848*, Harmondsworth: Penguin, 1973, pp. 323–4.

39. W. Blumenberg, *Karl Marx: An Illustrated History*, London: Verso, 1998, p. 93.

40. A. Callinicos, *The Revolutionary Ideas of Karl Marx*, London: Bookmarks, 2004, p. 27.

41. W. Blumenberg, *Karl Marx: An Illustrated History*, London: Verso, 1998, p.104.

42. 'Provisional Rules of the International', in K. Marx, *The First International and After: Political Writings*, Volume 3, Harmondsworth: Penguin,

1974, p. 82.

43. P. Foot, *The Vote: How it was Won and How it was Undermined*, London: Penguin-Viking, 2005, pp. 135–59.

44. I. Berlin, *Karl Marx*, Oxford: Oxford University Press, 1996, p. 189.

45. Friedrich Engels, speech at the grave of Karl Marx, 17 March 1883.

第二章　利润社会

1. K. Marx, *Capital*, Volume 1, Harmondsworth: Penguin, 1976, p. 874.

2. Ibid., p. 915.

3. Ibid., p. 928.

4. Ibid., p. 933.

5. M. Beaud, *A History of Capitalism*, London: Macmillan, 1981, p. 31.

6. R. Buell. *The Native Problem in Africa*, New York: Macmillan, 1928, p. 331.

7. FBI, *Crime in the United States 2005*, New York: FBI, 2005.

8. E. P. Thompson, 'Time, work discipline and industrial capitalism', *Past and Present*, Vol. 38, No. 1, 1967, pp. 56–97.

9. Ibid.

10. P. Linebaugh, *The London Hanged: Crime and Civil Society in the Eighteenth Century,* London: Verso, 2003.

11. Marx, *Capital*, Volume 1, p. 125.

12. F. Engels, Preface to *Capital*, Volume 3, Harmondsworth: Penguin, 1981, p. 103.

13. P. Sweezy, *The Theory of Capitalist Development*, New York: Monthly Review, 1970, p. 24.

14. Marx, *Capital*, Volume 1, p. 132.

15. Ibid., p. 254.

16. J. Schor, *Born to Buy,* New York: Scribner, 2004, p. 20.

17. Quoted in E. Mandel, *The Formation of The Economic Thought of Karl Marx*, London: Verso, 1971, p. 41.

18. Sweezy, *The Theory of Capitalist Development*, p. 31.

19. D. Foley, *Understanding Capital: Marx's Economic Theory,* Harvard, MA: Harvard University Press, 1986, p. 16.

20. K. Marx, *Grundrisse*, Harmondsworth: Penguin, 1973, p. 157.

21. Marx, *Capital*, Volume 1, p. 280.

22. Ibid., pp. 279–80.

23. K. Marx and F. Engels, *Manifesto of the Communist Party*, in Karl Marx, *The Revolutions of 1848*: *Political Writings*, Volume 1, Harmondsworth: Penguin, 1973, p. 72.

24. Marx, *Capital*, Volume 1, pp. 739 and 742.

第三章　异　化

1. R. Wilkinson and K. Pickett, *The Spirit Level: Why Equality is Better for Everyone,* London: Penguin, 2009.

2. O. James, *The Selfish Capitalist: Origins of Affluenza,* London: Vermillion, 2008, p.40.

3. N. Wolff, *The Beauty Myth: How Images of Beauty are Used against Women*, London: Vintage, 1990.

4. K. Lau, *New Age Capitalism: Making Money East of Eden,* Pennsylvania: University of Pennsylvania Press, 2000, p. 7.

5. F. Engels, *Ludwig Feuerbach and the End of Classical German Philosophy*, Moscow: Progress Publishers, 1946, Part 3.

6. L. Feuerbach, *The Essence of Christianity*, New York: Cosimo, 2008, p. xiv.

7. Quoted in S. Hook, *From Hegel to Marx: Studies in the Intellectual Development of Karl Marx*, New York: Colombia University Press, 1994, p. 247.

8. Ibid., p. 247.

9. Feuerbach, *The Essence of Christianity*, p. 270.

10. K. Marx, *Theses on Feuerbach,* in K. Marx and F. Engels, *The German Ideology*, London: Lawrence & Wishart, 1974, p. 122.

11. Ibid., p. 122.

12. Ibid.

13. K. Marx and F. Engels, *The German Ideology*, London: Lawrence & Wishart, 1974, pp. 50-1.

14. Ibid., p. 47.

15. Marx, *Theses on Feuerbach*, p. 121.

16. F. Engels, *The Part Played by Labour in the Transition from Ape to Man*, Moscow: Progress Publishers, 1934.

17. E. Fischer, *The Necessity of Art*, Harmondsworth: Penguin, 1978, p. 23.

18. B. McKibben, *The End of Nature*, New York: Random House, 2005.

19. K. Marx, *The Economic and Philosophic Manuscripts*, Moscow: Progress Publishers, 1977, p.68.

20. I. Meszaros, *Marx's Theory of Alienation*, London: Merlin Press, 1972, p. 162.

21. K. Marx, *Capital*, Volume 1, Harmondsworth: Penguin, 1976, p. 284.

22. Marx, *Economic and Philosophical Manuscripts*, p. 68.

23. H. Marcuse, *Reason and Revolution*, London: Routledge, 1977, p. 275.

24. Marx, *Economic and Philosophical Manuscripts*, p. 66.

25. Ibid., pp. 65–6.

26. Ibid., p. 66.

27. Ibid., p. 66.

28. P. Taylor and P. Bain, '"An assembly-line in the head": Work and employee relations in the call centre', *Industrial Relations Journal*, Vol. 30, No. 2, 1999, pp.101–17.

29. Quoted in G. Ritzer, *The McDonaldization of Society*, Newbury Park, CA: Pine Forge Press, 1993, p. 119.

30. H. Braverman, *Labor and Monopoly Capital*, New York: Monthly Review Press, 1974, p. 119.

31. Ritzer, *The McDonaldization of Society*, p. 119.

32. P. Basso, *Modern Times, Ancient Hours*, London: Verso, 1998, p. 61.

33. F. Green, *Demanding Work: The Paradox of Job Quality in the Affluent Economy*, Princeton, NJ: Princeton University Press, 2006, p. 1.

34. F. Braudel, *Civilisation and Capitalism, 15th to 18th Century. Volume 1: The Structure of Everyday Life*, Berkeley, CA: University of California Press, 1992, p.61.

35. E. Le Roy Ladurie, *The French Peasantry 1450–1660*, Berkeley, CA: University of California Press 1987, p. 79.

36. D. Noble, *Forces of Production: A Social History of Industrial Automation*, New York: Knopf, 1984.

37. Marx, *Capital*, Volume I, p. 425.

38. Marx, *Economic and Philosophic Manuscripts*, p. 23.

39. Ibid., p. 20.

40. Ibid.

41. Marx, *Economic and Philosophic Manuscripts*, p. 70.

42. C. Bengs, 'Planning theory of the naive', *European Journal of Spatial Development*, July 2005, pp.1–12.

43. R. Williams, *Keywords: A Vocabulary of Culture and Society*, London: Fontana, 1983, p. 163.

44. A. de Tocqueville, *Democracy in America*, London: Fontana, 1994, p. 506.

45. D. Harvey, *A Brief History of Neoliberalism*, Oxford: Oxford University Press, 2005, p. 23.

46. Marx, *Economic and Philosophic Manuscripts*, p. 93.

47. Ibid., p. 70.

48. K. Marx, *Capital*, Volume 1.

49. K. Marx and F. Engels, *The Holy Family*, Moscow: Progress Publishers, 1975, p.120.

50. D. Rushkoff, *Life Inc*, New York: Random House, 2009, p. 121.

51. Ibid., p. 99.

52. Marx, *Economic and Philosophic Manuscripts*, p. 102.

53. B. Ollman, *Alienation: Marx's Conception of Man in Capitalist Society*, Cambridge: Cambridge University Press, 1976, p. 150.

54. Marx, *Economic and Philosophic Manuscripts,* p. 100.

55. Marx, *Capital*, Volume 1, p. 65.

56. E. Burke, *Reflections on the Revolution in France*, London: John Sharpe, 1821, p.83.

57. Ibid., p. 123.

58. Ibid.

59. Ibid., pp. 123-4.

60. Marx, *Economic and Philosophic Manuscripts*, p. 122.

61. Ibid., p. 36.

62. Ibid., p. 73.

第四章　社会阶级

1. P. Kingston, *The Classless Society*, Chicago: Stanford University Press, 2000, p. 233.

2. W. Domhoff, 'Wealth, Income, Power', cafri.com.

3. E. Saez, 'Striking it richer: The evolution of top incomes in the United States', elsa.berkeley.edu/~saez/saez-UStopincomes-2007.pdf.

4. D. Johnson, 'The richest are leaving even the rich behind', *New York Times*, 5 June 2005.

5. R. Wilkinson and K. Pickett, *The Spirit Level: Why Equality is Better for Everyone*, Harmondsworth: Penguin, 2010, p. 84.

6. G. Singh and M. Siahpush, 'Widening socioeconomic inequalities in US life

expectancy, 1980–2000', *International Journal of Epidemiology*, Vol. 35, No.4, 2006, pp. 969–79.

7. Wilkinson and Pickett, *The Spirit Level*, p. 75.

8. K. Davis and W. E. Moore, 'Some principles of stratification', *American Sociological Review*, Vol. 10, No. 2, 1945, pp. 242–9.

9. F. Parkin, *Max Weber*, London: Routledge, 2002, p. 94.

10. G. E. M. de Ste Croix, *The Class Struggle in the Ancient World*, London: Duckworth, 1983, p.43.

11. Ibid., pp. 43–4.

12. K. Marx, *The Communist Manifesto*, in *The Revolutions of 1848*, Harmondsworth: Penguin, 1973, p. 67.

13. Ibid.

14. F. Engels, *The Origin of the Family, Private Property and the State*, London: Lawrence & Wishart, 1972, p. 233.

15. Ibid., p. 159.

16. R. Lee, *The Kung San: Men, Women, Work and Foraging Society*, Cambridge: Cambridge University Press, 1979, p. 118.

17. Quoted in C. Harman, *A People's History of the World*, London: Verso, 2008, p.3.

18. P. Trouiller, O. Piero, E. Torreele, J. Orbinski, R. Laing and N. Ford, 'Drug development for neglected diseases: A deficient market and a public health failure', *The Lancet*, 9324, 22 June 2002, pp. 2188–94.

19. M. Angel, *The Truth about Drug Companies*, New York: Random House, 2004, p. 48.

20. H. Braverman, *Labor and Monopoly Capital*, New York: Monthly Review, 1974, p. 355.

21. K. Marx, *Capital*, Volume 3, Harmondsworth: Penguin, 1981, p. 1025.

22. Ibid.

23. H. Draper, *Karl Marx's Theory of Revolution. Volume 2: The Politics of Social Classes,* New York: Monthly Review Press, 1978, p. 478.

24. E. Hobsbawn, *Primitive Rebels: Studies in Archaic Social Movements in the 19th Century*, Manchester: Manchester University Press, 1959, p. 110.

25. R. Herrenstein and C. Murray, *The Bell Curve: Intelligence and Class Structure in American Life*, New York: Free Press, 1994, Chapter 9; E. Leacock Burke, *The Culture of Poverty: A Critique*, New York: Simon & Schuster, 1971.

26. M. Davis, *Planet of the Slums,* London: Verso, 2006, Chapter 8.

27. K. Marx, *Theories of Surplus Value*, Moscow: Progress Publishers, 1963, p. 158.

28. N. Poulanzas, *Classes in Contemporary Capitalism,* London: New Left Books, 1975.

29. Interview with Lawrence Otis Graham. 4 March 1999, www.pbs.org/newshour/gergen/march99/gergen_3-4.html.

30. P. Lissagray, *The History of the Paris Commune*, London: New Park, 1976, pp.277–8.

31. Quoted in T. Cliff, *Class Struggle and Women's Liberation*, London: Bookmarks, 1984.

32. K. Marx, *Capital*, Volume 1, Harmondsworth: Penguin, 1976, p. 381.

33. A. Roy, 'Walking with comrades', *Outlook India*, 29 March 2010.

34. M. Gonzalez, *Che Guevara and the Cuban Revolution*, London: Bookmarks,2004.

35. K. Marx, *The Eighteenth Brumaire of Louis Bonaparte*, in K. Marx, *Surveys from Exile*, Harmondsworth: Penguin, 1973, p. 240.

36. Ibid., p. 243.

37. N. Harris, *Mandate from Heaven: Marx and Mao in Modern China,* London: Quartet Books, 1979, Chapter 2.

38. Draper, *Karl Marx's Theory of Revolution*, p. 41.

39. Marx, *Capital*, Volume 1, p. 346.

40. D. Harvey, *The Enigma of Capital*, London: Profile Books, 2010, p. 58.

41. Ibid., p. 348.

42. J. Dalberg-Acton, *Essays on Freedom and Power*, Boston, MA: Beacon Press, 1949, p. 364.

43. D. Renton, *Fascism: Theory and Practice,* London: Pluto Press, 1999, p. 67.

44. K. Marx, *The Poverty of Philosophy*, New York: Prometheus Books, 1995, p. 187.

45. Ibid., p. 188.

46. K. Marx to Friedrich Bolte, 23 November 1871, in K. Marx and F. Engels, *Selected Correspondence,* Moscow: Progress Publishers 1965, p. 271.

47. T. Cliff and D. Gluckstein, *Marxism and Trade Union Struggle: The General Strike of 1926*, London: Bookmarks, 1986.

48. K. Marx, 'Minutes of the Central Committee Meeting of 15 September 1850', in K. Marx, *The Revolutions of 1848*, Harmondsworth: Penguin, 1973 p. 341.

49. Ibid.

50. J. K. Galbraith, *The Culture of Contentment*, London, Sinclair-Stevenson, 1992.

51. Braverman, *Labor and Monopoly Capital*, p. 297.

52. Quoted in A. Callinicos, 'The "new middle class" and socialists', *International Socialism Journal*, Vol. 2, No. 20, 1983.

53. D. Lockwood, *The Blackcoated Worker*, London: Allen & Unwin, 1958, p. 58.

54. Braverman, *Labor and Monopoly Capital*, p. 297.

55. Lockwood, *The Blackcoated Worker*, p. 79.

56. M. Power, *The Audit Society: Rituals of Verification*, Oxford: Oxford University Press, 1997.

57. E. O. Wright, *Class, Crisis and the State*, London: Verso, 1978, Chapter 2.

58. A. Callinicos and C. Harman, *The Changing Working Class*, London: Bookmarks, 1987.

59. Thomas Weiss, 'Revised estimates of the United States workforce, 1800–1860', in S. Engerman and R.Gallman (eds.), *Long Term Factors in American Economic Growth*, Chicago: University of Chicago, 1986, pp. 641–78.

60. D. Blackbourn, *History of Germany 1780–1918: The Long Nineteenth Century*, Oxford: Blackwell, 2003, p. 87.

第五章　性别与种族

1. D. Morley and K. Chen, *Stuart Hall: Critical Dialogues in Cultural Studies*, New York: Routledge, 1996, p. 418.

2. M. Hardt and A. Negri, *Multitude: War and Democracy in an Age of Empire*, Harmondsworth: Penguin, 2005.

3. K. Marx and F. Engels, *The Holy Family*, in *Marx–Engels Collected Works*, Volume 4,Moscow: Progress Publishers, 1975, p. 196.

4. F. Engels, *Principles of Communism*, in *Marx and Engels, Selected Works*, Moscow: Progress Publishers, 1969, p. 89.

5. 'Naked capitalists: There is no business like porn business', *New York Times*, 20 May 2001.

6. S. de Beauvoir, *The Second Sex*, London: Jonathan Cape, 1949, p. 89.

7. S. Brownmiller, *Against Our Will: Men, Women and Rape*, New York: Simon & Schuster, 1975, p. 15.

8. See C. Harman, 'Engels and the origin of human society', *International Socialism Journal*, Vol. 2, No. 65, Winter 1994.

9. F. Engels, *The Origins of the Family, Private Property and the State*, London: Lawrence & Wishart, 1972, pp. 113−14.

10. E. Leacock, *Myths of Males Dominance*: New York, Monthly Review Press 1981; E. Friedl, *Women and Men, an Anthropologist's View*, Long Grove, IL: Waveland Press 1975; K. Sachs, *Sisters and Wives:* Champaign, IL: University of Illinois Press, 1982; C. Gailey, *Kinship to Kingship: Gender Hierarchy and State Formation in the Tongan Islands,* Austin, TX: University of Texas Press,1987.

11. E. Cantarella, *Pandora's Daughters: The Role and Status of Women in Greek and Roman Antiquity*, Baltimore, MD: Johns Hopkins University Press, 1987, p. 44.

12. V. Childe, *What Happened in History*, New York: Knopf, 1942.

13. Engels, *The Origins of the Family,* pp. 120−1.

14. Ibid., p. 129.

15. H. Wayne, *The Story of a Marriage. Volume 1: The Letters of Bronislaw Malinowski to Elsie Masson*, London, Routledge, 1995, p. 52.

16. Engels, *The Origins of the Family*, p. 121.

17. Ibid., p. 129.

18. Ibid., p. 125.

19. Cantarella, *Pandora's Daughters*, pp. 48−9.

20. Ibid., p. 134.

21. E.Shorter, *The Making of the Modern Family*, London: Collins, 1976.

22. K. Marx and F. Engels, *The Communist Manifesto*, in K. Marx, *The Revolutions of 1848*, Harmondsworth; Penguin, 1973, p. 83.

23. Engels, *The Origins of the Family*, p. 135.

24. Ibid., p. 137.

25. German, *Material Girls*, p. 86.

26. C. Wright and G. Jagger, 'End of century, end of family', in C. Wright and G. Jagger (eds.), *Changing Family Values,* London: Routledge, 1999, pp. 26 and 32.

27. German, *Material Girls*, p. 44.

28. Engels, *The Origins of the Family*, p. 139.

29. Ibid.

30. F. Butterfield, 'When the police shoot, who is counting?', *New York Times,*29 April 2001.

31. D. Roediger, *The Wages of Whiteness: Race and The Making of the*

American Working Class, London: Verso, 1999, p. 6.

32. C. Robinson, *Black Marxism: The Making of the Black Radical Tradition,* Chapel Hill, NC: University of North Carolina Press, 2000.

33. 'Address of the International Workingmen's Association to Abraham Lincoln', in *Karl Marx on America and the Civil War,* New York: McGraw-Hill, 1972, p. 237.

34. K. Marx, *Capital,* Volume 1, Harmondsworth: Penguin, 1976, p. 414.

35. K. Marx, 'Confidential communication', in K. Marx and F. Engels, *Ireland and the Irish Question,* Moscow: Progress Publishers, 1978, p. 255.

36. Ibid., p. 408.

37. A. Callinicos, *Race and Class,* London: Bookmarks, 1995.

38. H. Bhabha, *The Location of Culture,* London: Routledge, 1994, p. 67.

39. R. C. Lewontin, 'Confusions about human races', Social Science Research Council Web Forum, 7 June 2006.

40. R. Miles, *Capitalism and Unfree Labour: Anomaly or Necessity,* London: Tavistock, 1987, p.7.

41. R. Miles, *Racism,* London: Routledge, 1989, p. 14.

42. L. Poliakov, *The History of Anti-Semitism,* Volume 2, London: Routledge, 1974, pp. 181–2.

43. Z. Bauman, *Modernity and the Holocaust,* Cambridge: Cambridge University Press, 1991, pp.62–3.

44. E. Williams, *Capitalism and Slavery,* Richmond, NC: University of North Carolina Press, 1944, Chapter 3.

45. R. Blackburn, *The Making of the New World Slavery: From the Baroque to the Modern 1492–1800,* London: Verso, 1997, p. 542.

46. Declaration of Independence, www.archives.gov/exhibits/charters/declaration.html.

47. G. Fredrickson, *Racism: A Short History,* Princeton, NJ: Princeton University Press, 2003, p.80.

48. L. P. Curtis, *Anglo-Saxons and Celts,* Bridgeport, CT: University of Bridgeport Press, 1968, p.84.

49. E. Balibar, 'Racism and nationalism', in E. Balibar and I. Wallerstein (eds.), *Race, Nation, Class: Ambiguous Identities,* London: Verso, 1981, p. 43.

50. E. Weber, *Peasants into Frenchmen: The Modernization of Rural France 1880–1914,* London: Chatto and Windus, 1979, Chapter 18.

51. Marx to Meyer and Vogt, 19 April 1870, in K. Marx and F. Engels, *Selected*

Correspondence, Moscow: Progress Publishers, 1965, pp. 236–7.

52. Quoted in Roediger, *The Wages of Whiteness*, p. 12.

53. Michael Reich, "The economics of racism', in R. C. Edwards, M. Reich and T. Weisskopf (eds.), *The Capitalist System*, Englewood Cliffs, NJ: Prentice-Hall, 1972, pp. 316 and 318.

54. B. Kelly, *Race, Class and Power in Alabama Coalfields 1908–21*, Champaign, IL: University of Illinois, 2001.

第六章　我们如何受控

1. N. Machiavelli, *The Prince*, Ware, Herts: Wordsworth, 1993 p. 140.

2. A. Soboul, *The French Revolution*, London: New Left Books, 1974, p. 78.

3. B. de Holbach, *Good Sense*, Teddington: The Echo Library, 2006, p. 85.

4. K. Marx and F. Engels, *The German Ideology*, London: Lawrence & Wishart, 1970, p. 47.

5. Ibid., p. 64.

6. Ibid.

7. B. Bagdikian, *The New Media Monopoly*, Boston, MA: Beacon Press, 2004.

8. R. Greenslade, 'Their masters' voice', *Guardian*, 17 February 2003.

9. Quoted in J. Klaehn, 'A critical review of Herman and Chomsky's "Propaganda Model"', *European Journal of Communications*, Vol. 17, No. 2, 2002, pp. 147–82.

10. P. Nizan, *The Watchdogs: Philosophers of the Established Order*, New York: Monthly Review, 1971.

11. S. Bowles and H. Gintis, *Schooling in Capitalist America: Educational Reform and the Contradictions of Capitalist Life*, New York: Basic Books, 1976.

12. I. Meszaros, *The Power of Ideology*, Hemel Hempstead: Harvester, 1989, p. 167.

13. Ibid., p. 168.

14. S. Lukes, *Power: A Radical View*, Basingstoke: Palgrave Macmillan, 2005.

15. K. Marx, *A Contribution to the Critique of Political Economy*, Moscow: Progress 1970, p. 60.

16. K. Marx, *Grundrisse*, Harmondsworth: Penguin, 1973, p. 87.

17. H. Spencer, *Principles of Biology*, Volume 1, London: Williams & Norgate, 1864, p. 444.

18. R. Dawkins, *The Selfish Gene,* Oxford: Oxford University Press, 1976.

19. R. C. Lewontin, S. Rose and L. Kamin, *Not in Our Genes: Biology, Ideology and Human Nature*, New York: Pantheon, 1985.

20. Marx and Engels, *The German Ideology*, pp. 65–6.

21. J. Thompson, *Studies in the Theory of Ideology*, Cambridge: Polity Press, 1984.

22. V. Volosinov, *Marxism and the Philosophy of Language*, Cambridge, MA: Harvard University Press, 1973.

23. M. Friedman, *Capitalism and Freedom*, Chicago: University of Chicago Press, 1982.

24. A. France, *The Red Lily,* Denver, CO: Bibliolife, 2008, pp. 82–3.

25. K. Marx, *On the Jewish Question*, in *Early Writings*, Harmondsworth: Penguin, 1975, p. 229.

26. K. Marx, *Capital*, Volume 1, Harmondsworth: Penguin, 1976, pp. 168–9.

27. Ibid., p. 175.

28. K. Marx, *Capital*, Volume 3, Harmondsworth: Penguin 1981, p. 516.

29. Quoted in D. Harvey, 'The measure of a monster: Capital, class competition and finance', *Turbulence*, July 2008, pp. 29–32.

30. M. Lowy, *Georg Lukács: from Romanticism to Bolshevism,* London: New Left Books, 1979.

31. G. Lukács, *History and Class Consciousness*, London: Merlin, 1971, p. 93.

32. Ibid., p. 102.

33. Ibid., p. 135.

34. K. Marx and F. Engels, *The Holy Family*, in *Collected Works*, Volume 4, Moscow: Progress, 1975, p. 53.

35. For a wider discussion on hegemony, see P. Anderson, 'The antimonies of Antonio Gramsci', *New Left Review,* 100, November–December 1976, pp. 5–78.

36. Lukács, *History and Class Consciousness*, p. 172.

37. A. Gramsci, *Selections from the Prison Notebooks,* London: Lawrence & Wishart, 1971, p.333.

38. R. Miliband, *The State in Capitalist Society*, London: Quartet, 1973, p. 47.

39. H. Draper, *Karl Marx's Theory of Revolution*, New York: Monthly Review Press, 1977, p.245.

40. F. Engels, *The Origins of the Family, Private Property and the State*, London: Lawrence & Wishart, 1972, p. 229.

41. V. I. Lenin, *State and Revolution*, Dublin: Bookmarks, 2004, p. 11.

42. K. Marx, *Critique of Hegel's Doctrine of the State,* in *Early Writings,*

p. 107.

43. R. Dahl, *Who Governs? Democracy and Power in an American City*, New Haven, CT: Yale University Press, 1981.

44. K. Marx and F. Engels, *The Communist Manifesto*, in Marx, *The Revolutions of 1848,* Harmondsworth; Penguin, 1973, p. 69.

45. M. Wang, *Japan between Asia and the West: Economic Power and Strategic Balance*, New York: East Gate, 2001, Chapter 2.

46. F. Engels, *The Condition of the Working Class of England in 1844*, Denver, CO: Bibliolife, 2008, p. 252.

47. Marx and Engels, *The German Ideology*, p. 80.

48. A. Roy, *The Greater Common Good*, Mumbai: India Book Distributor, 1999.

49. I. Journard, P. Kongsrud, Y. Narn and R. Price, 'Enhancing the effectiveness of public spending: Experience in OECD countries', *OECD Economic Studies,* No. 37, 2003, pp.110−60.

50. Marx, *Capital,* Volume 1, p. 899.

51. Engels to the Spanish Federal Council of the International Workingman's Association, in Marx and Engels, *Selected Correspondence*, Moscow: Progress Publishers, 1965, p. 260.

52. 'MI5 put union leaders and protesters under surveillance during Cold War', *Guardian*, 6 October 2009.

53. A. Roy, 'People vs Empire', *In These Times*, 3 January 2005.

54. Quoted in P. Scannell and D. Cardiff, *A Social History of British Broadcasting, Volume 1 1922−39,* Oxford: Blackwell, 1991, p. 33.

55. K. Marx, *The Abolition of Landed Property: Memorandum for Robert Applegarth*, 3 December 1869, www.marxists.org/archive/marx/works/1869/12/03.htm.

56. 'The guys from government Sachs', *New York Times,* 17 October 2008.

57. N. Poulanzas, *Political Power and Social Classes*, London: Verso, 1978, Chapter 4.

58. K. Marx, *Class Struggles in France 1848−1850*, in Marx, *Surveys from Exile*, Harmondsworth: Penguin, 1973, p. 36.

59. K. Marx, 'Tories and Whigs', in Marx, *Surveys from Exile*, p. 258.

60. F. Engels, *Preface Addendum to The Peasant War in Germany*, www.marxists. org/archive/marx/works/1850/peasant-war-germany/ch0b.htm.

61. K. Marx, 'The attempt upon the life of Bonaparte', in Marx and Engels,

Collected Works, Volume 15, p. 459.

62. Draper, *Karl Marx's Theory of Revolution*, p. 335.

第七章 历史唯物主义

1. K. Marx and F. Engels, *The German Ideology*, London: Lawrence & Wishart, 1970, p. 57.

2. P. Anderson, *Arguments within English Marxism*, London: New Left Books, 1980, p. 22.

3. B. Pascal, *Pensées and Other Writings*, Oxford: Oxford University Press, 1995, p.10.

4. R. Cobb, *The Police and the People: French Popular Protest 1789–1820*, Oxford, Clarendon Press, 1972, p.200.

5. N. Bukharin, *Historical Materialism: A System of Sociology*, London: Allen & Unwin, 1925, p.45.

6. T. Carlyle, *On Heroes, Hero Worship and the Heroic in History*, Pennsylvania: Penn State University Electronic Classics, 2001, p. 5.

7. M. Weber, *Economy and Society*, Volume 1, Berkeley, CA: University of California Press, 1978, pp. 242–4.

8. H. H. Gerth and C. W. Mills, *From Max Weber*, London: Routledge & Kegan Paul, 1948, p. 52.

9. R. Bendix, *Max Weber: An Intellectual Portrait*, London: Heinemann, 1960, p. 303.

10. http://wenku.baidu.com/view/bc802974a417866fb84a8eab.html.

11. J. Fest, *Hitler*, Orlando, FL: Harcourt, 1974, p. 4.

12. D. Hume, *An Inquiry Concerning Human Understanding*, Sioux Falls, SD: Nuvision Publications, 2008, p. 62.

13. Quoted in A. Callinicos, *Making History*, Cambridge: Polity Press, 1989, p. 26.

14. J. Molyneaux, *Is Human Nature a Barrier to Socialism?* London: Socialist Worker, 1993, p.20.

15. K. Marx, *Capital*, Volume 1, Harmondsworth: Penguin, 1976, p. 290.

16. K. Marx, *Grundrisse*, Harmondsworth: Penguin, 1973, p. 84.

17. S. Hook, *From Hegel to Marx: Studies in Intellectual Development of Karl Marx*, New York: Colombia University Press, 1994, p. 277.

18. G. Cohen, *Karl Marx's Theory of History*, Oxford: Oxford University Press,

2000, p. 24.

19. Marx, *Capital*, Volume 1, p. 290.

20. Marx and Engels, *The German Ideology,* p. 48.

21. K. Marx, *Capital*, Volume 3, Harmondsworth, Penguin, 1981, p. 956.

22. G. W. F. Hegel, The *Phenomenology of Spirit*, Oxford: Oxford University Press, 1977, p. 11.

23. F. Engels, *Anti-Dühring*, Moscow: Progress Publishers, 1974, p. 164.

24. K. Marx and F. Engels, *The Holy Family*, in *Marx−Engels Collected Works*, Volume 4, Moscow: Progress Publishers, 1975, p. 79.

25. Ibid., p. 79.

26. Ibid., p. 93.

27. K. Marx, *A Contribution to the Critique of Political Economy*, Moscow: Progress Publishers, 1970, p. 20.

28. A. de Tocqueville, *Democracy in America*, London: Fontana 1994, Vol. 2, Chapter 5.

29. Marx, *Capital*, Volume 3, p. 791.

30. Engels to Starkenburg, 25 January 1894, in Marx and Engels, *Selected Correspondence*, p.467.

31. F. Engels, *The Peasant War in Germany*, New York: International Publishers, 2000, p. 23.

32. C. Hill, *The World Turned Upside Down: Radical Ideas During the English Revolution*, Harmondsworth: Penguin, 1975, p. 112.

33. Ibid., p. 16.

34. J. Vogel, 'The tragedy of history', *New Left Review,* No. 220, November−December 1996, pp.36−61.

35. Marx to Annenkov, 28 December 1846, in Marx and Engels, *Selected Correspondence*, p. 36.

36. C. Hill, 'The English civil war interpreted by Marx and Engels', *Science and Society*, Vol. 12, No. 1, 1948, pp. 130−56.

37. E. Pashukanis, *The General Theory of Law and Marxism*, New Brunswick, NJ: Transaction Publishers, 2003, p. 115.

38. Quoted in K. R. Srinivas, 'Intellectual property rights and bio commons − open source and beyond', *International Social Science Journal*, Vol. 58, No. 188, 2006, pp. 319−44.

39. M. Weber, *The Protestant Ethic,* New York: Charles Scribner's Sons, 1976, p. 5.

40. Quoted in C. Harman, *A People's History of the World*, London: Verso, 2008, p. 185.

41. J. Berger, *Ways of Seeing*, Harmondsworth: Penguin, 1972, p. 87.

42. K. Marx, *Capital*, Volume 2, Harmondsworth: Penguin, 1978, p. 120.

43. Marx, *Capital*, Volume 1, p. 443.

44. P. Anderson, *Lineages of the Absolutist State*, London: Verso, 1984, pp. 462–551.

45. O. Patterson, *Slavery and Social Death*, Harvard, MA: Harvard University Press, 1982, p. vii.

46. J. Dillery, 'Xenophon's *poroi* and Athenian imperialism', *Historia*, Vol. 42, 1993, pp. 1–11.

47. Cohen, *Karl Marx's Theory of History*, p. 231.

48. C. Harman, *Marxism and History*, London: Bookmarks, 1998.

49. Marx, Preface to a *Contribution to the Critique of Political Economy*, p. 21.

50. P. Blackledge, *Reflections on the Marxist Theory of History*, Manchester: Manchester University Press, 2006, p. 27.

51. Cohen, *Karl Marx's Theory of History*, p. 305.

52. Marx, *The Eighteenth Brumaire of Louis Bonaparte*, marxists.org.

第八章　危机，资本主义体制的瓦解

1. Actionaid, *The 20 Billion Dollar Question*, Johannesburg: Action Aid, 2010.

2. 'Opposition critical of Anglo bail out', *Irish Times*, 10 August 2010.

3. 'Bernanke, pro and con', *New York Times,* 3 December 2009.

4. Ibid.

5. Quoted in A. Callinicos, *Bonfire of Illusions: The Twin Crisis of the Liberal World*, Cambridge: Polity, 2010, p. 6.

6. Ibid., p. 7.

7. www.alternet.org/story/146883.

8. J. A. Aune, *Selling the Free Market: The Rhetoric of Economic Correctness*, New York: Guilford Press, 2001.

9. A. Shaikh, 'An introduction to the history of crisis theories', in *US Capitalism in Crisis*, New York: Union of Radical Political Economics, 1978, pp. 219–40.

10. Quoted in M. Dobb, *Political Economy and Capitalism*, London:

Routledge, 1937, p. 42.

11. D. Ricardo, *On the Principles of Political Economy and Taxation*, London: John Murray, 1821, p. 339.

12. K. Marx, *Capital*, Volume 3, Harmondsworth: Penguin, 1981, pp. 351–2.

13. D. Harvey, *The Enigma of Capital*, London: Profile Books, 2010, p. 40.

14. Marx, *Capital*, Volume 1, p. 202.

15. K. Marx, *Capital*, Volume 1, New York: Cosimo Classics, 2007, pp. 127–8.

16. See C. Harman, *Zombie Capitalism*, London: Bookmarks, 2010, Chapter 3; and P. Maksakovsky, 'The general theory of the cycle', *Historical Materialism*, Vol. 10, No. 3, 2002, pp. 133–94.

17. Marx, *Capital*, Volume 1, pp. 227–8.

18. Marx, *Capital*, Volume 3, p. 365.

19. Ibid., p. 615.

20. R. Luxemburg, *The Accumulation of Capital*, New York: Monthly Review Press, 1968.

21. M. Itoh, *Value and Crisis,* London: Pluto Press, 1980.

22. M. Bleaney, *Underconsumption Theories: A History and Critical Analysis*, New York: International Publishers, 1976.

23. I. Mishel, J. Bernstein and S. Allegretto, *The State of Working America 2008/2009*, Ithaca, NY: Cornell University Press, 2009, Table 3.2.

24. M. Wolf, *Fixing Global Finance: How to Curb Financial Crises in the 21st Century*, New Haven, CT: Yale University Press, 2009, p. 32.

25. A. Shaikh, 'Economic crisis', in T. Bottomore (ed.), *A Dictionary of Marxist Thought*, Oxford: Basil Blackwell, 1983, p. 138.

26. K. Marx, *Grundrisse*, Harmondsworth: Penguin, 1973, p. 748.

27. Dobb, *Political Economy and Capitalism*, pp. 81–3.

28. Ibid., pp. 84–94.

29. A.Shaikh, 'The falling rate of profit', in Bottomore (ed.), *A Dictionary of Marxist Thought*, p.159.

30. A. Shaikh, *The Current Economic Crisis: Causes and Implications*, Detroit: Against the Current, 1989, p. 3.

31. Marx, *Capital*, Volume 3, p. 331.

32. A. Shaikh, 'Explaining the global economic crisis', *Historical Materialism*, Vol. 5, No.1, 1999, pp. 3–34.

33. Marx, *Capital*, Volume 3, p. 331.

34. Harman, *Zombie Capitalism*, pp. 70–1.

35. Marx, *Capital*, Volume 3, p. 346.

36. Ibid.

37. S. Anderson and J. Cavanagh, *Field Guide to the Global Economy*, New York: Norton, 2005, p. 6.

38. L. Elliot and D. Atkinson, *The Age of Insecurity*, London: Verso, 1998, p. 102.

39. J. Gelinas, *Juggernaut Politics: Understanding Predatory Globalisation*, London: Zed, 2003, p. 37.

40. D. Harvey, *The Limits to Capital*, London: Verso, 2006.

41. Ibid., p. 270.

42. Marx, *Capital*, Volume 3, p. 597 (I have translated 'valorised' as 'expands itself').

43. E. Bernstein, *The Preconditions of Socialism*, Cambridge: Cambridge UniversityPress, 2004, p. 88.

44. Marx, *Grundrisse*, p. 623.

45. Marx, *Capital,* Volume 3, p. 358.

46. A. Shaikh, 'Political economy and capitalism: Notes on Dobb's theory of crisis', *Cambridge Journal of Economics*, No. 2, 1978, pp. 233−51.

47. Dobb, *Political Economy and Capitalism*, pp. 121−2.

48. Marx, *Capital*, Volume 3, pp. 361−2.

第九章　空想还是革命

1. D. Harvey, *The Enigma of Capital*, London: Profile Books, 2010, p. 6.

2. UN News Centre, 'Financial crisis to deepen extreme poverty, increase child mortality rates', 3 March 2010.

3. F. Fukuyama, *The End of History and the Last Man*, New York: Free Press, 1992, p. 46.

4. M. Fischer, *Capitalist Realism: Is There No Alternative?* London: Zero Books, 2009, p. 2.

5. J. Connolly, 'State monopoly versus socialism', *Workers Republic*, 10 June 1899.

6. F. Engels, *Socialism Utopian and Scientific*, New York: Cosimo, 2008, pp. 67−8.

7. T. More, *Utopia*, Bibliolife, 2008, p. 35.

8. Ibid., p. 108.

9. Quoted in F. Engels, *Socialism: Utopian and Scientific*, London: Bookmarks, 1993, p. 68.

10. C. Fourier, 'Degradation of women in civilization', in Susan Groag Bell and Karen M. Offen (eds.), *Women, the Family, and Freedom: The Debate in Documents, Volume One, 1750–1880*, Palo Alto, CA: Stanford University Press, 1983, pp. 40–1.

11. Ibid.

12. Engels, *Socialism: Utopian and Scientific*, p. 64.

13. K. Marx and F. Engels, *The Communist Manifesto*, in K. Marx, *The Revolutions of 1848*, Harmondsworth: Penguin, 1973, p. 95.

14. K. Marx, *Critique of the Gotha Programme*, in K. Marx, *The First International and After*, Harmondsworth: Penguin, 1974, p. 346.

15. K. Marx and F. Engels, *The German Ideology*, New York: Prometheus Books, 1998, p. 57.

16. Marx to F. Domela Neiuwenhuis, 22 February 1881, in K. Marx and F. Engels, *Selected Correspondence*, Moscow: Progress Publishers, 1965, p. 338.

17. K. Marx, *Capital*, Volume 3, Harmondsworth: Penguin, 1981, p. 568.

18. J. Holloway, *Changing the World without Taking Power: The Meaning of Revolution Today*, London: Pluto Press, 2003, pp. 19 and 20.

19. E. O. Wright, *Envisioning Real Utopias*, London: Verso, 2010.

20. R. Wilkinson and K. Pickett, *The Spirit Level: Why Equality is Better for Everyone*, London: Penguin, 2009, p. 262.

21. G. Tremlett, 'Basque co-op project protects itself with buffer of foreign workers', *Guardian*, 23 October 2001.

22. S. Kasmir, *The Myth of Mondragon: Cooperatives, Politics and Working Class Life in a Basque Town*, New York: New York State University Press, 1996, p. 162.

23. K. Marx, 'Critical notes on the King of Prussia and social reform', in *Early Writings*, Harmondsworth: Penguin, 1975, p. 420.

24. Marx and Engels, The Communist Manifesto, p. 98.

25. Marx to Kugelman, 12 April 1871, in Marx and Engels, *Selected Correspondence*, p. 262.

26. K. Marx, *Moralising Criticism and Critical Morality: A Contribution to German Cultural History contra Karl Heinzen*, in *Marx–Engels Collected Works*, Volume 6, 1976, p. 312.

27. H. Draper, *Karl Marx's Theory of Revolution: The Politics of Social*

Classes, New York: Monthly Review Press, 1978, p. 77.

28. K. Marx and F. Engels, *The German Ideology*, London: Lawrence & Wishart, 1974, p. 95.

29. F. Engels, 'The principles of communism', in K. Marx and F. Engels, *Manifesto of the Communist Party*, Moscow: Progress Publishers, 1977, p. 88.

30. V. Lenin, *Left Wing Communism – An Infantile Disorder*, in Lenin, *Selected Works*, Volume 3, Moscow: Progress Publishers, 1975, p. 351.

31. Ibid.

32. Ibid.

33. Engels to E. Bernstein, 27 August 1883, in Marx and Engels, *Selected Correspondence*, p. 364.

34. K. Marx, *The Eighteenth Brumaire of Louis Bonaparte*, in *Surveys from Exile*, Harmondsworth: Penguin, 1973, p. 150.

35. Marx, *Class Struggles in France*, in *Surveys from Exile*, pp. 46–7.

36. V. Lenin, *What is to be Done*, in *Selected Works*, Moscow: Progress Publishers, 1976, pp. 153–4.

37. K. Marx and F. Engels, 'Review *Les Conspirateurs*, par A. Chenu; ex-capitaine des gardes du citoyen Caussidière. Les sociétés secretes; la prefecture de police sous Caussidière; les corps-francs. *La naissance de la Republique en fevrier 1848* par Lucien de la Hodde', in *Marx–Engels Collected Works*, Volume 10, pp.311–25.

38. F. Engels, 'The program of the Blanquist fugitives from the Paris Commune', *Der Volksstaat*, No.73, 26 June 1874, www.marxists.org.

第十章　革命之后

1. F. Engels, 'On the 20th anniversary of the Paris Commune', Postscript to *The Civil War in France*, www. marxists.org.

2. K. Marx and F. Engels, *The Communist Manifesto*, in K. Marx, *The Revolutions of 1848*, Harmondsworth: Penguin, 1973, p. 86.

3. Ibid.

4. K. Marx, *The Class Struggles in France 1848–50*, in Marx, *Surveys from Exile*, Harmondsworth: Penguin, 1973, p. 123.

5. H. Draper, *Karl Marx's Theory of Revolution: Volume 3: The Dictatorship of the Proletariat*, New York: Monthly Review Press, 1986, p. 62.

6. Ibid., p. 269.

7. Marx to Kugelmann, 17 April 1871, in K. Marx and F. Engels, *Selected Correspondence*, Moscow: Progress Publishers, 1965, p. 264.

8. Engels, 'On the 20th anniversary of the Paris Commune'.

9. Ibid.

10. K. Marx, *The Civil War in France*, in Marx, *The First International and After*, Harmondsworth: Penguin, 1974, p. 209.

11. Ibid., p. 210.

12. C. Crouch, *Post Democracy*, Cambridge: Polity Press, 2004, p. 6.

13. S. Wolin, *Democracy Incorporated: Managed Democracy and the Specter of Inverted Totalitarianism*, Princeton, NJ: Princeton University Press, 2008.

14. P. Mair, 'Ruling the void: The hollowing of Western democracy', *New Left Review* No. 42, November–December 2006, pp. 25–51.

15. Consumer Education Foundation, *Sold Out: How Wall Street and Washington Betrayed America*, Washington: Essential Information, 2009.

16. Marx, *The Civil War in France*, p. 210.

17. Ibid.

18. Quoted in P. Anderson, 'The affinities of Norberto Bobbio', *New Left Review* Vol. 1, No. 170, July–August 1988, p. 25.

19. Ibid.

20. Marx, *The Civil War in France*, p. 209.

21. R. D. Storch, 'The plague of blue locusts: Police reform and popular resistance in northern England, 1840–1857', *International Review of Social History*, No. 20, 1975, pp. 61–90.

22. R. Reiner, *The Politics of the Police*, Brighton: Wheatsheaf, 1985, p. 51.

23. R. Quinney, *The Social Reality of Crime*, New Brunswick, NJ: Transaction Books, 2001, p. 114.

24. W. Westley, 'Violence and the police', *American Journal of Sociology*, No. 59, 1953, p. 35.

25. D. J. Smith and J. Gray, *Police and People in London*, London, PSI, 1983, p. 338.

26. R. Reiner, *The Blue Coated Worker*, Cambridge: Cambridge University Press, 1978; S. Holdaway, *Inside the British Police*, Oxford: Blackwell, 1983.

27. D. McBarnet, *Conviction: Law, The State and The Construction of Justice*, London: Macmillan, 1981.

28. Marx, *The Civil War in France*, p. 212.

29. J. Becker, 'Murdoch, ruler of a vast empire, reaches out for even more',

New York Times, 25 June 2007.

30. Marx, *The Civil War in France,* p. 209.

31. Ibid., p. 210.

32. A. Pannekoek, *Workers Councils*, Oakland, CA: AK Press, 2003, p. 45.

33. Marx, *The Civil War in France,* p. 209.

34. L. Trotsky, *1905*, Harmondsworth: Penguin, 1971, p. 102.

35. R. Michels, *Political Parties*, Ontario: Batoche Books, 2001, Chapter 2.

36. Marx, *The Civil War In France*, p. 213.

37. Ibid., p. 212.

38. Ibid., p. 213.

第十一章　社会主义经济学

1. J. Tapper, 'BP emails show disregard for "nightmare well"', ABC News website, 14 June 2010.

2. Engels to Otto von Boenigk, 21 August 1890, www.marxists.org/archive/marx/works/1890/letters/90_08_21.htm.

3. F. Engels, *Socialism: Utopian and Scientific*, London: Bookmarks, 1993, p. 100.

4. A. Etzioni, *Capital Corruption: The New Attack on American Democracy*, New Brunswick, NJ: Transaction Books, 1988, p. 25.

5. Quoted in D. Hall, *More Public Rescues for More Private Finance Failures*, London: Public Services International Research Unit, 2010, p. 5.

6. N. Klein, *No Logo*, London: Flamingo, 2001, p. 20.

7. World Watch Institute, *State of the World 2010*, Washington, DC: Earthscan, 2010, p. 11.

8. Ben H. Bagdikian, *The Media Monopoly*, Boston, MA: Beacon Press, 2000, p. 185.

9. B. Orbach, 'The durapolist puzzle: Monopoly power in durable goods market', *Yale Journal of Regulation*, No. 21, 2004, pp. 67−118.

10. V. Packard, *The Waste Makers*, New York: David McKay Co., 1960, p. 46.

11. The Corporation: Film Transcript, Part 1, darrellmoen.wordpress.com/2008/09/28/the-corporation-transcript-part-one.

12. K. Marx, 'The nationalisation of land', *The International Herald*, No. 11, 15 June 1872, www.marxists.org/archive/marx/works/1872/04/nationalisationland.htm.

13. T. Cliff, 'Marxism and the collectivisation of agriculture', *International Socialism Journal*, No. 19, Winter 1964–65.

14. R. Dahl, *A Preface to Economic Democracy*, Berkeley, CA: University of California Press, 1985, p. 111.

15. K. Marx, *Capital*, Volume 1, Harmondsworth: Penguin, 1996, p. 482.

16. H. Braverman, *Labor and Monopoly Capital*, New York: Monthly Review Press, 1974, p. 67.

17. C. Hales, 'Management and empowerment programmes', *Work, Employment and Society*, Vol. 14, No. 3, pp. 501–19.

18. H. Cooke, 'Seagull management and the control of nursing work', *Work Employment and Society*, Vol. 20, No. 2, pp. 223–43.

19. K. Marx, *The Civil War in France*, in Marx, *The First International and After*, Harmondsworth: Penguin, 1974, p. 210.

20. K. Marx, *The Poverty of Philosophy*, New York: Prometheus Books, 1995, p. 190.

21. C. Goodrich, *The Frontier of Control: A Study of British Workshop Politics*, New York: Harcourt, Brace and Howe, 1921.

22. J. Monds, 'Workers' control and the historians: a new economism', *New Left Review*, No. 97, 1976, pp. 81–100.

23. M. Atzeni and P. Ghigliani, 'Labour process and decision-making in factories under workers' self-management: empirical evidence from Argentina', *Work, Employment and Society,* Vol. 21, No. 4, 2007, pp. 653–71; E. Toussaint, 'Venezuela. Nationalization, workers' control: achievements and limitations', Committee for Abolition of Third World Debt, 14 April 2010.

24. J. Reed, 'Soviets in action', *The Liberator*, October 1918.

25. M. Raptis, 'Self-management in the struggle for socialism', Paper at 10th Latin American Congress of Sociology, Santiago de Chile, August 1972.

26. T. Cliff, *State Capitalism in Russia,* London: Bookmarks, 1988, p. 140.

27. K. Marx, *Critique of the Gotha Programme*, in Marx, *The First International and After*, p. 346.

28. R. Dunayevskaya, *The Marxist-Humanist Theory of State Capitalism*, Chicago: News and Letter, 1992, p. 87.

29. M. Albert, *Parecon: Life After Capitalism*, London: Verso, 2003, p. 65.

30. F. Engels, *Anti-Dühring*, Moscow: Progress Publishers, 1978, p. 339.

31. Worldwatch Institute, *State of the World 2010*, Washington, DC: Earthscan, 2010, p. 4.

32. Quoted in J. B. Foster, *The Ecological Revolution*, New York: Monthly Review Press, 2009, p. 58.

33. Friends of the Earth, *A Dangerous Obsession: The Evidence against Carbon Trading and for Real Solutions to Avoid a Climate Crunch*, London: Friends of the Earth, 2009, p. 20.

34. Ibid., p. 32.

35. Bank of International Settlements, *OTC Derivatives Market Activity in the First Half of 2008,* Basel: BIS, 2008, p. 1.

36. P. Devine, *Democracy and Economic Planning*, Cambridge: Polity, 1988, p. 23.

37. G. Laird, *The Price of a Bargain: The Quest for Cheap and the Death of Globalization*, New York: Palgrave Macmillan, 2009, p. 121.

38. Ernst and Young, *Global Supply Chains: Balancing Cost Reduction and Performance Improvement*, New York: Ernst and Young, 2009.

39. Devine*, Democracy and Economic Planning*, p. 22.

40. L. Mishel, J. Bernstein and H. Shierholz, *The State of Working America 2008–2009*, Washington, DC: Economic Policy Institute, 2009, Figure 3AE, p. 220.

41. A. Nove, *The Economics of Feasible Socialism*, London: Allen & Unwin, 1983, p. 75.

42. A. Schand, *Free Market Morality: The Political Economy of the Austrian School*, New York: Routledge, 1990.

43. Nove, *The Economics of Feasible Socialism*, p. 43.

第十二章　超　越

1. K. Korsch, *Karl Marx*, New York: Russell and Russell, 1963, pp. 157 and 159.

2. S.Hook, *Towards the Understanding of Karl Marx*, New York: Prometheus Books, 2002, p.314.

3. Ibid., p. 346.

4. K. Marx, *Grundrisse*, Harmondsworth: Penguin, 1973, p. 611.

5. F. Engels, *The Housing Question*, Moscow: Progress Publishers, 1970, pp. 24–5.

6. K. Marx, *The Critique of the Gotha Programme*, in Marx, *The First International and After,* Harmondsworth: Penguin, 1974, p. 347.

7. K. Marx, *Capital*, Volume 3, Harmondsworth: Penguin, 1981, p. 959.

8. P. Roberts, *The End of Food*, London: Bloomsbury, 2008, p. xvii.

9. K. Marx and F. Engels, *The German Ideology*, London: Lawrence & Wishart, 1974, p. 84.

10. F. Engels, *Anti-Dühring*, Moscow: Progress Publishers, 1947, pp. 340–1.

11. K. Marx and F. Engels, *The Communist Manifesto*, Marx, *The Revolutions of 1848*, Harmondsworth: Penguin, 1973, p. 84.

12. Ibid., p. 85.

13. A. Callinicos, *The Revenge of History*, Pennsylvania: Pennsylvania State University Press, 1991, pp. 130–1.

14. Marx, *Capital*, Volume 3, p. 959.

15. K. Marx, *Economic and Philosophic Manuscripts*, Moscow: Progress Publishers, 1977, p. 94.

16. Ibid., p. 95.

拓展阅读指南

没有任何作品可以取代马克思和恩格斯的原著的地位，了解这两位伟人最好从 *Communist Manifesto* 和弗里德里希·恩格斯的 *Socialism: Utopian and Scientific* (London: Bookmarks, 1993)开始。读者也可以尝试着去阅读由 Penguin 出版和 Verso 再版的 *Marx's Political Writings*。这本书有三卷：*The Revolutions of 1848*，*Surveys from Exile* 和 *The First International and After* (London: Verso, 2010)。其中包括很多重要文章，马克思在 *The Critique of the Gotha Programme and the Civil War in France* 一书中提出了替代资本主义的另一个选择，为了更全面地理解这些作品的内容，读者最好先了解一下 19 世纪的法国历史。

为了深入理解马克思关于历史唯物主义的理论，读者可以阅读 *A Contribution to a Critique of Political Economy* 这本书的前言。读者也可以登录 www.marxists.org，阅读更多有关马克思和恩格斯的其他文章。读者还应该阅读由 Chris Arthur 主编的学生版 *The German Ideology*(London: Lawrence & Wishart, 1974) 的第一部分。因为这涵盖了一些短小精湛的文章，如 *Theses on Feuerbach*。

要了解马克思的经济学思想并不是那么容易，因此读者可以从马克思的 *Wages, Prices and Profits* 和 *Wage Labour and Capital* 这两本书入门，它们是同时出版的 （London: Bookmarks, 1996）。然后读者可以阅读 *Capital* 第一卷 （Harmondsworth: Penguin, 1976），同时可以使用 David Harvey 的 *Companion to Marx's Capital* (London: Verso, 2010)一书作为辅导用书，或者也可以从他的网站：davidharvey.org 进行直接下载。

第一章 反抗的原因

弗朗西斯·惠恩的 *Karl Marx* (London: Fourth Estate, 1999) 生动有趣地描述了马克思的一生，而维尔纳·布鲁门博格的 *Karl Marx* (London: New Left Books, 1972) 也值得一看。艾伦·吉尔伯特的 *Marx's Politics* (Oxford: Martin Robertson, 1981) 对马克思的政治活动作了一个很好的概述。最精彩地介绍了马克思与黑格尔和青年黑格尔派成员的书当属西德尼·胡克的 *From Hegel to Marx* (New York: Colombia University Press, 1994)。

第二章　利润社会

克里斯·哈曼的 *Economics of the Madhouse* (London: Bookmarks, 1995) 清晰明了地介绍了马克思的经济学。保罗·斯威齐的 *The Theory of Capitalist Development* (New York: Monthly Review, 1970) 第一部分对马克思的主要的经济学概念作了一个明白易懂的总结，而邓肯·弗利的 *Understanding Capital: Marx's Economic Theory*, (Harvard, MA: Harvard University Press, 1986) 也有助于我们了解马克思的经济学理论。约瑟夫·库拉纳的 *Unravelling Capitalism* (London: Bookmarks, 2009)简明扼要地分析说明了马克思的经济学思想。

第三章　异　化

读了欧内斯特·曼德尔和乔治·诺伐克的 *The Marxist Theory of Alienation* (New York: Pathfinder, 1973)后，接着细读马克思的名著 *Economic and Philosophic Manuscripts* (Moscow: Progress Publishers, 1977)。这相当困难，伯特·奥尔曼的 *Alienation: Marx's Conception of Man in Capitalist Society* (Cambridge: Cambridge University Press, 1976) 可以帮你理清思路。一旦你有了头绪，再试试伊斯特凡·梅扎罗斯对马克思的异化理论作的深入剖析：*Marx's Theory of Alienation* (London: Merlin, 1972)

第四章　社会阶级

哈尔·德雷珀的 *Karl Marx's Theory of Revolution. Volume 2: The Politics of Social Classes* (New York: Monthly Review Press, 1978) 绝妙地概述了马克思的革命理论，而亚历克斯·卡利尼科斯和克里斯·哈曼的 *The Changing Working Class* (London: Bookmarks, 1987) 为分析社会阶级理论提供了一条现代马克思主义途径。

第五章　性别与种族

The Origin of the Family, Private Property and the State, (London: Lawrence & Wishart, 1972) 是弗里德里希·恩格斯所写的有关性别的马克思主义经典著作。埃莉诺·布尔克·李科克对此书进行了详细的介绍，而且克里斯·哈门在 1994 年冬季发行的 *International Socialism Journal* 第 2 卷第 65 期中发表了一篇有趣的文章名为'Engels and the origin of human society'，发展了恩格斯的理论。

亚历克斯·卡利尼科斯所著的 *Race and Class* (London: Bookmarks, 1995) 详细分析了种族主义问题。

第六章　我们如何受控

由于学术人士将马克思的意识形态理论同"文化研究"和"话语分析"混在一起，马克思的意识形态理论已被损坏。了解此理论的第一步可以先阅读马克思的著作 *German Ideology*。在卢卡奇的著作 *History and Class Consciousness* (London: Merlin, 1971)中有一篇有趣但很难懂的论文 'Reification and the consciousness of the proletariat'，这篇文章发展了马克思的理论。葛兰西的观点可以通过佩里·安德森的文章 'The antimonies of Antonio Gramsci', *New Left Review*, No. 100, November–December 1976 了解。对马克思国家理论最好的阐述当属列宁的著作 *State and Revolution* (Dublin: Bookmarks, 2004)。

第七章　历史唯物主义

保罗·布拉克莱奇的著作 *Reflections on the Marxist Theory of History*, (Manchester: Manchester University Press, 2006)对马克思有关历史唯物主义的著作进行了综述。尽管杰拉尔德·阿伦·科恩的 *Karl Marx's Theory of History* (Oxford: Oxford University Press, 2000)是有关马克思历史唯物主义理论的经典著作，但是克里斯·哈门在 *Marxism and History* (London: Bookmarks, 1998)中对此解说的也很清楚。

第八章　危机，资本主义体制的瓦解

大卫·哈维的著作 *The Enigma of Capital* (London: Profile Books, 2010) 将马克思的资本主义理论同当代资本主义遇到的困境联系在一起是一种很好的尝试；尽管他的另一部著作 *The Limits to Capital* (London: Verso, 2006)比较难懂，却进一步发展了马克思的理论。克里斯·哈门的 *Zombie Capitalism* (London: Bookmarks, 2010)则详细地综述了马克思的危机理论如何解释资本主义的发展过程。

第九章至第十二章　另一种选择

随着 1989 年的东欧剧变，共产主义体制相继破裂，而马克思关于资本主义之外的另一种选择由于与其相关也遭到了扭曲。Tony Cliff 的 *State Capitalism in*

Russia (London: Bookmarks, 1988)一书为马克思的思想进行了全面的辩解。同时，Ernest Mandel 写的一篇收录在 *New Left Review* 第一卷第 159 页的文章"In defence of socialist planning"也值得一读。Alex Callinicos 在 *The Revenge of History* (Pennsylvania: Pennsylvania State University Press, 1991)一书中的第四部分，对共产主义的起源进行了非常有趣的讨论。但是，不管怎样，资本主义之外的另一种选择要想成为一种理论，必须经过实践的考验。

参考文献

马克思与恩格斯的著作

F. Engels, *Anti-Dühring*, Moscow: Progress, 1947.

F. Engels, *The Condition of the Working Class of England in 1844*, Denver: Bibliolife, 2008.

F. Engels, *The Housing Question*, Moscow: Progress Publishers, 1970.

F. Engels, *Ludwig Feuerbach and the End of Classical German Philosophy*, Moscow: Progress Publishers, 1946.

F. Engels, *The Origin of the Family, Private Property andthe State*, London: Lawrence & Wishart, 1972.

F. Engels, *The Part Played by Labour in the Transition from Ape to Man*, Moscow: Progress Publishers, 1934.

F. Engels, *The Peasant War in Germany*, New York: International Publishers, 2000.

F. Engels, 'The principles of communism', in K. Marx and F. Engels, *Manifesto of the Communist Party*, Moscow: Progress Publishers, 1977.

F. Engels, *Socialism: Utopian and Scientific*, London: Bookmarks, 1993.

K. Marx, *Capital*, Volume 1, Harmondsworth: Penguin, 1976.

K. Marx, *Capital*, Volume 2, Harmondsworth: Penguin, 1978.

K. Marx, *Capital*, Volume 3, Harmondsworth, Penguin, 1981.

K. Marx, *The Civil War in France* in Marx, *The First International and After*, Harmondsworth: Penguin, 1974.

K. Marx, *Class Struggles in France 1848−1850* in K. Marx, *Surveys from Exile*, Harmondsworth: Penguin, 1973.

K. Marx, *A Contribution to the Critique of Political Economy*, Moscow: Progress Publishers, 1970.

K. Marx, *Critique of the Gotha Programme* in K. Marx, *The First International and After*, Harmondsworth: Penguin, 1974.

K. Marx, *Critique of Hegel's Doctrine of the State* in K. Marx, *Marx: Early Writings*, Harmondsworth: Penguin, 1975.

K. Marx, *The Economic and Philosophic Manuscripts*, Moscow: Progress

Publishers,1977.

K. Marx, *The Eighteenth Brumaire of Louis Bonaparte* in *Surveys from Exile*, Harmondsworth: Penguin, 1973.

K. Marx, *The German Ideology: Part One*, London: Lawrence & Wishart, 1974.

K. Marx, *Grundrisse*, Harmondworth: Penguin, 1973.

K. Marx, *On the Jewish Question* in *Early Writings*, Harmondsworth: Penguin, 1975.

K. Marx, *The Poverty of Philosophy*, New York: Prometheus Books, 1995.

K. Marx, *Pre-Capitalist Economic Formations*, New York: International Publishers,1980.

K. Marx, *Theories of Surplus Value*, Parts 1–3, Moscow: Progress Publishers, 1978.

K. Marx and F. Engels, *The Communist Manifesto* in *The Revolutions of 1848*, Harmondsworth: Penguin, 1973.

K. Marx and F. Engels, *The Holy Family* in *Marx–Engels Collected Works*, Volume 4, Moscow: Progress Publishers, 1975.

K. Marx and F. Engels, *Selected Correspondence*, Moscow: Progress Publishers, 1965.

其他人的著作

M. Albert, *Parecon: Life after Capitalism*, London: Verso, 2003.

P. Anderson, 'The antimonies of Antonio Gramsci', *New Left Review.* No. 100 November–December 1976.

P. Anderson, *Arguments within English Marxism*, London: New Left Books, 1980.

P. Anderson, *Lineages of the Absolutist State*, London: Verso, 1984.

J. A. Aune, *Selling the Free Market: The Rhetoric of Economic Correctness*, New York: Guilford Press, 2001.

E. Balibar and I Wallerstein (eds.), *Race, Nation, Class: Ambiguous Identities*, London: Verso, 1981.

Z. Bauman, *Modernity and the Holocaust*, Cambridge: Cambridge University Press, 1991.

M. Beaud, *A History of Capitalism*, London: Macmillan, 1981.

J. Berger, *Ways of Seeing*, Harmondsworth: Penguin, 1972.

I. Berlin, *Karl Marx*, Oxford: Oxford University Press, 1996.

E. Bernstein, *The Preconditions of Socialism*, Cambridge: Cambridge University Press, 2004.

R. Blackburn, *The Making of the New World Slavery: From the Baroque to the Modern 1492—1800*, London: Verso, 1997.

P. Blackledge, *Reflections on the Marxist Theory of History*, Manchester: Manchester University Press, 2006.

M. Bleaney, *Underconsumption Theories: A History and Critical Analysis*, New York: International Publishers, 1976.

W. Blumenberg, *Karl Marx: An Illustrated History*, London: Verso, 1998.

H. Braverman, *Labour and Monopoly Capital*, New York: Monthly Review Press, 1974.

N. Bukharin, *Historical Materialism: A System of Sociology*, London: Allen & Unwin, 1925.

A. Callinicos, *Making History*, Cambridge: Polity Press, 1989.

A. Callinicos, *The Revenge of History*, Pennsylvania: Pennsylvania State University Press, 1991.

A. Callinicos, *Race and Class*, London: Bookmarks, 1995.

A. Callinicos, *The Revolutionary Ideas of Karl Marx*, London: Bookmarks, 2004.

A. Callinicos, *Bonfire of Illusions: The Twin Crisis of the Liberal World*, Cambridge: Polity, 2010.

J. Charlton, *The Chartists: The First National Workers Movement*, London: Pluto Press, 1997.

T. Cliff, 'Marxism and the collectivisation of agriculture' *International Socialism Journal* No. 19, Winter 1964—65.

T. Cliff, *State Capitalism in Russia*, London: Bookmarks, 1988.

T. Cliff and D. Gluckstein, *Marxism and Trade Union Struggle: The General Strike of 1926*, London: Bookmarks, 1986.

G. A. Cohen, 'Marx's dialectic of labour', *Philosophy and Social Affairs*, Vol. 3, No. 3, 1974, pp.235—61.

G. Cohen, *Karl Marx's Theory of History*, Oxford: Oxford University Press, 2000.

R. Dahl, *A Preface to Economic Democracy*, Berkeley, CA: University of California Press, 1985.

P. Devine, *Democracy and Economic Planning*, Cambridge: Polity, 1988.

M. Dobb, *Political Economy and Capitalism*, London: Routledge, 1937.

H. Draper, *Karl Marx's Theory of Revolution: Volume 1: State and Bureaucracy*, New York: Monthly Review Press, 1977.

H. Draper, *Karl Marx's Theory of Revolution Volume 2: The Politics of Social Classes*, New York: Monthly Review Press, 1978.

H. Draper, *Karl Marx's Theory of Revolution: Volume 3: The Dictatorship of the Proletariat*, New York: Monthly Review Press, 1986.

H. Draper, *Karl Marx's Theory of Revolution. Volume. 4: Critique of Other Socialisms*, New York: Monthly Review, 1990.

R. Dunayevskaya, *The Marxist-Humanist Theory of State Capitalism*, Chicago: News and Letters, 1992.

L. Feuerbach, *The Essence of Christianity*, New York: Cosimo, 2008.

E. Fischer, *The Necessity of Art*, Harmondsworth: Penguin Books, 1978.

D. Foley, *Understanding Capital: Marx's Economic Theory*, Harvard, MA: Harvard University Press, 1986.

P. Foot, *The Vote: How it was Won and How it was Undermined*, London: Penguin- Viking, 2005.

J. B. Foster, *The Ecological Revolution*, New York: Monthly Review Press, 2009.

G. Fredrickson, *Racism: A Short History*, Princeton, NJ: Princeton University Press, 2003.

L. German, *Material Girls: Women, Men and Work*, London: Bookmarks, 2007.

A. Gilbert, *Marx's Politics: Communists and Citizens*, Oxford: Martin Robertson, 1981.

C. Goodrich, *The Frontier of Control: a Study of British Workshop Politics*, New York: Harcourt, Brace and Howe, 1921.

A. Gramsci, *Selections from the Prison Notebooks*, London: Lawrence & Wishart, 1971.

C. Harman, 'Engels and the origin of human society', *International Socialism Journal*, Vol. 2, No. 65, Winter 1994.

C. Harman, *Marxism and History*, London: Bookmarks, 1998.

C. Harman, *A People's History of the World*, London: Verso, 2008.

C. Harman, *Zombie Capitalism*, London: Bookmarks, 2010.

D. Harvey, *A Brief History of Neoliberalism*, Oxford: Oxford University Press, 2005.

D. Harvey, *The Limits to Capital*, London: Verso, 2006.

D. Harvey, *The Enigma of Capital*, London: Profile Books, 2010.

C. Hill, 'The English civil war interpreted by Marx and Engels', *Science and Society*, Vol. 12, No. 1, 1948, pp. 130–56.

C. Hill, *The World Turned Upside Down: Radical Ideas During the English Revolution*, Harmondsworth: Penguin, 1975.

J. Holloway, *Changing the World Without Taking Power: The Meaning of Revolution Today*, London: Pluto Press, 2003.

S. Hook, *From Hegel to Marx: Studies in the Intellectual Development of Karl Marx*, New York: Colombia University Press, 1994.

S. Hook, *Towards the Understanding of Karl Marx*, New York: Prometheus Books, 2002.

T. Hunt, *The Frock-coated Communist: The Revolutionary Life of Friedrich Engels*, London: Allen Lane, 2009.

M. Itoh, *Value and Crisis*, London: Pluto Press, 1980.

K. Korsch, *Karl Marx*, New York: Russell and Russell, 1963.

E. Leacock, *Myths of Male Dominance*, New York: Monthly Review Press, 1981.

V. Lenin, *Left Wing Communism – An Infantile Disorder* in V. Lenin, *Selected Works*, Volume 3, Moscow: Progress Publishers, 1975.

V. Lenin, *What is to be Done* in *Selected Works*, Volume 1, Moscow: Progress Publishers, 1976.

V. Lenin, *State and Revolution*, Dublin: Bookmarks, 2004.

P. Linebaugh, *The London Hanged: Crime and Civil Society in the Eighteenth Century*, London: Verso, 2003.

P. Lissagray, *The History of the Paris Commune*, London: New Park, 1976.

M. Lowy, *Georg Lukács: from Romanticism to Bolshevism*, London: New Left Books, 1979.

M. Lowy, *The Theory of Revolution in the Young Marx*, Chicago: Haymarket Books, 2005.

G. Lukács, *The Young Hegel*, London: Merlin, 1938.

G. Lukács, *History and Class Consciousness*, London: Merlin, 1971.

S. Lukes, *Power: A Radical View*, Basingstoke: Palgrave Macmillan, 2005.

R. Luxemburg, *The Accumulation of Capital*, New York: Monthly Review Press, 1968.

P. Maksakovsky, 'The general theory of the cycle', *Historical Materialism* Vol. 10,

No. 3, 2002, pp. 133–94.

E. Mandel, *The Formation of The Economic Thought of Karl Marx*, London: Verso, 1971.

H. Marcuse, *Reason and Revolution*, Oxford: Oxford University Press, 1941.

D. McClellan, *The Young Hegelians and Karl Marx*, London: Macmillan, 1969.

I. Meszaros, *Marx's Theory of Alienation*, London: Merlin Press, 1972.

I. Meszaros, *The Power of Ideology*, Hemel Hempstead: Harvester, 1989.

R. Miles, *Capitalism and Unfree Labour: Anomaly or Necessity*, London: Tavistock, 1987.

R. Miles, *Racism*, London: Routledge, 1989.

R. Miliband, *The State in Capitalist Society*, London: Quartet, 1973.

J. Molyneaux, *Is Human Nature a Barrier to Socialism*? London: Socialist Worker, 1993.

A. Nimtz, *Marx and Engels: Their Contribution to the Democratic Breakthrough*, New York: State University of New York Press, 2000.

A. Nove, *The Economics of Feasible Socialism*, London: Allen & Unwin, 1983.

B. Ollman, *Alienation: Marx's Conception of Man in Capitalist Society*, Cambridge: Cambridge University Press, 1976.

A. Pannekoek, *Workers' Councils*, Oakland, CA: AK Press, 2003.

E. Pashukanis, *The General Theory of Law and Marxism*, New Brunswick, NJ: Transaction Publishers, 2003.

O. Patterson, *Slavery and Social Death*, Harvard, MA: Harvard University Press, 1982.

L. Poliakov, *The History of Anti-Semitism*, Volume 2, London: Routledge, 1974.

N. Poulanzas, *Classes in Contemporary Capitalism*, London: New Left Books, 1975.

N. Poulanzas, *Political Power and Social Classes*, London: Verso, 1978.

S. S. Prawer, *Karl Marx and World Literature*, Oxford: Clarendon Press, 1976.

C. Robinson, *Black Marxism: The Making of the Black Radical Tradition*, Chapel Hill, NC: University of North Carolina Press, 2000.

D. Roediger, *The Wages of Whiteness: Race and The Making of the American Working Class*, London: Verso, 1999.

M. Rubel, *Marx: Life and Works*, London, Macmillan, 1980.

A. Shaikh, 'An introduction to the history of crisis theories', in *US Capitalism in Crisis*, New York: Union of Radical Political Economics, 1978, pp. 219–40.

A. Shaikh, 'Political economy and capitalism: Notes on Dobb's theory of crisis', *Cambridge Journal of Economics*, No. 2, 1978, pp. 233–51.

A. Shaikh, *The Current Economic Crisis: Causes and Implications*, Detroit: Against the Current, 1989.

A. Shaikh, 'Explaining the global economic crisis', *Historical Materialism*, Vol. 5, No. 1, 1999.

A. Soboul, *The French Revolution*, London: New Left Books, 1974.

G. E. M. de Ste Croix, *The Class Struggle in the Ancient World*, London: Duckworth, 1983.

P. Sweezy, *The Theory of Capitalist Development*, New York: Monthly Review, 1970.

C. Taylor, *Hegel*, Cambridge: Cambridge University Press, 1975.

E. P. Thompson, 'Time, work discipline and Industrial capitalism', *Past and Present*, Vol. 38, No. 1, 1967, pp.56–97.

A. de Tocqueville, *Democracy in America*, London: Fontana, 1994.

R. Wilkinson and K. Pickett, *The Spirit Level: Why Equality is Better for Everyone*, London: Penguin, 2009.

E. Williams, *Capitalism and Slavery*, Richmond, NC: University of North Carolina Press, 1944.

R. Williams, *Keywords: A Vocabulary of Culture and Society*, London: Fontana, 1983.

E. O. Wright, *Class, Crisis and the State*, London: Verso, 1978.

E. O. Wright, *Envisioning Real Utopias*, London: Verso, 2010.

专业词汇总汇

abstract labour 抽象劳动

base and superstructure 经济基础和上层建筑

bourgeoisie 资产阶级

bureaucracy 官僚主义

Burj Khalifa 哈利法塔

capital 资本

capitalism 资本主义

capitalist ownership 资本主义所有制

cheap government 廉价政府

circulation 流通

civil rights 民主权利

class 阶级

class dictatorship 阶级专制

class differences 阶级差别

commercial capital 商业资本

commodity exchange 商品交换

commodity fetishism 商品拜物教

communism 共产主义

Communist Manifesto, 共产党宣言

concrete labour 具体劳动

dead labour 死劳动

diarrhea 痢疾

dialectics 辩证法

dictatorship 专制

division of labour 社会分工

egalitarianism 平等主义

enclosure 圈地运动

exchange value 交换价值

exploitation 剥削

fatalism 宿命论

Hegelianism 黑格尔主义，黑格尔哲学

historical materialism 历史唯物主义

idealism 唯心主义

idealist 唯心主义者

ideology 意识形态

imperialism 帝国主义

individual labour time 个人劳动时间

industrial capital 工业资本

industrial capitalism 工业资本主义

infrastructure 基础设施

labour power 劳动力

law of value 价值规律

laws of supply and demand 供求关系规律

liberal 自由主义者

living labour 活劳动

lower class 下层阶级

Marxism 马克思主义

Marxist 马克思主义者

materialism 唯物主义

materialist 唯物主义者

military competition 军事竞争

Moderate 温和主义者

nationalization 国有化

necessary labour 必要劳动

necessary labour time 必要劳动时间

oppression 压迫

Paris Commune 巴黎公社

paternalism 家长式作风，家长式统治

personification 人格化

poll tax 人头税

power of purchasing 购买力

private corporate ownership 民营企业所有制

private labour 个人劳动，个体劳动

private property 私有财产

productive forces 生产力

profit 利润

proletarian 无产阶级

property rights 财产权

property speculator 房地产投机商

public ownership 公有制

racism 种族歧视，种族主义

radicalism 激进主义

reactionary clique 反动集团

realm of freedom 自由王国

reductionist 简化论者

relative level of surplus value 相对剩余价值

right-wing politics 右翼势力

Russian Revolution 俄国革命

sectarianism 宗派主义

serfdom 农奴制度

sex industry 色情行业

sexism 性别歧视，男性至上主义；蔑视女性

simple commodity production 简单商品生产

simple labour 简单劳动

slavery 奴隶制

social divisions 社会分化

social labour 社会劳动

socialized production 社会化大生产

socially necessary average labour time 社会必要劳动时间

social production 社会生产

social reproduction 社会再生产

state capitalism 国家资本主义

state-ownership 国有制

state-run 国营

surplus labour 剩余劳动

surplus labour time 剩余劳动时间

the concentration and centralization of capital 资本积聚和资本集中

the corvee system 徭役制度

The East India Company 东印度公司

The First International 第一共产国际

the labour power of average skill 平均技术劳动能力

the machinery of the state 国家机器

the means of production 生产资料

The Palm Island project 棕榈岛工程

the rate of inflation 通货膨胀率

the relations of production 生产关系
The World 大世界
The World Republic 世界共和国
Tiger Woods Golf Course 泰格伍兹高尔夫球场
UNICEF 联合国儿童基金委员会
universal equivalent 一般等价物
UNESCO 联合国教科文组织
use value 使用价值
USSR 苏维埃社会主义共和国联盟
US Federal Reserve 美国联邦储备
US Senate Committee 美国参议院委员会
utopianism 乌托邦主义
variable capital 可变资本
wood theft law 盗木法
workers' revolution 工人革命
Workingmen's International Association 国际工人协会
working-class 工人阶级

南开大学出版社网址： http://www.nkup.com.cn
投稿电话及邮箱：

第一事业部（文史哲）	022-23500759	mjianlai@126.com
第二事业部（外语）	022-23497038	QQ：1877543721
第三事业部（旅游）	022-23509550	QQ：1025683240
第四事业部（经管法）	022-23508845	QQ：1410761005
综合编辑室（理科及其他）	022-23503408	QQ：2747938980
对外合作部：	022-23504636	QQ：2046170045
邮购部：	022-23507092	
发行部：	022-23508339	Fax:022-23508542

南开教育云：http://www.nkcloud.org

App：南开书店 app

　　南开教育云由南开大学出版社、国家数字出版基地、天津市多媒体教育技术研究会共同开发，主要包括数字出版、数字书店、数字图书馆、数字课堂及数字虚拟校园等内容平台。数字书店提供图书、电子音像产品的在线销售；虚拟校园提供 360 校园实景；数字课堂提供网络多媒体课程及课件、远程双向互动教室和网络会议系统。在线购书可免费使用学习平台，视频教室等扩展功能。